MICHAEL HELLE

Konzernbedingte Kündigungsschranken bei Abhängigkeit und Beherrschung durch Kapitalgesellschaften

Schriften zum Sozial- und Arbeitsrecht

Band 99

Konzernbedingte Kündigungsschranken bei Abhängigkeit und Beherrschung durch Kapitalgesellschaften

Von

Dr. Michael Helle

Duncker & Humblot · Berlin

CIP-Titelaufnahme der Deutschen Bibliothek

Helle, Michael:
Konzernbedingte Kündigungsschranken bei Abhängigkeit und Beherrschung durch Kapitalgesellschaften / von Michael Helle. — Berlin: Duncker u. Humblot, 1989
(Schriften zum Sozial- und Arbeitsrecht; Bd. 99)
Zugl.: Berlin, Freie Univ., Diss., 1988
ISBN 3-428-06681-2
NE: GT

Druck: Berliner Buchdruckerei Union GmbH, Berlin 61
Printed in Germany

ISSN 0582-0227
ISBN 3-428-06681-2

Vorwort

Ein erheblicher Teil der deutschen Arbeitnehmer hat eine konzernangehörige Kapitalgesellschaft als Arbeitgeberin. Deren gesellschaftsrechtliche Stellung ist durch eine Zwitternatur von wirtschaftlicher Einheit mit den übrigen Unternehmen des Konzernes und rechtlicher Vielheit gekennzeichnet. Für die Arbeitnehmer kristallisiert sich die Divergenz auf den Umfang des Schutzes vor betriebsbedingten Kündigungen. Diesen auszuloten, ist der Gegenstand der Arbeit.

Sie hat im Wintersemester 1987/88 dem Fachbereich Rechtswissenschaft der Freien Universität Berlin als Dissertation vorgelegen. Rechtsprechung und Literatur sind bis Ende 1987 und vereinzelt bis März 1988 berücksichtigt.

Die Anregung zu dieser Untersuchung erhielt ich von Herrn Professor Dr. Dieter Heckelmann, dem ich für verständnisvolle Betreuung und seine stets weiterführenden Ratschläge auch auf diese Weise herzlich danke. Ebenso bedanke ich mich vielmals bei Herrn Professor Dr. Harm Peter Westermann, dem Zweitgutachter der Arbeit, für wertvolle Hinweise. Dank schulde ich ferner der Ernst-Reuter-Gesellschaft der Förderer und Freunde der Freien Universität Berlin e. V. für den großzügigen Druckkostenzuschuß.

Berlin, im Juli 1988

Michael Helle

Inhaltsverzeichnis

Abkürzungsverzeichnis

Die in den Beispielsfällen verwandten Bezeichnungen sind dort definiert. Im übrigen folgen die Abkürzungen dem Verzeichnis von *Kirchner*, 3. Auflage, Berlin-New York 1983.

§ 1 Einleitung

Für die Gläubiger sind Konzernierungen mit Vorteilen, aber auch mit Risiken verbunden. Abhängige Gesellschaften haben oftmals erst aufgrund der Macht- und Finanzkraft ihres Konzerns die Chance, weiterhin im Wettbewerb zu bestehen. Sie sind aber auch aufgrund der Leitungsmacht ihrer Konzernmutter gefährdet. Genannt seien hierfür nur die Stichworte „Konzernumlage" und „Konzernverrechnungspreise" sowie der Umstand, daß sowohl der Bezug von Ausgangsprodukten als auch der Absatz der Erzeugnisse im Interesse des Konzerns nachteilig für die einzelne Konzerntochter vorgeschrieben werden können. Zwischen verbundenen Unternehmen erfolgen verdeckte Vermögenszuwendungen auf vielfältige Art[1]. Auch für Konzernmütter, und damit für deren Gläubiger, ist die Abhängigkeit der Töchter nicht stets von Vorteil. Zwar wird die Haftungsmasse vergrößert. Dem steht aber beispielsweise die Gefahr gegenüber, daß Konzernmütter unabhängig von rechtlichen Verpflichtungen für Verbindlichkeiten der Töchter aufkommen[2].

Die damit zusammenhängenden Probleme des Umfangs des Schutzes der Gläubiger konzernierter Gesellschaften werden speziell im Recht der Aktiengesellschaft spätstens seit Beginn des Jahrhunderts diskutiert[3]. Auch Arbeitnehmer sind Gläubiger ihrer Arbeitgeber. Gleichwohl haben Arbeitsgerichtsbarkeit und arbeitsrechtliches Schrifttum die individualrechtlichen Probleme speziell der Arbeitnehmer im Konzern bis Mitte der 70iger Jahre nur vereinzelt erörtert[4].

Der tatsächlichen Bedeutung entsprach das Desinteresse nicht. Ungefähr 19 % aller sozialversicherungspflichtigen Arbeitnehmer sind in den 100 größten deutschen Inlandskonzernen beschäftigt[5]. Bezöge man sämtliche Inlandskonzerne in die Betrachtung ein, so wäre vermutlich der Anteil der

---

[1] Siehe z. B. die Hinweise bei Kirchner, ZHR 147 (1983), 118 (119) hinsichtlich transnationaler Konzerne.

[2] Vgl. Rehbinder, Festschrift für Coing (1982), S. 433 ff.; H. P. Westermann, Festschrift für Pleyer, S. 421 (427).

[3] Vgl. beispielsweise Franz Klein, (1914), S. 67 ff.; Nörr, ZHR 150 (1986), 155, (156 Fn. 2) und S. 168 ff. m. w. N.

[4] Beispielsweise BAG v. 18.10.1976, AP Nr. 3 zu § 1 KSchG 1969, Betriebsbedingte Kündigung; mit grundsätzlich zustimmender Anm. von Wiedemann / Strohn; Martens, Festschrift 25 Jahre BAG, S. 367 ff.

[5] Monopolkommission, Hauptgutachten 1978/79, S. 15, 57 ff.; 79; Rancke, S. 40 ff. m.w.N.; Richter, DB 1983, 2072 ff. mit empirischen Daten hinsichlich mitbestimmter Konzerne.

Arbeitnehmer konzernierter Arbeitgeber deutlich größer[6]. Zwar haben hierzu die Wirtschafts- und Sozialwissenschaften bisher keine genaueren Daten veröffentlicht. Gleichwohl ist die Annahme gerechtfertigt, daß ein erheblicher Teil der deutschen Arbeitnehmer konzernierte Arbeitgeber hat.

A. Problementwicklung durch Fallanalysen

Betriebsbedingte Kündigungen von Arbeitnehmern konzernierter Aktiengesellschaften und Gesellschaften mit beschränkter Haftung werfen vielfältige Fragen auf. Sie lassen sich durch eine Stufenfolge von Beispielsfällen verdeutlichen.

I. Gewinnverfall einer Konzerntochter

Fall 1: Einem Arbeitnehmer wird mit der Begründung, die fehlende Rentabilität lasse eine Weiterbeschäftigung nicht zu, betriebsbedingt gekündigt. Seine Arbeitgeberin (KT), die ihn seit Jahren beschäftigt, ist eine Aktiengesellschaft. Nach der Kündigung erfährt A, daß seine Arbeitgeberin von einer Konzernmutter (KM) abhängig ist. KT ist KM durch einen Vertrag im Sinne des § 291 I 1 AktG verpflichtet. KM hat im Gegensatz zur Tochter ein ausgezeichnetes Jahresergebnis zu erwarten. Auch hat KM KT gedrängt, Personal abzubauen, was zur Kündigung des A führte. Wäre KT nicht von KM abhängig, so würde sie Gewinne erwirtschaften und kein Personal entlassen. Bei KM ist zudem gerade ein Arbeitsplatz zu besetzen, an dem A großes Interesse hat. A erfüllt die persönlichen Voraussetzungen für die Einstellung. Er erhebt Kündigungsschutzklage. Mit Erfolg?

1. Rechtslage bei Kündigung durch rechtlich und wirtschaftlich selbständigen Arbeitgeber

Berücksichtigt man ausschließlich, daß konzernierte Unternehmen gemäß §§ 17, 18 AktG rechtlich selbständig sind und läßt man die Abhängigkeit von KM außer acht, so sind die Erfolgsaussichten der Kündigungsschutzklage wie folgt zu beurteilen: § 1 II 1 KSchG verlangt zur sozialen Rechtfertigung „dringende betriebliche Erfordernisse". Dieser unbestimmte Rechtsbegriff wird durch die Prüfung von drei Voraussetzungen konkretisiert[7]. Die Kündigung muß *erstens* aus betrieblichen Gründen erforderlich sein, wobei das BAG zwischen inner- und außerbetrieblichen Gründen, die zu einem Überhang von Arbeitskräften führen, differenziert[8]. Unrentabilität, die eine

---

[6] Schubert / Küting (S. 239) berichten, daß ungefähr 70% des deutschen Aktienkapitals in einem Konzernzusammenhang gebunden sind.

[7] BAG v. 16.9.1982, DB 1983, 504 f.; v. 7.3.1980 , AP Nr. 8 zu § 1 KSchG 1969, Betriebsbedingte Kündigung; v. 12.10. 1979, AP Nr. 7 zu § 1 KSchG 1969, Betriebsbedingte Kündigung; v. 3.5.1978, AP Nr. 5 zu § 1 KSchG 1969, Betriebsbedingte Kündigung; a.A. Herschel, Anm. zu BAG v. 7.3.1980, EzA § 1 KSchG Betriebsbedingte Kündigung Nr. 8.

Personalreduzierung erfordert, ist ein vom BAG anerkannter außerbetrieblicher Grund[9]. Die Maßnahme muß *zweitens* „dringend" sein. Es darf dem Arbeitgeber nicht möglich sein, die Kündigung durch andere wirtschaftliche, technische oder organisatorische Maßnahmen, die den betrieblichen Erfordernissen ebenfalls entsprechen, zu vermeiden[10]. Die konkrete organisatorische Maßnahme, die der Arbeitgeber zur Anpassung an die verschlechterte Ertragslage trifft, ist von den Arbeitsgerichten nicht auf ihre Notwendigkeit und Zweckmäßigkeit, sondern nur daraufhin zu überprüfen, ob sie offenbar unsachlich, unvernünftig oder willkürlich ist[11]. Hierfür enthält der Sachverhalt von Fall 1 keinerlei Anhaltspunkte, so daß auch diese Voraussetzung erfüllt ist. Schließlich muß *drittens* eine betriebsbedingte Kündigung mittels einer „Interessenabwägung" überprüft werden[12]. Die für den Arbeitgeber zu erwartenden Vorteile müssen mit den Nachteilen, die sich für den Arbeitnehmer ergeben, abgewogen werden[13]. Die Vorteile dürfen gegenüber den Nachteilen in keinem vernünftigen Verhältnis stehen, wenn die Interessenabwägung zugunsten des Arbeitnehmers ausgehen soll. Nach Ansicht des BAG führt diese Interessenabwägung bei einer „an sich" durch betriebsbedingte Gründe gerechtfertigten Kündigung nur in seltenen Ausnahmefällen zur Sozialwidrigkei[14]. Eine besonders erhöhte Schutzbedürftigkeit aufgrund schwerwiegender persönlicher Umstände ist erforderlich[15]. Hierfür enthält Fall 1 keine Anhaltspunkte. Die Kündigung ist also nicht gemäß § 1 II 1 KSchG sozialwidrig.

---

[8] BAG v. 30.5.1985, NZA 1986, 155 f.; v. 17.5.1984, NZA 1985, 489 (491); v. 17.10.1980, NJW 1981, 1686; v. 24.10.1979, AP Nr. 8 zu § 1 KSchG 1969, Betriebsbedingte Kündigung; v. 19.4.1979, EzA § 1 KSchG Betriebsbedingte Kündigung Nr. 11; v. 7.12.1978, AP Nr. 6 zu § 1 KSchG 1969, Betriebsbedingte Kündigung; ArbG Münster vom 8.12.1982, 3 Ca 944/82; kritisch zu dieser Differenzierung Rancke, Anm. zu BAG v. 7.12.1978 in EzA § 1 KSchG Betriebsbedingte Kündigung Nr. 10.

[9] BAG v. 17.10.1980, NJW 1981, 1686; v. 24.10.1979, AP Nr. 8 zu § 1 KSchG 1969, Betriebsbedingte Kündigung; v. 19.4.1979, EzA § 1 KSchG Betriebsbedingte Kündigung Nr. 11; v. 7.12.1978, AP Nr. 6 zu § 1 KSchG 1969, Betriebsbedingte Kündigung; ArbG Münster vom 8.12.1982 (3 Ca 944/82); Herschel / Löwisch, § 1 Rn. 200.

[10] BAG v. 17.10.1980, NJW 1981, 1686; v. 7.12.1978, AP Nr. 6 zu § 1 KSchG 1969, Betriebsbedingte Kündigung mit Anm. von Reuter, ebenda, und Anm. von Rancke, EzA § 1 KSchG, Betriebsbedingte Kündigung Nr. 10.

[11] BAG v. 17.10.1980, NJW 1981, 1686; v. 7.12.1978, AP Nr. 6 zu § 1 KSchG, Betriebsbedingte Kündigung, mit Anm. von Reuter, ebenda; BAG v. 13.6.1985, DB 1986, 1287.

[12] BAG v. 16.9.1982, DB 1983, 504 f.; v. 17.10.1980, NJW 1981, 1686 f.; v. 7.3.1980, AP Nr. 9 zu § 1 KSchG 1969, Betriebsbedingte Kündigung; v. 24.10.1979, AP Nr. 8 zu § 1 KSchG 1969, Betriebsbedingte Kündigung; v. 1.7.1976, AP zu Nr. 2 zu § 1 KSchG 1969, Betriebsbedingte Kündigung; v. 26.6.1975, AP Nr. 1 zu § 1 KSchG 1969, Betriebsbedingte Kündigung; v. 13.9.1973, AP Nr. 2 zu § 1 KSchG 1969; a.A. Herschel, Festschrift für Schnorr von Carolsfeld, S. 157 ff.; ders., DB 1973, 80 (82); Reuter, Festschrift „25 Jahre Bundesarbeitsgericht", S. 405 (424 f.).

[13] BAG v. 17.10.1980, NJW 1981, 1686 f.

[14] BAG v. 17.10.1980, NJW 1981, 1686 f. und v. 24.10.1979, AP Nr. 8 zu § 1 KSchG 1969, Betriebsbedingte Kündigung; 16.1.1987, BB 1987, 2302 f.; v. 30.4.1987, NZA 1987, 776 f.

[15] BAG v. 24.10.1979, AP Nr. 8 zu § 1 KSchG 1969, Betriebsbedingte Kündigung.

Eine Sozialwidrigkeit der Kündigung gemäß § 1 II 2 Nr. 1b) KSchG setzt voraus, daß der Arbeitnehmer in demselben Betrieb oder in einem anderen Betrieb des Unternehmens weiterbeschäftigt werden kann. In Fall 1 steht beim Vertragsarbeitgeber KT kein geeigneter Arbeitsplatz zur Verfügung. Nach Ansicht des BAG ist der freie Arbeitsplatz bei einem anderen Unternehmen des gleichen Konzerns unbeachtlich. Das KSchG sei betriebs- oder allenfalls unternehmensbezogen, aber jedenfalls, wie dem eindeutigen Wortlaut zu entnehmen sei, nicht konzernbezogen[16]. Gründe dafür, daß die Kündigung gemäß § 1 III KSchG wegen fehlerhafter Sozialauswahl nicht gerechtfertigt ist, sind nicht ersichtlich. Stellt man also ausschließlich auf die gem. §§ 17, 18 AktG rechtlich selbständige KT ab und läßt man ihre wirtschaftliche Abhängigkeit außer acht, so ist die Kündigungsschutzklage des A unbegründet.

2. Einfluß der wirtschaftlichen Abhängigkeit auf die soziale Rechtfertigung gem. § 1 II 1 KSchG?

Bezogen auf § 1 II 1 KSchG könnte die wirtschaftliche Abhängigkeit von KT die soziale Rechtfertigung der betriebsbedingten Kündigung des A in zweifacher Hinsicht beeinflussen.

a) „Berechnungsdurchgriff“ zugunsten der Arbeitnehmer von Konzerntöchtern?

Zunächst ist fraglich, ob zur Beurteilung der die betriebsbedingte Kündigung rechtfertigenden Unrentabilität[17] der KT auch auf die wirtschaftliche Lage der Konzernmuttergesellschaft abzustellen ist.

Im Fall 1 ist die Vertragsarbeitgeberin KT-AG durch einen Beherrschungs- oder Gewinnabführungsvertrag gem. § 291 I 1 AktG von KM abhängig. KM ist gem. § 302 I AktG verpflichtet, entstehende Jahresfehlbeträge (§ 275 II Nr. 20, III Nr. 19 HGB) auszugleichen. Bei einem Gewinnabführungsvertrag können mithin bei der Tochter weder Gewinne, weil diese abgeführt werden, noch Verluste (§ 302 I AktG) auftreten. Sie ist wirtschaftlich neutralisiert[18]. Verhindert der Anspruch aus § 302 I AktG folglich, daß die abhängige Vertragsarbeitgeberin unrentabel im Sinne der oben dargestellten Rechtsprechung des BAG zu § 1 II 1 KSchG arbeitet? Ist

[16] BAG v. 22.5.1986, NZA 1987, 125 f.; v. 14.10.1982, AP Nr. 1 zu § 1 KSchG 1969, Konzern, unter B II 3, mit zustimmender Anm. von Wiedemann.

[17] Siehe oben § 1 A I 1 mit den Nachweisen zur Rechtsprechung des BAG zu diesem außerbetrieblichen Umstand, der eine betriebsbedingte Kündigung rechtfertigen kann.

[18] Lutter / Timm, ZGR 1983, 269 (279), vgl. auch Konzen, RdA 1984, 65 (66), der allg. aus § 302 I AktG folgert, daß die Konzerntochter ein „wirtschaftliches Neutrum“ werde, und folglich einen Gewinnabführungsvertrag nicht voraussetzt.

bereits aus diesem Grunde die Kündigungsschutzklage des A in Fall 1 aufgrund „Berechnungsdurchgriffs“[19] erfolgreich?

b) Konzernbedingte Kündigungen im Widerspruch zur Betriebsbedingtheit?

§ 1 II 1 3. Alt. KSchG rechtfertigt Kündigungen, die betriebsbedingt sind. Entscheidend sind also die Verhältnisse im Betrieb, nicht im Unternehmen und erst recht nicht im Konzern. Mithin gilt hinsichtlich § 1 II 1 3. Alt. KSchG der Grundsatz der Betriebsbezogenheit[20]. Die Kündigung müßte für den Betrieb erforderlich sein. In Fall 1 hatte die Kündigung des A ihre Ursache in dem Verlangen der KM, KT möge Personal abbauen. Wäre KT unabhängig, so wären Entlassungen nicht erforderlich. Die Kündigung des A erfolgt also nicht im Interesse der KT und ihres Betriebes, sondern aufgrund des Bestrebens der KM. Konzerninteresse ist aber fremdes Interesse[21]. Ob die Voraussetzungen von § 1 II 1 3. Alt. KSchG vorliegen, ist folglich fraglich.

3. Konzerndimensionale Weiterbeschäftigungsansprüche entsprechend § 1 II 2 Nr. 1 b) KSchG?

Wegen des bei KM freien und für A geeigneten Arbeitsplatzes ist in Betracht zu ziehen, ob seine Kündigungsschutzklage im Hinblick auf § 1 II 2 Nr. 1 b) KSchG erfolgreich ist.

Die h.M. beruft sich auf den *Wortlaut* des § 1 II 2 Nr. 1b) KSchG und des § 102 III Nr. 3 BetrVG und lehnt auch insoweit einen konzerndimensionalen Kündigungsschutz ab[22]. Martens kommt aufgrund seiner „mitbestimmungs-

---

[19] Der Begriff „Berechnungsdurchgriff“ wurde – soweit ersichtlich – erstmalig von Konzen, RdA 1984, 65 (71) gebraucht. Außerhalb der Probleme des Kündigungsschutzes im Konzern ist der Berechnungsdurchgriff anerkannt, beispielsweise zur Anpassungsprüfung gem. § 16 BetrVG; vgl. BAG v. 19.5.1981, DB 1981, 2333 (2334); Lutter / Timm, ZGR 1983, 269 (274 ff.); Forsbach, in Betriebliche Altersversorgung im Umbruch, S. 188 (195).

[20] H.M. vgl. BAG v. 22.5.1986, NZA 1987, 125 f.; v. 14.10.1982, AP Nr. 1 zu § 1 KSchG 1969, Konzern, unter II. 1; BAG v. 28.11.1968, AP Nr. 19 zu § 1 KSchG, Betriebsbedingte Kündigung, 2. Leitsatz; G. Hueck in Hueck, § 1 Rn. 102; kritisch KR-Becker, § 1 KSchG Rn. 300.

[21] Rehbinder, Konzernaußenrecht, S. 471.

[22] BAG v. 14.10.1982, AP Nr. 1 zu § 1 KSchG 1969, Konzern; mit zustimmender Anm. von Wiedemann; bestätigt von BAG v. 22.5.1986, NZA 1987, 125 f. und v. 9.4.1987, DB 1988, 54 (55); LAG Baden-Württemberg v. 29.9.1967, DB 1967, 2036; G. Hueck in Hueck, KSchG, § 1 Rn. 114 d, 143; Dietz / Richardi, § 102 Rn. 140; Galperin / Löwisch, § 102 Rn. 63; GK-Kraft, § 102 Rn. 64; Wiedemann, Unternehmensgruppe, S. 103 f.; Stege / Weinspach, § 102 Rn. 136; Erdmann / Jürging / Kammann, § 102 Rn. 46; Heinze, Personalplanung, Rn. 552; Stahlhacke, Kündigung, Rn. 507, 530; Meisel, DB 1972, 1675 (1676); Gnade / Kehrmann / Schneider / Blanke, § 102 Rn. 82; Fitting / Auffarth / Kaiser / Heither, § 102 Rn. 45; Schaub, NZA 1987, 217 (219); im Grundsatz gleicher Ansicht, KR-Becker, § 1 KSchG Rn. 91, der aber für den Fall, daß die Tochter zu 100% im Eigentum der Mutter steht, eine Ausnahme macht.

rechtlichen Konzeption" zum gleichen Ergebnis. Er meint, daß eine Weiterbeschäftigung auf freien Arbeitsplätzen mangels öffentlich-rechtlicher Stellenpläne kein subsumptionsfähiges Rechts-, sondern ein konzernpolitisches Regelungsproblem ist. Hierfür sei ein konzernumfassender Sozialplan und nicht der individuelle Kündigungsschutz geeignet[23].

Dem wird der *Sinn und Zweck* des § 1 II 2 Nr. 1b) KSchG entgegengehalten. Konzen beispielsweise vertritt die Auffassung, daß der Zweck arbeitsrechtlicher Schutznormen im allgemeinen und des § 1 II 2 Nr. 1b) KSchG im speziellen ist, denjenigen zu belasten, der die wirtschaftliche und organisatorische Dispositionsmöglichkeit über fremde Arbeitskraft und den Nutzen daraus hat[24]. Nach seiner Ansicht haften Mütter qualifiziert abhängiger Unternehmen stets analog § 1 II 2 Nr. 1b) KSchG auf Übernahme. Entsprechendes gelte, wenn im Sinne der §§ 311, 317 II AktG nachteilige Weisungen zu Kündigungen führten. Der Sachverhalt des Falles 1 sagt hierzu nichts. So wird häufig auch Arbeitnehmern die konzernbedingten Abhängigkeiten ihrer Vertragsarbeitgeber im Rechtssinne nicht bekannt sein. Für ihren Übernahmeanspruch werden daher neben der analogen Anwendung oftmals Fragen der Beweislastverteilung entscheidend sein.

Andere wiederum argumentieren mit der *Systematik* des Gesetzes. Wenn der Wegfall des Arbeitsplatzes auf eine Konzerndirektive zurückzuführen ist, sei gem. §§ 54 ff., 102 I BetrVG der Konzernbetriebsrat zu beteiligen[25] und daher die Anwendung des § 1 II 2 Nr. 1) KSchG zu erweitern[26]. Die Errichtung von Konzernbetriebsräten ist nicht zwingend. Der Sachverhalt von Fall 1 teilt hierzu ebenfalls nichts mit. Es bleibt mithin nur, aus systematischen Gründen von der fiktiven Zuständigkeit eines nicht existierenden Konzernbetriebsrates auf einen konzerndimensionalen Kündigungsschutz zu schließen.

4. Konzerndimensionaler Kündigungsschutz außerhalb des KSchG?

Darüber hinaus werden außerhalb der Vorschriften des KSchG unterschiedliche Ansätze diskutiert.

Teilweise werden allgemein die Vorschriften über den *konzernrechtlichen Gläubigerschutz* herangezogen[27]. Speziell im Eingliederungskonzern ist ferner zu erwägen, ob die gesamtschuldnerische Haftung gem. § 322 I AktG

---

[23] Martens, ZGR 1984, 417 (454 ff.).

[24] Konzen, RdA 1984, 65 (82 ff.); ders., ZHR 151 (1987), 566 (600 ff.).

[25] Fuchs, S. 136; vgl. auch Bösche, Die Rechte des Betriebsrates bei Kündigungen, Rn. 167, der bezüglich § 102 III Nr. 3 BetrVG mit ähnlicher Begründung zum gleichen Ergebnis kommt. Vgl. auch Henssler, S. 139 ff.

[26] Fuchs, S. 136.

[27] Henssler, S. 82; Coen, RdA 1983, 348 (353); siehe unten § 5 A.

von haupt- und eingegliederter Gesellschaft einen konzernweiten Kündigungsschutz begründet. Soweit das Problem gesehen wird, widersprechen sich die Auffassungen. Der generellen Verneinung eines Bestandsschutzes durch das Konzernrecht[28] steht die Ansicht gegenüber, aus § 322 I AktG einen umfassenden Schutz der vermögensrechtlichen Interessen von Arbeitnehmern eingegliederter Arbeitgeber abzuleiten[29].

Unabhängig von der Art der Konzernierung wird ferner eine an den *§ 54 BetrVG, § 5 MitbestG, § 77a BetrVG 1952 und dem MitbestErgG* orientierte Entwicklung einer allgemeinen Konzernzugehörigkeit diskutiert[30]. Weiterhin wird eine Ausweitung des Kündigungsschutzes aufgrund *konzerndimensionaler Fürsorgepflicht* bejaht[31]. Hinsichtlich beider Ansätze wird verlangt, daß die Kündigung zumindest mittelbar von der Konzernleitung verursacht wurde und sich nicht das allgemeine Marktrisiko verwirklicht habe. Bei wirtschaftlicher Selbständigkeit seines Vertragsarbeitgebers wäre A in Fall 1 nicht entlassen worden. Es hat sich also das Konzern- und nicht das Marktrisiko verwirklicht. Aufgrund beider Begründungen kommt daher ein konzernumfassender Kündigungsschutz zugunsten A in Betracht.

Letztlich ist zu erwägen, ob die Grundsätze der *Vertrauenshaftung* einen konzerndimensionalen Kündigungsschutz begründen[32]. Voraussetzung ist, daß ein Vertrauenstatbestand entstanden ist[33]. In Fall 1 hat A erst nach seiner Kündigung erfahren, daß sein Vertragsarbeitgeber von KM abhängig ist. Er hat also auf eine konzernbezogene und für den Fall seiner Kündigung ihm günstige Rechtsfolge nicht vertraut. Konzerndimensionaler Kündigungsschutz zugunsten des A kraft Vertrauenshaftung scheidet daher aus.

---

[28] Martens, DB 1985, 2144 (2148).

[29] Fabricius, Unternehmensverbindungen, S. 113; Würdinger, Aktienrecht, § 69 IV 5. Obwohl beide Autoren nicht ausdrücklich zu kündigungsschutzrechtlichen Problemen Stellung nehmen, wird man sie in diesem Sinne verstehen müssen. Würdinger sieht nämlich durch § 322 I AktG alle aus dem sozialen Besitzstand sich ergebenden Ansprüche der Belegschaft gesichert. Fabricius leitet den umfassenden Schutz vermögensrechtlicher Interessen ab. Kündigungsrechtsstreite sind Streitigkeiten vermögensrechtlicher Natur; vgl. BAG v. 24.3.198O, AP Nr. 1 zu § 64 ArbGG 1979; Grunsky, ArbGG, § 12a Rn. 2a).

[30] Martens, Festschrift 25 Jahre BAG (1979), S. 367 (382 Fn. 41); in ZGR 1984, 417 (452 ff.) verfolgt er diesen Ansatz nicht mehr weiter. Siehe im übrigen unten § 4.

[31] Henssler, S. 139 ff. Martens, Festschrift 25 Jahre BAG (1979), S. 382 Fn. 41, hat auch diesen Ansatz zur Begründung seiner damaligen Auffassung erwogen, in ZGR 1984, 417 (452 ff.) aber nicht mehr aufgegriffen. Unzutreffend Windbichler, SAE 1984, 145 (147) die Martens in dem Sinne zitiert, daß Fürsorgepflicht das tragende Argument und keine bloße Erwägung war. Siehe im übrigen unten § 6 B 2.

[32] Konzen, RdA 1984, 65 (82); Martens, ZGR 1984, 417 (446 ff.); Henssler, S. 5O f.; Wiedemann, Anm. zu BAG v. 14.1O.1982, AP Nr. 1 zu § 1 KSchG 1969, Konzern; Windbichler, SAE 1984, 145 (147 f.).

[33] Canaris, Vertrauenshaftung, § 39 S. 491 ff.; Hübner, BGB AT, Rn. 333; Hohloch, NJW 1979, 2369 (2371 ff.); jeweils mit weiteren Nachweisen.

II. Gewinnverfall einer Konzernmutter

Fall 2: KM, die Vertragsarbeitgeberin des Arbeitnehmers A, kündigt diesem mit der Begründung, die fehlende Rentabilität erfordere, das Personal zu reduzieren: Nach Ausspruch der Kündigung erfährt A, daß seine Vertragsarbeitgeberin zu 100 % die Aktien der Tochter KT hält[34]. KT wirtschaftet äußerst erfolgreich und stellt Arbeitskräfte ein, die in Ausbildung und in den sonstigen persönlichen Voraussetzungen mit A vergleichbar sind.

Wie in Fall 1 ist zunächst ein Vergleich geboten: Die Rechtslage ist zu beurteilen, wenn man ausschließlich auf die rechtliche Selbständigkeit gem. §§ 17, 18 AktG abstellt und die Konzernbeziehung zu KT außer acht läßt. Entsprechend den obigen Erörterungen in § 1 A I zu Fall 1 ist Unrentabilität ein vom BAG anerkannter außerbetrieblicher Umstand[35]. Auch im übrigen entsprechen Sachverhalt und rechtliche Beurteilung der Fälle 1 und 2 einander. Ohne Beachtung des Konzernzusammenhanges ist die Kündigungsschutzklage des A folglich in Fall 2 ebenfalls unbegründet. Fraglich ist, ob dies auch gilt, wenn man den Konzernzusammenhang berücksichtigt.

1. „Berechnungsdurchgriff" zugunsten der Arbeitnehmer von Konzernmüttern?

Wiederum ist, bezogen auf die soziale Rechtfertigung der betriebsbedingten Kündigung gem. § 1 II 1 KSchG, ein „Berechnungsdurchgriff" zu erwägen. Allerdings ist nunmehr die Situation umgekehrt. Zu fragen ist, ob die die wirtschaftliche Lage der Tochter einzubeziehen ist.

Im Vertragskonzern gem. § 291 I 1 2. Alt. AktG ist die Tochter verpflichtet, ihren gesamten Gewinn abzuführen[36]. Wenn ein Gewinnabführungsvertrag geschlossen wurde[37], könnte mithin der wirtschaftliche Erfolg der Tochter einer betriebsbedingten und mit fehlender Rentabilität begründeten Kündigung der Konzernmutter entgegenstehen.

2. Konzerndimensionale Weiterbeschäftigungsansprüche entsprechend § 1 II 2 Nr. 1b) KSchG?

In Fall 2 kommt hinzu, daß die Tochter der Vertragsarbeitgeberin KM Arbeitskräfte einstellt, die in Ausbildung und den sonstigen persönlichen

---

[34] Ein vergleichbares Problem hatte bereits Kronstein, Die abhängige juristische Person (1931), S. 129 erwähnt.

[35] Siehe oben § 1 A I 1 m.w.N.

[36] Gewinnabführungsverträge sind auch zu Lasten einer abhängigen GmbH zulässig (Koppensteiner in Rowedder, Anh. § 52 Rn. 39), so daß insoweit kein Unterschied zur abhängigen AG besteht.

[37] Für Scholz / Emmerich (Anh. II, Rn. 216) hat ein Gewinnabführungsvertrag ohne Beherrschungsvertrag wenig Sinn, weil der abgeführte Gewinn gem. §§ 311, 317 AktG stets zurückzugewähren ist.

Voraussetzungen mit A vergleichbar sind. Die Kündigungsschutzklage könnte daher auch im Hinblick auf § 1 II 2 Nr. 1b) KSchG erfolgreich sein.

Die h.M. lehnt auch in diesen Fällen einen konzerndimensionalen Weiterbeschäftigungsanspruch ab[38]. Sie differenziert nicht danach, ob eine Konzernmutter oder -tochtergesellschaft betriebsbedingt kündigt[39]. Sie begründet ihre Ablehnung im wesentlichen mit zwei Argumenten. Zum einen stünde der Wortlaut des § 1 II 2 Nr. 1b) KSchG entgegen. Zwingend ist dieser Einwand insoweit nicht, als außerhalb des Wortlauts eine analoge Anwendung der Vorschrift zu prüfen ist. Zum anderen scheitere aber – so insbesondere Hueck und Löwisch – ein konzerndimensionaler Weiterbeschäftigungsanspruch am Fehlen eines einheitlichen Arbeitgebers im Konzern[40].

Ob das Argument in dieser Allgemeinheit überzeugt, ist fraglich. Die Konzernmutter ist beim Bestehen eines Beherrschungsvertrages gem. § 308 AktG und bei Eingliederung gem. § 323 I 1, 2 AktG berechtigt, dem Vorstand der Tochter Weisungen zu erteilen. Ähnliches gilt, wenn die Rechtsform der KT eine GmbH ist[41]. Durch Ausweitung des Weisungsrechtes hat die Obergesellschaft in diesen Konzernformen folglich die Rechtsmacht, dem betroffenden Arbeitnehmer eine Weiterbeschäftigungsmöglichkeit zu verschaffen. Erweitert daher das Weisungsrecht der Konzernmutter den Kündigungsschutz ihrer Arbeitnehmer? Berkowsky bejaht diese Frage. Er stellt allein darauf ab, ob der Arbeitgeber in der Lage ist, dem Arbeitnehmer einen anderen Arbeitsplatz zur Verfügung zu stellen[42].

Henssler geht bei der Begründung seiner Differenzierung zwischen konzerndimensionalem Kündigungsschutz gegenüber einer Konzernmuttergesellschaft einerseits und einer Konzerntochter als Vertragsarbeitgeberin andererseits ebenfalls davon aus, daß es auf die Rechtsmacht ankommt, die Tochter zur Übernahme des Arbeitnehmers anzuweisen[43]. Er unterstellt diese, wenn der vakante Arbeitsplatz bei einer Konzerntochter zur Verfügung steht. Voraussetzung ist jedoch hinsichtlich § 308 AktG ein Beherrschungsvertrag und für § 323 I 1 AktG eine Eingliederung. Außerhalb dieser Fälle wird im Aktienrecht ein Weisungsrecht verneint[44]. Zudem verlangt

---

[38] Siehe oben die in § 1 A I 3 genannten Nachweise.

[39] Anders aber Henssler, S. 131 ff.

[40] G. Hueck in Hueck, § 1 Rn. 114 d; Herschel / Löwisch, § 1 Rn. 185.

[41] Eine Eingliederung einer GmbH ist nach allgemeiner Auffassung nicht möglich (Scholz / Emmerich, Anh. II Rn. 259). Ein Beherrschungsvertrag gibt auch hier der Mutter das Recht, Weisungen zu erteilen (Scholz / Emmerich, Anh. II Rn. 184; Koppensteiner in Rowedder, Anh. § 52 Rn. 63).

[42] Berkowsky, Rn. 165.

[43] Henssler, S. 131 ff.

[44] Nach überwiegender Ansicht besteht im faktischen Konzern gem. §§ 311 ff. kein Weisungsrecht; Kropff in Geßler / Hefermehl / Eckardt / Kropff, § 311 Rn. 29; Scholz / Emmerich, Anh. II Rn. 214; Flume, Die juristische Person, § 4 IV; Reuter,

§ 308 I 2 AktG, daß eine nachteilige Weisung dem Konzerninteresse dient. Wenn die Tochter einen besser qualifizierten Arbeitnehmer einstellen kann, widerspricht die Übernahme eines Arbeitnehmers der Mutter dem Interesse des Konzernes. Bedenklich ist daher, allgemein einer Konzernmutter die Rechtsmacht zu unterstellen, ihre Tochter zur Beschäftigung eines Arbeitnehmers anzuweisen.

III. Verlagerung von Aufgaben auf neugegründete Tochter

Fall 3: Ein Unternehmen mittlerer Größe (KM) gründet eine 100%ige Tochter (KT). Sie übernimmt von KM fast sämtliche Aufgaben (einschließlich Produktion, Vertrieb usw.), die Betriebsstätten samt Einrichtungen und die dort beschäftigten Arbeitnehmer. KM beschränkt sich auf die Geschäftsleitung. Beide Unternehmen befinden sich im gleichen Gebäude.

D war für KM und ist nunmehr bei KT als Designer im Marketing beschäftigt[45]. Er nahm die Organisationsveränderung kommentarlos hin. Ihm wird 3 Monate danach ohne Begründung gekündigt.

K ist Kraftfahrer im Vertrieb. KM kündigt ihm unmittelbar nach Gründung von KT mit der Begründung, den Vertrieb habe KT übernommen. KM könne ihn nicht weiterbeschäftigen[46].

1. Konzernbezug des § 1 I KSchG?

Problematisch ist für D, ob die persönlichen Voraussetzungen zur Anwendung des KSchG des § 1 I KSchG gegeben sind. Demnach muß das Arbeitsverhältnis in „demselben Betrieb oder Unternehmen" ununterbrochen länger als 6 Monate bestanden haben. Der Vertragsarbeitgeber, das Unternehmen KT, existiert noch kein halbes Jahr. Würde man wiederum allein davon ausgehen, daß das KSchG betriebs- und allenfalls unternehmensbezogen sei und sich nicht auf den Konzern beziehe[47], so scheidet eine Anwendung des KSchG aus. Die Beschäftigungszeiten des D außerhalb des Unternehmens KT bei der früheren Vertragsarbeitgeberin KM wären irrelevant.

Soweit in der Literatur konzernspezifische Probleme hinsichtlich des persönlichen Geltungsbereiches gemäß § 1 I KSchG erörtert werden, beschränken sich die Autoren nicht darauf, lediglich mit dem Wortlaut der Vorschrift zu argumentieren. Becker und Hueck rechnen Beschäftigungszeiten beim vorherigen konzernangehörigen Arbeitgeber in der Regel an. Hueck meint,

---

Ordo Bd. 33 (1982), 165 (176); a. A. z. B. Karsten Schmidt, Gesellschaftsrecht, § 31 IV 2b) m. w. N.

[45] Insoweit ist der Sachverhalt mit dem der Entscheidung des BAG vom 25.11.1980, SAE 1982, 282 ff. vergleichbar

[46] Insoweit ist der Sachverhalt mit dem der Entscheidung in BGHZ 49, 39 ff.) vergleichbar, die sich aber auf einen Handelsvertreter bezieht.

[47] BAG v. 14.10.1982, AP Nr. 1 zu § 1 KSchG 1969, Konzern.

man müsse Versetzungen innerhalb von Konzernen regelmäßig dahingehend auslegen, daß mangels abweichender Vereinbarungen die Beschäftigungszeiten beim vorherigen Arbeitgeber anzurechnen sind[48]. Becker rechnet ebenfalls die Beschäftigungszeiten an, wenn Entsprechendes möglicherweise auch stillschweigend vereinbart wurde[49]. Beide Auffassungen sind aus folgendem Grunde bedenklich: Die Anwendung des KSchG ist zwingendes Recht und der Disposition der Arbeitsvertragsparteien insoweit entzogen, als für den Arbeitnehmer nachteilige Vereinbarungen nicht wirksam sind.

Becker wendet darüber hinaus wegen der Gefahr der Umgehung zugunsten der Arbeitnehmer 100%iger Töchter § 1 I KSchG konzerndimensional an[50]. Er beantwortet damit nicht, wieso bei 100%igen Beteiligungen stets die Gefahr der Umgehung zu bannen ist.

Henssler schließlich stellt entscheidend auf den Sinn und Zweck des § 1 I KSchG ab. Das Anknüpfen des persönlichen Geltungsbereiches an die Unternehmenszugehörigkeit zeige, daß der unpersönliche Bezug zu der hinter dem Betrieb stehenden wirtschaftlichen Organisationseinheit entscheidend sei[51]. Er rechnet daher analog § 1 I KSchG eine vorangegangene Tätigkeit bei einem Arbeitgeber des gleichen Konzerns an, wenn die beteiligten konzernierten Arbeitgeber einer einheitlichen Planung unterstehen und äußerlich sichtbar miteinander verbunden sind[52].

2. Konzerninterner Arbeitgeberwechsel nach § 613a BGB?

Hinzu kommt in Fall 3, daß D nicht versetzt wurde. Sein Arbeitsverhältnis ist anscheinend gem. § 613a I 1 BGB auf KT übergegangen. In diesem Falle wäre die beim bisherigen Arbeitgeber zurückgelegte Wartezeit anzurechnen[53]. Der Konzernzusammenhang wäre unbeachtlich.

Die Wirksamkeit der Kündigung gegenüber K ist im Hinblick auf § 613a IV 1 BGB bedenklich. Voraussetzung ist, daß C wegen Überganges zumindest eines Betriebsteiles gekündigt wurde. Wenn dies der Fall ist, kommt es auf den Konzernzusammenhang und auf die Anwendung des KSchG nicht mehr an.

---

48 G. Hueck in Hueck, § 1 Rn. 28.
49 KR-Becker, § 1 KSchG Rn. 65.
50 KR-Becker, § 1 KSchG Rn. 65.
51 Henssler, S. 117 ff.
52 Henssler, S. 119 f.
53 KR-Becker, § 1 KSchG Rn. 66.

IV. Verlagerung von Aufgaben ohne Neugründung

Fall 4: Grundsätzlich entspricht der Sachverhalt dieses Falles dem des eben erörterten Falles 3. KT besteht aber schon seit geraumer Zeit.

Designer D ist nach Ansicht aller Beteiligten und insbesondere seiner Vertragsarbeitgeberin KM überaus erfolgreich. Sie meint, das Design der Produkte von KT müsse dringend verbessert werden. D bewirbt sich auf eine daraufhin überregional von KT ausgeschriebene Stelle, weil diese besser als seine bisherige dotiert ist und KM und KT sich in dem gleichen Gebäude befinden. KT entscheidet sich unter mehreren auch externen Bewerbern für D. Dieser kündigt bei KM. KM besetzt den ehemaligen Arbeitsplatz von D neu. Wohl wegen persönlicher Schwierigkeiten, aber ohne Angabe von Gründen, kündigt KT nach weiteren 3 Monaten das Arbeitsverhältnis mit D.

KM plant im Bereich des Vertriebes zu rationalisieren und bei ihrer Tochter zu zentralisieren. KM kündigt daher das Arbeitsverhältnis mit Kraftfahrer K. Bei KT ist zum gleichen Zeitpunkt ein ähnlicher Arbeitsplatz zu besetzen. K wäre den Anforderungen dieses Arbeitsplatzes aufgrund seiner Ausbildung und seinen sonstigen persönlichen Verhältnissen gewachsen.

1. Anwendbarkeit des KSchG?

Wiederum ist zunächst fraglich, ob das KSchG gem. § 1 I KSchG zugunsten D anwendbar ist.

Ein Betrieb oder Betriebsteil ist nicht von KM auf KT übergegangen. Eine Anrechnung der Beschäftigungszeit bei KM gem. § 613a I 1 BGB scheidet also aus. Auch bestehen keine Anhaltspunkte, einen stillschweigenden Vertrag mit dem Inhalt anzunehmen, die Beschäftigungszeit bei KM anzurechnen. Nach Ansicht der h.M. scheidet folglich wegen des Wortlauts des § 1 I KSchG eine Anrechnung der Beschäftigungszeit außerhalb des Unternehmens des Vertragsarbeitgebers, aber innerhalb des gleichen Konzerns aus.

Mit Henssler ist darüber hinaus eine Analogie zu § 1 I KSchG in Betracht zu ziehen[54]. Die Unternehmen KM und KT befinden sich in einem Gebäude. Sie sind also äußerlich sichtbar miteinander verbunden[55]. Fraglich ist, ob beide Unternehmen i.S. von Henssler einer einheitlichen Planung unterstehen. Die Anregung, Werbung und Marketing von KT durch einen geeigneten Mitarbeiter zu verbessern, ging von KM aus. Insoweit erfolgte eine einheitliche Planung durch die Konzernspitze. Stellt man demgegenüber auf die Besetzung der Stelle ab, so fehlt es an der Einheitlichkeit, KM und KT standen in einem konzerninternen Wettbewerb um den geeigneten Mitarbeiter.

Unabhängig davon, wie man diese Frage beantwortet, ist zu beachten, daß KM und KT sich in einem Gebäude befinden. Sämtliche Arbeitnehmer bei-

[54] Henssler, S. 119 f.
[55] Vgl. zu dieser Voraussetzung Henssler, S. 119 f.

der Unternehmen könnten daher in einem „Betrieb" i.S. des § 1 I KSchG arbeiten.

2. Materieller Umfang des Kündigungsschutzes

In Fall 3 war der Konzernzusammenhang gem. § 613a IV 1 BGB zugunsten des fiktiven Kraftfahrers K unbeachtlich. Nunmehr scheidet diese Lösung aus. KT hat zwar die Aufgabe des Vertriebs, nicht aber die sächlichen und persönlichen Betriebsmittel übernommen.

Läßt man bei Prüfung einer möglichen Sozialwidrigkeit der Kündigung den Konzernzusammenhang außer acht, so lautet die Antwort: Die Übertragung von Aufgaben auf Fremdfirmen ist nach Ansicht des BAG eine unternehmerische Entscheidung, die grundsätzlich nicht durch die Arbeitsgerichtsbarkeit auf ihre Zweckmäßigkeit zu überprüfen ist[56]. Die Kündigung ist daher ohne Berücksichtigung des Konzernzusammenhanges nicht gem. § 1 II 1 KSchG sozialwidrig.

Ob die Kündigung des K ferner gem. § 1 II 2 Nr. 1b) KSchG sozialwidrig ist, erweckt Zweifel. Zwar steht zum einen der geeignete freie Arbeitsplatz im Unternehmen KT und nicht in dem der Vertragsarbeitgeberin KM zur Verfügung. Zum anderen ist hingegen wiederum zu berücksichtigen, daß KT und KM sich im gleichen Gebäude befinden. Möglicherweise steht daher der Arbeitsplatz im gleichen Betrieb im Sinne des § 1 II 2 Nr. 1b) KSchG zur Verfügung.

Hinzu kommt, daß die Kündigung des K im Interesse des Konzernes erfolgte. Wie oben zu den Fällen 1 und 2 bereits dargestellt, werden insoweit eine Reihe weiterer Ansätze der Begründung eines partiellen konzerndimensionalen Kündigungsschutzes diskutiert.

V. Konzernweite Versetzung von Arbeitnehmern

Fall 5: Der Sachverhalt ähnelt dem des Falles 4.

Der Designer D wechselt jedoch im allseitigen Einverständnis zu KT. Hierfür schließt er mit der bisherigen Vertragsarbeiterin KM einen Aufhebungsvertrag und mit KT einen neuen Arbeitsvertrag. KT kündigt den Vertrag nach 3 Monaten. Sie begründet die Kündigung mit folgendem Hinweis: Man habe sich geirrt. Die Aufgaben des D würden zukünftig wieder bei KM konzentriert. Der ehemalige Arbeitsplatz von D bei KM ist noch unbesetzt. Er ist bereit, dorthin zurückzukehren. Damit ist ein Umzug verbunden, da KM und KT, anders als im Fall 4, ihre Unternehmen nicht im gleichen Gebäude, sondern in verschiedenen Städten betreiben. KM möchte den freien Arbeitsplatz mit einem derzeit arbeitslosen Bewerber besetzen. Dieser erscheint ihr besser als D für die Aufgaben qualifiziert.

---

[56] BAG v. 12.10.1979, AP Nr. 7 zu § 1 KSchG 1969, Betriebsbedingte Kündigung, unter III 1; vom 7.2.1985 , DB 1986, 436, unter III 3; v. 13.6.1985, DB 1986, 1287 ff., unter II 1b) m.w.N.

Der Sekretärin S geht es ähnlich. Geraume Zeit vor D wechselte sie auf Bitten ihrer Vertragsarbeitgeberin KM zu KT. Ausdrücklich wird weder der Arbeitsvertrag mit KM aufgehoben, noch von einem der Beteiligten gekündigt, noch ein neuer Arbeitsvertrag mit KT geschlossen. S erhält ihren Lohn weiterhin von KM überwiesen. Nach 9 Monaten Beschäftigungszeit bei KT fällt ihr Arbeitsplatz weg. KM und KT kündigten S aus diesem Grunde. Der Arbeitsplatz, auf dem S vor ihrer „Versetzung" von KM beschäftigt wurde, ist nicht mehr vorhanden. Stattdessen ist ein anderer Arbeitsplatz, für den S qualifiziert ist, zu besetzen. KM möchte aber wiederum einen arbeitslosen Bewerber vorziehen.

1. Ausdrückliche Vertragsbeendigung mit früherem Arbeitgeber

a) Konzerndimension von § 1 I KSchG?

Auch in diesem Fall ist fraglich, ob gemäß § 1 I KSchG zugunsten des Designers D der erste Abschnitt des KSchG anzuwenden ist. D ist bei KT keine 6 Monate beschäftigt. Eine Anrechnung der Beschäftigungszeiten bei KM gem. § 613a I 1 BGB scheidet aus. Es fehlt am Übergang eines Betriebes oder Betriebsteiles. In Fall 4 wurde zudem erwogen, aufgrund des räumlichen Zusammenhanges von KT und KM einen „Betrieb" i.S.d. § 1 I KSchG anzunehmen und aus diesem Grunde die Beschäftigungszeiten bei KM anzurechnen. Diese Möglichkeit kommt hier wegen der Standorte in verschiedenen Städten nicht in Betracht.

Hilft dem D eine analoge Anwendung des § 1 I KSchG? Entscheidend ist, ob Sinn und Zweck der Vorschrift den Fall des D erfassen. Henssler stellt dafür einerseits auf die einheitliche Planung ab[57]. In Fall 5 wechselte D von KM zu KT im allseitigen Einverständnis der Beteiligten. Darin könnte man ein Indiz erblicken, das auf einheitliche Planung schließen läßt. Andererseits schränkt Henssler die teleologische Reichweite des § 1 I KSchG dadurch ein, daß er zudem eine äußerlich sichtbare Verbindung der beteiligten Konzernunternehmen verlangt[58]. KT und KM sind weder in einem Gebäude untergebracht, noch wird mitgeteilt, daß kennzeichnende Bestandteile ihrer Namen übereinstimmen.

Scheidet eine Analogie zu § 1 I KSchG aus, so ist zu erwägen, ob durch den Arbeitsplatzwechsel zu KT eine Anrechnung der Beschäftigungszeiten bei KM vereinbart wurde. D hat mit seinem neuen Vertragsarbeitgeber nichts ausdrücklich geregelt. Mithin ist eine stillschweigende Vereinbarung, die vorherigen Beschäftigungszeiten anzurechnen, zu prüfen[59]. Problematisch ist wie stets bei konkludenten Erklärungen die Feststellung des Rechtsfolgewillens. Entscheidend ist die objektive Bedeutung des Erklär-

---

[57] Henssler, S. 119 f.

[58] Henssler, S. 119 f..

[59] So KR-Becker, § 1 KSchG Rn. 65 und G. Hueck in Hueck, § 1 Rn. 28.

ten[60]. Ausdrücklich wurde nichts erklärt. Daraus könnte man schließen, daß es bei der gesetzlichen, lediglich unternehmensbezogenen Regelung des § 1 I KSchG bleiben und keine Anrechnung erfolgen sollte.

b) *Materielle Voraussetzungen des Kündigungsschutzes*

aa) Gemäß § 1 II KSchG?

Überwindet man diese Bedenken, so ist der erste Abschnitt des KSchG zugunsten D anwendbar. Die Kündigung könnte gem. § 1 II 1 KSchG sozialwidrig sein. Allein die Übertragung von Aufgaben auf Fremdfirmen ist als unternehmerische Entscheidung nicht auf die Zweckmäßigkeit von den Arbeitsgerichten zu überprüfen[61]. Bei Ausblendung des Konzernzusammenhanges verstößt die Kündigung mithin nicht gegen § 1 II 1 3. Alt KSchG. D ist gekündigt worden, weil seine Aufgaben innerhalb des Konzerns konzentriert wurden. Auch hier ist daher zu fragen, ob die konzernbedingte Kündigung im Widerspruch zum Betriebs- und Unternehmensbezug des § 1 II 1 3. Alt KSchG steht[62].

Hinzu kommt, daß der frühere Arbeitsplatz von D bei KM noch frei ist. Die Kündigung könnte folglich nach § 1 II 2 Nr. 1b) KSchG sozialwidrig sein.

bb) Kraft Vertrauenshaftung?

In Fall 1 war zudem erwogen worden, ob konzerndimensionaler Kündigungsschutz aus den Grundsätzen der Vertrauenshaftung abzuleiten ist[63]. Dort scheiterte diese Erwägung bereits mangels Entstehens eines Vertrauenstatbestandes im Ansatz. Hiedurch unterscheidet sich der Sachverhalt des Falles 5. D, dem gekündigt wurde, war wenige Monate zuvor auf dem gleichen Arbeitsplatz beschäftigt, der vakant ist. Reicht das, um einen konzerndimensionalen Kündigungsschutz kraft Vertrauenshaftung zu begründen?

Bejaht man diesen Ansatz, so schließen sich weitere Fragen an. Zu beantworten ist, wer durch die Vertrauenshaftung verpflichtet wird. KT und KM kommen in Betracht. Beiden könnte man den Vertrauenstatbestand zurechnen. Eine Verpflichtung der Konzerntochter ist bedenklich. Sie hat mangels Weisungsmacht nicht die rechtliche Möglichkeit, D den außerhalb ihres Unternehmens vorhandenen Arbeitsplatz zu verschaffen. Gleiches gilt für

---

[60] Palandt / Heinrichs, Einf. v. § 116 Anm. 3a).

[61] BAG v. 12.10.1979, AP Nr. 7 zu § 1 KSchG 1969, Betriebsbedingte Kündigung, unter III 1.

[62] Siehe oben § 1 A I 2b).

[63] Siehe oben § 1 A I 4.

die Obergesellschaft im faktischen Konzern gem. §§ 311 ff. AktG[64]. Zudem ist zu klären, welche konkrete Rechtsfolge die Vertrauenshaftung begründet. Am günstigsten ist für einen Arbeitnehmer der Anspruch auf Weiterbeschäftigung. Der Weiterbeschäftigungsanspruch ist ein Erfüllungsanspruch. Ob kraft Vertrauenshaftung Erfüllungsansprüche entstehen können, ist jedoch im Zivilrecht umstritten. Insbesondere Medicus und Canaris verneinen im Grundsatz Erfüllungsansprüche, weil das BGB in den gesetzlich geregelten Fällen (§§ 118, 122) wegen enttäuschten Vertrauens den Schadensersatz auf das negative Interesse begrenzt[65]. Schließlich sind Reuters verfassungsrechtliche Bedenken zu beachten. Danach ist eine Ausweitung des Kündigungsschutzes wegen der Möglichkeit der Weiterbeschäftigung außerhalb des Betriebes, aber innerhalb des Unternehmens[66] oder sogar des Konzernes[67] insbesondere wegen des Eingriffes in die Grundrechte arbeitsplatzsuchender Bewerber unzulässig.

2. Ohne ausdrückliche Vertragsbeendigung mit früherem Arbeitgeber

S wurde sowohl von KM als auch von KT gekündigt.

a) Gegenüber der Kündigung des beschäftigenden Unternehmens

Ob S sich gegen die Kündigung von KT mit einer Kündigungsschutzklage wehren muß, ist fraglich. S und KT haben nichts ausdrücklich miteinander vereinbart. Es kommt also nur ein stillschweigend durch die Arbeitsaufnahme bei KT geschlossener Arbeitsvertrag in Betracht. S hatte aber einen Arbeitsvertrag mit KM. Sie wurde auch weiterhin von ihr entlohnt. Das Verhalten von KT und S als konkludenten Vertragsschluß zu werten, ist daher bedenklich. KT wäre mithin mangels Arbeitsvertrags nicht Arbeitgeberin im Rechtssinne. Nur die Vertragsparteien können im eigenen Namen ein Arbeitsverhältnis kündigen[68]. Wenn KT also nicht Arbeitgeber war, ist eine Kündigung in ihrem Namen unwirksam.

Möglicherweise ist KT aber gem. Art. 1 § 10 I 1 AÜG Arbeitgeberin von S. Voraussetzung ist gem. Art. 1 § 9 Nr. 1, § 1 I AÜG, daß eine erlaubnispflichtige Arbeitnehmerüberlassung vorliegt. Bis zum Inkrafttreten des BeschFG 1985 war die Antwort auf diese Frage nach der fast einhelligen Auffassung eindeutig: Mangels Gewerbsmäßigkeit schied die Anwendung des AÜG auf

---

[64] Siehe oben § 1 A II 2 am Anfang m. w. N.

[65] Canaris, Vertrauenshaftung, S. 188 ff., 230 f.; Medicus, Bürgerliches Recht, Rn. 96, 106 f.; a.A. bezüglich arbeitsvertraglicher Ansprüche im Konzern, Henssler, S. 44 f.

[66] Reuter, Ordo Bd. 33 (1982), 165 (188 f.).

[67] Reuter, Ordo Bd. 33 (1982), 165 (176 f.).

[68] Schaub, § 123 I 2.

die Überlassung von Arbeitnehmern zwischen Unternehmen des gleichen Konzerns aus[69]. Nunmehr ist dieses Ergebnis zweifelhaft. Art. 1 § 1 III AÜG in der Fassung des Art. 8 I Nr. 1b) BeschFG 1985 schließt die Anwendung des AÜG innerhalb von Konzernen aus, wenn der Arbeitnehmer „vorübergehend" seine Arbeit nicht bei seinem Arbeitgeber leistet. Nicht „vorübergehend" könnte sich auf die Dauer der Beschäftigung beziehen[70]. S war insgesamt 9 Monate bei KT tätig. Abgestellt auf die Dauer sind 9 Monate, wenn man vom normalen Sprachgebrauch ausgeht, nicht vorübergehend. Das AÜG ist demnach anwendbar. Mangels Erlaubnis besteht zwischen KT und S gem. Art. 1 § 1O I 1, 9 Nr. 1. 1 I AÜG ein Arbeitsverhältnis.

Geholfen wird S durch diese gesetzliche Vertragsfiktion nicht. Dies gilt jedenfalls dann, wenn man den Konzernzusammenhang im übrigen nicht berücksichtigt. Wie schon mehrmals oben dargestellt, ist die Entscheidung, den Arbeitsplatz von S durch Verlagerung von Aufgaben wegfallen zu lassen, arbeitsgerichtlich nur sehr eingeschränkt überprüfbar[71]. Eine Sozialwidrigkeit der Kündigung gem. § 1 II 1 KSchG scheidet also aus. Bei KT steht auch kein für S geeigneter Arbeitsplatz zur Verfügung. Die Kündigung ist folglich auch nicht gem. § 1 II 2 Nr. 1b) KSchG unwirksam.

b) Gegenüber der Kündigung des früheren Vertragsarbeitgebers

Möglicherweise ist eine Kündigungsschutzklage der S gegen KM erfolgversprechender. Dort steht ein für sie geeigneter Arbeitsplatz zur Verfügung. Die Kündigung könnte mithin gem. § 1 II 2 Nr. 1b) KSchG sozialwidrig sein.

Fraglich ist jedoch, ob zwischen KM und S noch ein Arbeitsverhältnis bestand, das zu kündigen war. Mit KM hatte S zwar einen Arbeitsvertrag. Dieser wurde hingegen bei Wechsel des Arbeitsplatzes zu KT weder einverständlich aufgehoben noch von einem Beteiligten gekündigt. Der Arbeitsvertrag könnte aber gem. Art. 1 § 9 Nr. 1) AÜG unwirksam geworden sein. Voraussetzung ist, daß gem. Art. 1 § 1 I und III AÜG eine Erlaubnis zur Arbeitnehmerüberlassung innerhalb von Unternehmen des gleichen Konzerns erforderlich ist. Wiederum ist entscheidend, ob 9 Monate Beschäftigung bei einem anderen Unternehmen nicht „vorübergehend" i.S.d. Art. 1 § 1 III AÜG sind.

---

[69] Martens, DB 1985, 2144 f. m.w.N.

[70] Vgl. zu den verschiedenen Möglichkeiten, die Bedeutung dieses Begriffes zu bestimmen, Martens, DB 1985, 2144 (2149 f.).

[71] Siehe oben § 1 A I 2.

VI. Sonstige Vertrauenstatbestände?

Fall 6: „K-X-AG“ ist ein Unternehmen, welches mehrere rechtlich selbständige Kaufhäuser in einer Millionenstadt betreibt. KT-X ist eine dieser Konzerntöchter der KM-X. KT-X sucht einen Assistenten für die Geschäftsleitung durch Inserate in den örtlichen Tageszeitungen. A bewirbt sich auf eine der Anzeigen, wird eingestellt und schließt einen schriftlichen Arbeitsvertrag mit „KT-X-AG“. In der Folgezeit entnimmt A der regionalen und überregionalen Presse, daß die allgemeine Werbung sämtlicher Töchter der KM-X ausschließlich auf die Angebote und Leistungen des „X-Konzerns“ abstellen.

Auch Buchhalter B stellt sich aufgrund einer Stellenanzeige der „KT-X-AG“ vor. Er hatte zuvor dem Wirtschaftsteil seiner Zeitung beunruhigend entnommen, daß „KT-X“ Verluste erwirtschafte. Seine anfänglichen Bedenken wurden aber durch eine Mitteilung in dem gleichen Artikel sogleich zerstört. Dort wurde darauf hingewiesen, daß es aller Voraussicht nach gelingen werde, neue Geldgeber für die „KT-X“ zu gewinnen. Die Konzernmutter habe hierfür finanzkräftigen Interessenten gegenüber eine sogenannte Patronatserklärung abgegeben.

Chefsekretärin C und Designer D bewerben sich auf Stellenanzeigen „des X-Konzerns“. Sie schließen die Arbeitsverträge ausdrücklich mit „KT-X-AG“. Der Vertrag mit D enthält folgenden Passus: „Der Arbeitgeber behält sich vor, in einem anderen Unternehmen, das an ihm oder an dem er direkt oder indirekt mit wenigstens 50% beteiligt ist, dem Arbeitnehmer eine andere gleichwertige Tätigkeit zu übertragen“[72].

Nach mehreren Jahren meldet KT-X auf Weisung ihrer Mutter Konkurs an und beendet den Geschäftsbetrieb. A, B, C und D erheben Kündigungsschutzklage gegen KM. Dort stehen für sie geeignete Arbeitsplätze zur Verfügung.

Zur Beurteilung der Erfolgsaussichten der Klagen kommen mehrere der zu den obigen Fällen dargestellten Ansätze in Betracht. Man könnte beispielsweise der Auffassung sein, daß die Kündigung wegen der Weisung der Konzernmutter konzernbedingt und nicht i.S. des § 1 II 1 KSchG betriebsbedingt sind[73].

Fraglich ist dann, gegen wen die Kündigungsschutzklage zu richten ist. Gegen die Konzerntochter kann die Klage nicht gerichtet werden, wenn diese liquidiert wird. Entsteht daher in solchen Fällen ein kündigungsschutzrechtlicher Anspruch gegen die Konzernmutter? Neben den bisher skizzierten allgemeinen Ansätzen könnten A, B, C und D möglicherweise kraft Vertrauenshaftung gegen KM einen Anspruch auf erweiterten Kündigungsschutz haben.

---

[72] Vergleichbare Vertragsklauseln sind von Arbeitsverträgen der Agfa-Gevaert AG, Hoechst AG und Salzgitter AG bekannt; siehe unten die Nachweise in § 9 A.

[73] Siehe oben § 1 A I 2b).

1. Nach Vertragsschluß entstandenes Vertrauen?

Zum Zeitpunkt des Vertragsschlusses von A mit KT scheidet das Entstehen eines Vertrauenstatbestandes zu Lasten der KM aus. Er hatte erst in der Folgezeit der Presse entnommen, daß die allgemeine Werbung sämtlicher Töchter der KM-X ausschließlich auf die Angebote und Leistungen des „X-Konzernes" abstellen. Erforderlich ist also, daß im nachhinein ein kündigungsschutzrechtlich relevanter Vertrauenstatbestand zugunsten A und zu Lasten KM entstanden ist.

2. Vor oder bei Vertragsschluß entstandenes Vertrauen?

B wußte schon vor Abschluß des Arbeitsvertrages mit KT, daß KM zugunsten ihrer Tochter eine Patronatserklärung abgegeben hatte. Diese richtete sich jedoch nicht an die zukünftigen Arbeitnehmer von KT. Hieran könnte daher ein konzerndimensionaler Kündigungsschutz kraft Vertrauenshaftung scheitern. Unberücksichtigt bliebe dabei, daß Patronatserklärungen grundsätzlich geeignet sind, Vertrauen in die wirtschaftliche Zukunft eines Konzernunternehmens zu wecken. Arbeitnehmer sind von derartigen Erwartungen besonders betroffen. Denn von der Prosperität ihres Vertragsarbeitgebers im Rechtssinne hängt die Sicherheit ihres Arbeitsplatzes ab.

Diese Bedenken treffen auf die Sachverhalte, die den Klagen von C und D zugrunde liegen, nicht zu. Sie haben zwar die Arbeitsverträge ausdrücklich mit KT abgeschlossen. Beide bewarben sich jedoch auf Anzeigen des „X-Konzernes". Insoweit waren sie, wie die späteren Einstellungen zeigen, Adressaten der Erklärungen des Konzernes. Ein Vertrauenstatbestand zu Lasten der KM könnte mithin entstanden sein. Dagegen spricht allerdings, daß die Arbeitsverträge entgegen den Stellenanzeigen mit KT und nicht mit KM abgeschlossen wurden. Dadurch könnte der möglicherweise durch die Anzeige zu Lasten der KM entstandene Vertrauenstatbestand wieder zerstört worden sein. Zugunsten des D kommt folgendes hinzu: Er hat zwar den Arbeitsvertrag ausdrücklich nur mit KT geschlossen. In diesem hat diese sich aber die Versetzung zu über- und untergeordneten Konzernunternehmen vorbehalten. Der Eindruck konzernbezogener Personalplanung und erweiterter Arbeitsplatzchancen wird damit erweckt.

B. Gang der Untersuchung

Zunächst werden in dieser Arbeit die materiellen Voraussetzungen und Grenzen unternehmensüberschreitenden Kündigungsschutzes in Konzernsachverhalten erörtert. Begonnen wird mit § 1 II 1 KSchG. Zu klären ist dabei zweierlei: Sowohl Kündigungen im Konzerninteresse als auch Entlassungen wegen schlechter Ertragslage bei gleichzeitiger Prosperität anderer Unternehmen desselben Konzernes könnten den betrieblichen Erfordernissen im Sinne des § 1 II 1 KSchG widersprechen. Dem folgt die Analyse des Weiterbeschäftigungsanspruches aus § 1 II 2 Nr. 1b) KSchG. Die konzernspezifische Reichweite der dort verwendeten Begriffe „Betrieb“ und „Unternehmen“ ist zu bestimmen. Die sich in diesen beiden Vorschriften niederschlagenden gesetzlichen Wertungen und Wertungswidersprüche sind herauszuarbeiten. Damit sind die speziellen und grundlegenden gesetzlichen Regeln in den §§ 2 und 3 der Arbeit untersucht. Wie die Eingangsfälle 1 und 2 belegen, ist dieser Teil der Arbeit für die weiteren Untersuchungen von ausschlaggebender Bedeutung.

Dem schließt sich in § 4 die Analyse an, ob die im Arbeits- und benachbarten Rechtsgebieten vorhandenen konzernbezogenen Vorschriften im Wege einer Gesamtanalogie auf Kündigungen entsprechend anzuwenden sind. Die unterschiedlichen Zwecke und Regelungszusammenhänge der in Betracht kommenden Normen sind hierbei zu erfassen. In § 5 der Arbeit wird die unmittelbare Bedeutung des konzernrechtlichen Gläubigerschutzes für die Reichweite des Kündigungsschutzes abgehandelt. Die verschiedenen, von der Art der Konzernierung abhängigen Regelungsmodelle sind zu berücksichtigen. Von herausgehobener Bedeutung ist hierbei die gesamtschuldnerische Haftung von Konzernmüttern eingegliederter Töchter gemäß § 322 I AktG.

Ob verfassungsrechtliche Erwägungen und ihre arbeitsrechtlichen Konkretisierungen eine Ausweitung des Kündigungsschutzes auf Konzernsachverhalte begründen oder umgekehrt eine Beschränkung erfordern, ist in § 6 darzustellen. Dem folgt eine Analyse des Rechtsinstituts des „mittelbaren Arbeitsverhältnisses“. In § 8 wird die Bedeutung von konzernumfassenden Sozialplänen auf den Kündigungsschutz erfaßt. Zu unterscheiden ist dabei zwischen freiwilligen und erzwingbaren Inhalten von Sozialplänen. Die mitbestimmungsrechtliche Konzeption von Martens ist in diesem Zusammenhang zum zweiten Mal zu berücksichtigen. Denn seine Argumente sollen zudem einer unternehmensexternen Anwendung von § 1 II 2 Nr. 1b) KSchG im Wege stehen. Diese waren daher insoweit zuvor (§ 3) ebenfalls zu erörtern.

§ 9 enthält einen weiteren materiellen Schwerpunkt der Arbeit. Unterschiedliche Vertragsgestaltungen und -durchführungen von Arbeitsverhältnissen in Konzernsachverhalten begründen in Einzelfällen eine Extension des Kündigungsschutzes kraft Vertrauenshaftung. Auf die in den Eingangsfällen 3 bis 6 angerissenen Problemanalysen wird hierbei zurückzukommen sein. In § 10 schließlich wird auf den letzten materiellen Aspekt der möglichen Ausweitung des Kündigungsschutzes eingegangen. Die Bedeutung der

Durchgriffshaftung als dem allgemeinsten hier in Betracht kommenden Rechtsinstitut ist aufzuzeigen.

In § 10 schließt sich die Darstellung des Konzernbezuges von § 1 I KSchG an. Orientiert am üblichen Fallaufbau müßte man zwar Fragen der Anwendbarkeit von Gesetzen vorrangig durchdringen. Da aber die Analysen mehrerer zuvor erörterter Regelungen und Rechtsinstitute im Rahmen von § 1 I KSchG zu berücksichtigen sind, ist eine Abweichung geboten.

Der Kündigungsschutz von Arbeitnehmern anderer konzernierter Kapital- oder Personengesellschaften wird nicht erörtert. Die Arbeit beschränkt sich auf den Kündigungsschutz von Arbeitnehmern konzernierter Aktiengesellschaften und Gesellschaften mit beschränkter Haftung. Beide Gesellschaftsformen kommen am häufigsten vor und sind daher exemplarisch für die Untersuchung der arbeitsrechtlichen Beziehungen in Konzernen.

§ 2 Einfluß der wirtschaftlichen Abhängigkeit auf § 1 II 1 KSchG?

A. Konzerntöchter als Vertragsarbeitgeber

I. Konzernbedingte Abhängigkeit im Widerspruch zur Betriebsbedingtheit?

In § 1 II 1 3. Alt. KSchG stellt das Gesetz auf „betriebliche Erfordernisse“, mithin auf die Verhältnisse im Betrieb ab. Folglich ist zunächst zu untersuchen, ob Kündigungen von Konzerntöchtern, die im Konzerninteresse erfolgen, mit § 1 II 1 3. Alt. KSchG zu vereinbaren sind.

1. Meinungsstand

Die hierzu vertretenen Auffassungen scheinen einander zu widersprechen.

Rehbinder lehnt es wegen der Betriebsbezogenheit des § 1 II 1 KSchG ab, Konzerninteressen bei betriebsbedingten Kündigungen zu berücksichtigen[1]. Konzerninteresse sei fremdes Interesse. Henssler begründet mit den gleichen Argumenten eine vermittelnde Auffassung. Er verneint die soziale Rechtfertigung von betriebsbedingten Kündigungen, wenn Kündigungen offensichtlich mittel- oder unmittelbar auf Konzerndirektiven beruhen und nicht zumindest auch im Interesse des abhängigen Unternehmens erfolgen[2]. Nach seiner Ansicht ist es zudem inkonsequent, einerseits zum Nachteil der Arbeitnehmer bezogen auf § 1 II 1 KSchG den Konzern wie ein einheitliches Unternehmen zu betrachten, aber hinsichtlich der Weiterbeschäftigungsmöglichkeit gem. § 1 II 2 Nr. 1b) KSchG andererseits auf die rechtliche Selbständigkeit der Konzernunternehmen abzustellen.

Die h.M. geht vom Grundsatz der Betriebs- und allenfalls Unternehmensbezogenheit aus[3]. Ein Einfluß von Konzerndirektiven auf die soziale Recht-

---

[1] Rehbinder, Konzernaußenrecht, S. 471 f.; a. A. Coen, RdA 1983, 348 (350); siehe im übrigen oben § 1 A I 2 b) zur Darstellung des Problemes bei der Erörterung des Falles 1 der Einleitung.

[2] Henssler, S. 126 f., 139.

[3] H.M. vgl. BAG v. 22.5.1986, NZA 1987, 125 f.; v. 14.10.1982, AP Nr. 1 zu § 1 KSchG 1969, Konzern, unter II. 1; BAG v. 28.11.1968, AP Nr. 19 zu § 1 KSchG, Betriebsbedingte Kündigung, 2. Leitsatz; G. Hueck in Hueck, § 1 Rn. 102; kritisch KR-Becker, § 1 KSchG Rn. 300.

fertigung einer Kündigung gem. § 1 II 1 3. Alt. KSchG wird verneint. Zu diesem Problem wird nicht einmal ausdrücklich Stellung genommen. Die Äußerungen beziehen sich vielmehr ausschließlich auf § 1 II 2 Nr. 1b) KSchG.

2. Stellungnahme

a) Kündigungen nur aus betrieblichen Gründen?

Der Wortlaut des § 1 II 1 3. Alt. KSchG setzt dringende „betriebliche" Erfordernisse voraus. Man könnte mithin aus dem Wortlaut schließen, daß betriebliche Erfordernisse mit denen von Konzernen nicht identisch sind. Folglich entsprächen betriebsbedingte Kündigungen, die aufgrund von Konzerndirektiven erfolgen, den Interessen des Konzernes und nicht den betrieblichen. Sie wären gem. § 1 II 1 KSchG mangels „betrieblicher" Erforderlichkeit sozialwidrig. In diesem Sinne ist der Wortlaut des § 1 II 1 KSchG aber nicht eindeutig. Dort werden zwar „betriebliche" Erfordernisse vorausgesetzt. Dem Wortlaut kann man jedoch nicht entnehmen, daß „nur" oder „ausschließlich" betriebliche Erfordernisse Ursache einer betriebsbedingten Kündigung sein dürfen. Weiteren Erfordernissen können betriebsbedingte Kündigungen demnach entsprechen.

Aus dem Wortlaut des § 1 II 1 3. Alt KSchG, wie eingangs erwogen, schließen zu wollen, daß ausschließlich „betriebliche" Erfordernisse Ursache von betriebsbedingten Kündigungen sein dürfen, überzeugt zudem aus folgendem Grunde nicht: Betriebliche Erfordernisse sind die Erfordernisse des Betriebes. Nach allgemeiner Auffassung ist ein Betrieb die organisatorische Einheit von persönlichen, sächlichen und immateriellen Mitteln zur Erzielung eines bestimmten arbeitstechnischen Zwecks[4]. Die wirtschaftliche Zielsetzung ist davon zu unterscheiden[5]. Sie ist Betrieben vorgegeben. Der Betriebsbegriff bezieht sich nur auf die arbeitstechnischen Anforderungen[6]. Der Betrieb in seiner Gesamtheit dient somit der Erreichung eines arbeitstechnischen Zwecks im Rahmen der wirtschaftlichen Zielsetzung. Die Mittel müssen mithin geeignet sein, beide Anforderungen zu erfüllen. Sie sollen stets der wirtschaftlichen Zielsetzung entsprechen. Dies gilt für alle Mittel, die im Betrieb zum Erreichen des arbeitstechnischen Zwecks eingesetzt werden. Auch die Beschäftigung der Arbeitnehmer hat also nicht nur dem arbeitstechnischen Zweck des Betriebes, sondern auch dem vorgegebenen wirtschaftlichen Ziel zu entsprechen. § 1 II 1 3. Alt KSchG nennt zwar lediglich die „betrieblichen Erfordernisse". Da er sich damit aber auf den

---

[4] Herschel / Löwisch, § 1 Rn. 173; KR-Becker, § 1 KSchG Rn. 8O; Jakobi, S. 9; Dietz / Richardi, § 1 Rn. 58.

[5] Herschel / Löwisch, § 1 Rn. 173.

[6] Reuter, Ordo Bd. 33 (1982), 165 (169).

Betriebsbegriff bezieht, schließt er nicht aus, daß Kündigungen weiteren, insbesondere unternehmerischen Erfordernissen entsprechen. Erforderlich ist lediglich, daß unternehmerische Belange betriebliche Erfordernisse verursachen[7].

Aus den im § 1 II 1 3. Alt. KSchG verwendeten Begriffen „betriebliche Erfordernisse" kann man also nicht ableiten, daß ausschließlich betriebliche Belange betriebsbedingte Kündigungen verursachen dürfen. Insbesondere die Berücksichtigung der Zielvorgaben durch Unternehmen steht der sozialen Rechtfertigung von Kündigungen nicht entgegen.

b) Betriebsbedingtheit im Konzerninteresse

Nicht beantwortet ist damit, ob Kündigungen im Konzerninteresse betriebsbedingt i.S. des § 1 II 1 3. Alt. KSchG sein können. Es ist nämlich folgendes zu erwägen: Durch den Bezug zum Betriebsbegriff stellt § 1 II 1 3. Alt. KSchG entscheidend auf die arbeitstechnischen Anforderungen der Betriebe und die den Betrieben durch ihre Unternehmen vorgegebenen wirtschaftlichen Ziele ab. Sozial gerechtfertigt sind daher allenfalls betriebsbedingte Kündigungen im Unternehmens- und nicht im Konzerninteresse. In diesem Sinne ist Henssler zu verstehen. Er verlangt, daß eine betriebsbedingte Kündigung zumindest auch im Interesse des abhängigen Unternehmens und nicht nur im Konzerninteresse erfolgt[8].

Henssler setzt damit die betrieblichen Belange mit den Unternehmensinteressen gleich. Bereits dieser Schluß ist dem Gesetz nicht zu entnehmen. § 1 II 1 3. Alt. KSchG stellt auf die „betrieblichen Erfordernisse" und nicht auf die Interessen des Unternehmens ab. Die wirtschaftlichen Interessen von Unternehmen bestimmen zwar die arbeitstechnischen Zwecke ihrer Betriebe. Sie werden aber schon deswegen von den Arbeitsgerichten nicht überprüft[9], weil sie als Voraussetzung der sozialen Rechtfertigung betriebs-

---

[7] G. Hueck in Hueck, § 1 Rn. 102a.

[8] Henssler, S. 126 f.

[9] H.M. BAG v. 22.5.1986, SAE 1987, 129 (131); v. 24.10.1979, AP Nr. 8 zu § 1 KSchG 1969, Betriebsbedingte Kündigung; v. 12.10.1979, AP Nr. 7 zu § 1 KSchG 1969, Betriebsbedingte Kündigung; v. 7.12.1978, AP Nr. 6 zu § 1 KSchG 1969, Betriebsbedingte Kündigung; v. 1.7.1976, AP Nr. 2 zu § 1 KSchG 1969, Betriebsbedingte Kündigung; v. 22.11.1973, AP Nr. 22 zu § 1 KSchG, Betriebsbedingte Kündigung; mit zustimmender Anm. von Meisel; LAG Baden / Württemberg v. 29.9.1967, DB 1967, 2036; ArbG Kiel v. 23.1.1974, DB 1974, 437; Hanau, ZfA 1974, 89 (90); G. Hueck in Hueck, § 1 Rn. 104a; KR / Becker, § 1 KSchG Rn. 294 f.; Konzen, ZHR 151 (1987), 566 (593); Schaub, NZA 1987, 217 (218); Stahlhacke, Rn. 498; Reuter, ZRP 1986, 8 (9); Gustav Schmidt in AR / Blattei, Kündigungsschutz IV Abschnitt B IV; Martens, ZGR 1984, 417 (453 Fn. 98); kritisch Däubler, „In memoriam SIR Otto Kahn-Freund, S. 49 (53); ders., Arbeitsrecht 2, S. 450 ff., der allerdings ebenfalls der Ansicht ist, daß eine volle arbeitsgerichtliche Überprüfung von Unternehmerentscheidungen nicht erstrebenswert sei (S. 451).

bedingter Kündigungen in § 1 II 1 3. Alt. KSchG nicht genannt sind. Die Interessen des Unternehmens sind mithin bereits außerhalb von Konzernsachverhalten nicht Gegenstand des arbeitsgerichtlichen Kündigungsschutzverfahrens. Sie sind auch bei Konzernsachverhalten nicht relevant. Ob eine betriebsbedingte Kündigung auch oder nur teilweise im Unternehmens- oder Konzerninteresse erfolgt, ist demnach für die Prüfung der Voraussetzungen des § 1 II 1 3. Alt. KSchG unbeachtlich. Entscheidend ist, ob die verschiedenen Interessen „betriebliche Erfordernisse" verursachen. Die Forderung Hensslers, eine betriebsbedingte Kündigung müsse, falls sie auf einer Konzerndirektive beruhe, zumindest auch im Interesse des abhängigen Unternehmens erfolgen, läßt sich mit Wortlaut, Sinn und Zweck des § 1 II 1 3. Alt. KSchG nicht begründen.

c) Wertungswiderspruch zwischen § 1 Abs. 2 Satz 1 und Satz 2 KSchG?

Letztlich bleibt noch der weitere Einwand, der sich auf einen Vergleich der Voraussetzungen des § 1 II Satz 1 mit Satz 2 KSchG stützt und der dem bisherigen Ergebnis entgegenstehen könnte. Ist mit Henssler[10] der h.M. Inkonsequenz vorzuwerfen, weil sie bezüglich § 1 II 1 3. Alt. KSchG den Konzern zum Nachteil der Arbeitnehmer wie ein Unternehmen behandelt und hinsichtlich § 1 II 2 Nr. 1b) KSchG wiederum zum Nachteil der Arbeitnehmer zwischen Unternehmen einerseits und Konzern andererseits differenziert? Bereits der Ausgangspunkt dieser Kritik ist bedenklich. Inkonsequent sei die h.M., weil sie zum Nachteil der Arbeitnehmer hinsichtlich § 1 II 1 3. Alt. KSchG den Konzern wie ein Unternehmen behandele. Richtig ist, daß der Konzernbezug deswegen unbeachtlich ist, weil das Gesetz auf die „betrieblichen Erfordernisse" und damit auf die betrieblichen Auswirkungen abstellt. Unternehmen werden also Konzernen nicht gleichgestellt. Hinzu kommt, daß die h.M. im Gegensatz zu Henssler sogar in einer Beziehung konsequent ist. Nach h.M. ist sowohl für § 1 II 1 3. Alt. KSchG als auch für § 1 II 2 Nr. 1b) KSchG der Konzernbezug unbeachtlich. Läßt man die eben dargestellten Bedenken dahingestellt sein, so stellt sich die Frage, warum der Gesetzgeber oder Rechtsanwender gezwungen sein sollte, um dem Vorwurf der Inkonsequenz zu entgehen, den konzernspezifischen Einfluß hinsichtlich beider Normen vergleichbar zu regeln? § 1 II 1 3. Alt. KSchG unterscheidet sich im Wortlaut von Satz 2 Nr. 1b). Beide Sätze regeln Unterschiedliches. In Satz 1 geht es um die betrieblichen Erfordernisse, die einer Weiterbeschäftigung auf dem bisherigen Arbeitsplatz entgegenstehen. Satz 2 regelt die Sozialwidrigkeit von Kündigungen, wenn ein anderer Arbeitsplatz zur Verfügung steht. Nur bei einem Verstoß gegen Art.

---

[10] Henssler, S. 126 f.

3 I GG wäre eine Korrektur i.S. Hensslers zu erwägen. Voraussetzung wäre, daß ohne sachlichen Grund entweder Gleiches ungleich oder Ungleiches gleich behandelt wird. § 1 II 1 und 2 KSchG regeln aber Ungleiches ungleich, was der Regelfall in unserer Rechtsordnung ist. Es bleibt mithin festzustellen, daß der Vorwurf der Inkonsequenz nicht überzeugt.

Konzerndirektiven, die zu betriebsbedingten Kündigungen führen, sind für die Prüfung der sozialen Rechtfertigung gem. § 1 II 1 3. Alt. KSchG unbeachtlich. Entscheidend ist allein, welche konkreten Auswirkungen die außerbetrieblichen Einflüsse auf den Betrieb haben.

II. „Berechnungsdurchgriff" zugunsten der Arbeitnehmer von Konzerntöchtern?

1. Darstellung des Problems

In ständiger Rechtsprechung vertritt das BAG die Auffassung, daß Unrentabilität eine Personalreduzierung erfordern und daher ein betrieblicher Grund im Sinne des § 1 II 1 3. Alt. KSchG sein kann[11]. Das BAG stellt also in derartigen Fällen auf die wirtschaftliche Lage des Arbeitgebers ab. Bei konzernabhängigen Arbeitgebern ist die Beschränkung, lediglich ihre wirtschaftliche Lage zu beurteilen, problematisch. Sie sind u.U. vielfältigen konzernbedingten Einflüssen ausgesetzt. So ist es denkbar, daß es dem kündigenden konzernabhängigen Arbeitgeber wirtschaftlich schlecht geht, während der Konzern im übrigen oder die Konzernmutter erfolgreich wirtschaften. Ist daher in derartigen Fällen zur Prüfung der Voraussetzungen des § 1 II 1 3. Alt. KSchG im Wege des Berechnungsdurchgriffes[12] auch die wirtschaftliche Lage der übrigen Konzernunternehmen und insbesondere der Konzernmutter einzubeziehen?

2. Stellungnahme

Die These, im Wege des Berechnungsdurchgriffes den Schutz vor betriebsbedingten Kündigungen konzernspezifisch zu erweitern, wird zu § 1 II 1 KSchG[13] bisher weder in Rechtsprechung noch in der Literatur erörtert. Gleichwohl sprechen mehrere Gründe dafür.

---

[11] BAG v. 17.10.1980, NJW 1981, 1686; v. 24.10.1979, AP Nr. 8 zu § 1 KSchG 1969, Betriebsbedingte Kündigung; v. 19.4.1979, EzA § 1 KSchG Betriebsbedingte Kündigung Nr. 11; v. 7.12.1978, AP Nr. 6 zu § 1 KSchG 1969, Betriebsbedingte Kündigung; ArbG Münster v. 8.12.1982 (3 Ca 944/82); Herschel / Löwisch, § 1 Rn. 200.

[12] Zum Begriff vgl. Konzen, RdA 1984, 65 (71) bzgl. § 16 BetrAVG; siehe im übrigen zum Problem § 1 A 2 b).

[13] A. A. Kronstein (1931), S. 129 f., zum BRG.

a) Vergleich mit der Rechtslage zu § 16 BetrAVG?

So ist der Berechnungsdurchgriff von Rechtsprechung[14] und Lehre[15] dem Grunde nach hinsichtlich der Anpassungsprüfung von Leistungen der betrieblichen Altersversorgung gem. § 16 BetrAVG anerkannt. Dort stellt das Gesetz zwar ausdrücklich lediglich auf die wirtschaftliche Lage „des Arbeitgebers" ab. Dies hindert Rechtsprechung und Literatur jedoch nicht, wegen wirtschaftlicher Verknüpfungen in bestimmten Fällen die rechtliche Selbständigkeit der konzernangehörigen Unternehmen dadurch zu überwinden, daß auf die wirtschaftliche Lage des Konzernes abgestellt wird. Insoweit drängt sich ein Vergleich zu § 1 II 1 3. Alt KSchG auf. Auch bei der Überprüfung betriebsbedingter Kündigungen geht es nämlich darum, die wirtschaftlichen Verknüpfungen zu berücksichtigen.

b) „Berechnungsdurchgriff" wegen konzernspezifischer Ausgleichsansprüche?

Ferner ist ein kündigungsschutzrechtlich relevanter Berechnungsdurchgriff wie folgt begründbar: Abhängige Vertragsarbeitgeber sind zwar gem. §§ 17, 18 AktG rechtlich selbständig. Teilweise haben sie aber je nach Art der Konzernierung Ausgleichsansprüche gegen ihre Konzernmutter. So ist im Eingliederungskonzern die Konzernmutter gem. § 324 III AktG verpflichtet, entstehende Bilanzverluste auszugleichen. Im Vertragskonzern hat die Konzerntochter gem. § 302 I AktG einen Anspruch auf Ausgleich der Jahresfehlbeträge (§ 275 II Nr. 20, III Nr. 19 HGB). Gleiches gilt nach h.M. für qualifiziert faktisch konzernierte Aktiengesellschaften[16] und Gesellschaften mit beschränkter Haftung[17]. § 302 I AktG sei bei qualifizierten Konzernen wegen der Intensität des Einflusses der Konzernmutter entsprechend anzuwenden. Demgegenüber sind die Ausgleichsansprüche im sog. einfachen faktischen Konzern im AktG differenzierter geregelt. Die Konzernmutter ist gem. §§ 311, 317 AktG nur bei nachteiligen Weisungen zum Ausgleich verpflichtet. Eine für die Vertragsarbeitgeberin nachteilige Weisung muß also vorliegen.

---

[14] BAG v. 19.5.1981, AP Nr. 13 zu § 16 BetrAVG.

[15] Konzen, RdA 1984, 65 (71); Blomeyer / Otto, § 16 Rn. 214 ff.; Forsbach, in: Betriebliche Altersversorgung im Umbruch, S. 188 (195).

[16] Flume, Die juristische Person, S. 86 und 130; Ulmer, NJW 1986, 1579 (1582); Scholz / Emmerich, Anh. II Rn. 141 ff.; Schulze-Osterloh, ZGR 1983, 123 (154); Fischer / Lutter, Anh. § 13 Rn. 18. Nach Ansicht des OLG Hamm. NJW 1987, 1030 f., ist die qualifiziert faktische Konzernierung von Aktiengesellschaften unzulässig; kritisch hierzu Timm, NJW 1987, 977 (979 ff.) m. w. N. zum Streitstand.

[17] Flume, S. 130; Ulmer, NJW 1986, 1579 (1582); ders., ZHR 148 (1984), 391 (423 f.); Scholz / Emmerich, Anh. II Rn. 141 ff.; Schulze-Osterloh, ZGR 1983, 123 (154, 159); Fischer / Lutter, Anh. § 13 Rn. 18; Stimpel, Festschrift für Goerdeler, S. 601 (609 und öfter); a.A. H.P. Westermann, in: Der GmbH / Konzern, S. 25 (47 f.).

Allen Ansprüchen ist gemeinsam, daß sie abhängig von der Art der Konzernierung unterschiedliche Ausgleichsansprüche der abhängigen Konzerntochter gewähren. Sinn dieser Ansprüche ist u.a., durch Schutz der Konzerntöchter ihre Gläubiger zu schützen. Arbeitnehmer sind ebenfalls Gläubiger. Zu erwägen ist also, ob der Kündigungsschutz deswegen auszuweiten ist, weil wegen der Ausgleichsansprüche betriebsbedingte Kündigungen im Hinblick auf § 1 I 1 3. Alt. KSchG nicht mit mangelnder Rentabilität begründbar sind. Ansprüche von Konzerntöchtern könnten somit mittelbar[18] den Kündigungsschutz konzernspezifisch ausweiten.

c) Schutz der Minderheitsgesellschafter?

Dem steht möglicherweise der Sinn und Zweck der konzernrechtlichen Haftungsnormen entgegen. Sie bezwecken zwar den Schutz der Gläubiger von Konzerntöchtern. Diesen Zweck verfolgen sie aber nicht nur. Des Schutzes bedürfen auch die Minderheitsaktionäre und die Minderheitsgesellschafter der Gesellschaften mit beschränkter Haftung, sofern welche vorhanden sind. Diese würden, wären die Ausgleichsansprüche kündigungsschutzrechtlich relevant, mit den Bestandsverpflichtungen der Arbeitsverhältnisse anteilig belastet werden, obwohl sie hierfür u.U. keinen Ausgleich erhielten. Der Anspruch aus § 302 I AktG verhindert beispielsweise nicht, daß Gewinne aufgezehrt werden. Die Konzernmutter ist lediglich zum Ausgleich der Jahresfehlbeträge verpflichtet. Vergleichbares gilt für § 324 III AktG, der nur einen Anspruch auf Ausgleich der Bilanzverluste begründet, und für §§ 311, 317 AktG, da hier eine nachteilige Weisung Voraussetzung ist. In diesem Sinne widerspricht der Zweck der Ausgleichsansprüche, auch Minderheitsgesellschafter zu schützen, der These vom kündigungsschutzrechtlich relevanten Berechnungsdurchgriff.

Den Minderheitenschutz kann man allerdings nicht stets entgegenhalten. Das Argument versagt bei 100%igen Töchtern. Es ist zudem ambivalent. Man kann es nämlich auch umkehren. § 302 I AktG verhindert beispielsweise nicht, daß zum Nachteil der Minderheitsgesellschafter Gewinne verbraucht werden. Folglich ordnet das Gesetz an, daß die Minderheiten hinsichtlich der Gewinnchancen des Schutzes nicht bedürfen. Die gesetzlichen Wertungen der Ausgleichsansprüche stehen daher nicht der These vom Berechnungsdurchgriff entgegen.

---

[18] Siehe unten § 5 A zu dem Problem, ob die gleichen Ansprüche unmittelbar den Schutz vor Kündigungen erweitern.

d) Ausgleichsansprüche und indirekter Gläubigerschutz

Ihr gegenüber könnte weiterhin folgendes einzuwenden sein: Die Ausgleichsansprüche gemäß oder entsprechend §§ 302, 324 III, 311, 317 AktG schützen die Gläubiger der Konzerntöchter nicht direkt. Die finanzielle Leistungsfähigkeit ihres Vertragspartners soll erhalten bleiben. Die durch Vertrag abhängige Gesellschaft hat den Anspruch auf Verlustübernahme gem. § 302 I AktG. Ihre Gläubiger haben erst nach Beendigung des Beherrschungs- oder Gewinnabführungsvertrages einen direkten Anspruch gem. § 302 AktG gegen die Konzernobergesellschaft. Dieser geht sogar nur auf Sicherheitsleistung, sofern die abhängige Gesellschaft nicht vermögenslos ist[19]. Auch die Ansprüche gem. §§ 324 III und 311, 317 AktG können die Gläubiger gem. §§ 317 IV, 323 I 2 i.V.m. § 309 IV 3 AktG nur unmittelbar geltend machen, sofern sie von ihren abhängigen Vertragspartnern keine Befriedigung erlangen können.

Die Ansprüche gem. §§ 302 I, 324 III, 311, 317 AktG bezwecken also, die Gläubiger der Konzerntöchter dadurch zu schützen, daß ihr Vertragspartner wirtschaftlich leistungsfähig bleibt. Der Schutz der Gläubiger ist daher mittelbar[20]. Für das GmbH-Konzernrecht kann nichts anderes gelten, soweit dort die aktienrechtlichen Vorschriften (insbesondere § 302 AktG) entsprechend angewendet werden[21]. Auch etwaige Ansprüche aus Treuepflichtverletzungen stehen nicht unmittelbar den Gläubigern, sondern der abhängigen GmbH zu[22]. Dem widerspricht eine konzerndimensionale Erweiterung des Kündigungsschutzes aufgrund dieser Ansprüche. Die Konzerntochter würde nämlich mit zusätzlichen Verpflichtungen belastet. Ihre Möglichkeiten, aus betriebsbedingten Gründen Arbeitnehmern zu kündigen, würden eingeschränkt. Die Ansprüche gem. §§ 302 I, 324 III, 311, 317 AktG haben aber den Sinn, die finanzielle Leistungsfähigkeit der Konzerntöchter zu stärken und nicht zu schwächen.

---

[19] Anderenfalls haftet das Unternehmen, jedenfalls wenn eine GmbH qualifiziert beherrscht wird, unmittelbar auf Zahlung; vgl BGHZ 95, 330 (341 ff.); kritisch hierzu, Werner, Festschrift für Goerdeler, S. 677 (683 ff.).

[20] Geßler in Geßler / Hefermehl / Eckardt / Kropff, § 302 Rn. 47; Konzen, RdA 1984, 65 (67 f.); ders., ZHR 151 (1987), 566 (569 f.); Karsten Schmidt, ZGR 1983, 513 (515) zu § 302 AktG; siehe auch unten § 5 zu der über den Ausgleichsanspruch des § 324 II AktG hinausgehenden gesamtschuldnerischen Haftung gem. § 322 I AktG in Eingliederungskonzernen.

[21] Flume, Die juristische Person, S. 130; Ulmer, NJW 1986, 1579 (1582); ders., ZHR 148 (1984), 391 (423 f.); Scholz / Emmerich, Konzernrecht, Rn. 166 ff.; Schulze-Osterloh, ZGR 1983, 123 (154); Fischer / Lutter, Anh. § 13 Rn. 18; Karsten Schmidt, GmbHRSch 1979. 121 (134); Stimpel, Festschrift für Goerdeler, S. 601 (609 und öfter); Wiedemann, ZIP 1986, 1293 (1303); Fleck, WM 1986, 1205 (1213); a. A. H. P. Westermann, Der GmbH / Konzern, S. 25 (47 f.).

[22] Baumbach / Hueck / Zöllner, Anh. I Rn. 33; Scholz / Emmerich, Konzernrecht, Rn. 157.

e) Auslegung des § 1 II 1 3. Alt. KSchG

Zudem muß ein kündigungsschutzrechtlich relevanter Berechnungsdurchgriff mit § 1 II 1 3. Alt. KSchG zu vereinbaren sein. Hierzu wurde oben bereits festgestellt[23], daß die „betrieblichen Erfordernisse" und daher die konkreten Auswirkungen der außerbetrieblichen Einflüsse auf die Beschäftigungsmöglichkeiten im Betrieb entscheidend sind. Die These vom Berechnungsdurchgriff geht von der ständigen Rechtsprechung des BAG aus, das fehlende Rentabilität als einen eine betriebsbedingte Kündigung rechtfertigenden Umstand anerkennt[24]. Die fehlende Rentabilität ist aber zur Begründung der betriebsbedingten Kündigung weder erforderlich noch ausreichend. Fehlende Rentabilität reicht einerseits zur Begründung einer betriebsbedingten Kündigung nicht, weil es Betriebe gibt, die trotz betriebswirtschaftlicher Verluste im übergeordneten Interesse unverändert ihren arbeitstechnischen Zweck erfüllen. Ohne Konsequenzen für die Beschäftigungsmöglichkeiten im Betrieb fehlt es an den „betrieblichen Erfordernissen", die zur sozialen Rechtfertigung einer betriebsbedingten Kündigung gemäß § 1 II 1 KSchG Voraussetzung sind. Denn entscheidend sind die Auswirkungen organisatorischer Umsetzungen in den Betrieben[25]. Andererseits ist für die soziale Rechtfertigung einer betriebsbedingten Kündigung auch nicht erforderlich, daß diese mit fehlender Rentabilität begründet wird. Arbeitgebern ist es nämlich jenseits von Mißbrauchsfällen nicht verwehrt, trotz guter Rentabilität zu rationalisieren und aus diesem Grunde Arbeitnehmern betriebsbedingt zu kündigen. So erkennt das BAG ebenfalls in ständiger Rechtsprechung den innerbetrieblichen Grund der Rationalisierung zur sozialen Rechtfertigung gem. § 1 II 1 3. Alt. KSchG an[26]. Fehlende Rentabilität ist also ein für betriebsbedingte Kündigungen unerheblicher Umstand.

Wenn aber fehlende Rentabilität zur Beurteilung von betriebsbedingten Gründen unerheblich ist, muß gleiches für Einwände gelten, mit denen die behauptete schlechte finanzielle Situation widerlegt werden soll. Genau darauf zielt die These, Ausgleichsansprüche des konzernierten Vertragsarbeitgebers gem. §§ 302 I, 324 III, 311, 317 AktG könnten der sozialen Rechtfertigung einer betriebsbedingten Kündigung widersprechen. Der Berechnungsdurchgriff läßt sich folglich mit § 1 II 1 3. Alt. KSchG nicht vereinbaren.

Fraglich bleibt, ob dem bisherigen Ergebnis der Vergleich zu § 16 BetrAVG widerspricht. Hinsichtlich der konzernspezifischen Fragestellung

---

[23] Siehe oben § 2 A I 2.

[24] Siehe oben die Nachweise § 2 in und zu Fn. 11.

[25] So kürzlich auch das BAG (Entscheidung v. 30.4.1987, NZA 1987, 776 (777)), das jedoch im übrigen die Grundsätze der früheren Rechtsprechung wiederholte.

[26] Vgl. Herschel / Löwisch, § 1 Rn. 179 m.w.N.

entsprechen § 16 BetrAVG und § 1 II 1 3. Alt. KSchG einander. Beantwortet werden muß, unter welchen Voraussetzungen die wirtschaftlichen Verknüpfungen innerhalb von Konzernen entgegen der rechtlichen Selbständigkeit zu berücksichtigen sind. Die Antworten unterscheiden sich jedoch. § 16 BetrAVG stellt nämlich auf die „wirtschaftliche Lage" ab. Demgegenüber sind für § 1 II 1 3. Alt. KSchG die „betrieblichen Erfordernisse" und damit die arbeitstechnischen Zwecke der Betriebe entscheidend. Für die arbeitstechnischen Zwecke ist aber die wirtschaftliche Lage insoweit unerheblich, als sowohl bei guter als auch bei schlechter wirtschaftlicher Situation betriebsbedingte Kündigungen sozial gerechtfertigt sein können[27]. Mithin sind die zum Begriff der „wirtschaftlichen Lage" gem. § 16 BetrAVG entwickelten Grundsätze des Berechnungsdurchgriffs auf § 1 II 1 3. Alt. KSchG nicht zu übertragen.

Ein Berechnungsdurchgriff zugunsten der Arbeitnehmer konzernabhängiger Vertragsarbeitgeber ist somit abzulehnen.

B. Konzernmütter als Vertragsarbeitgeber

Fraglich ist ferner, ob zugunsten der Arbeitnehmer von Obergesellschaften im Hinblick auf § 1 II 1 3. Alt. KSchG der Kündigungsschutz aus konzernspezifischen Gründen zu erweitern ist. Seit 1931[28] ist der Kündigungsschutz zugunsten der Arbeitnehmer von Konzernmüttern weder in der Rechtsprechung noch in der Literatur problematisiert worden.

I. Kündigungen im Konzerninteresse im Widerspruch zur Betriebsbedingtheit?

Zunächst könnte man wiederum, nunmehr aber für den umgekehrten Fall, erwägen, daß Kündigungen, die nicht unmittelbaren Interessen der Konzernmutter dienen, sondern im Interesse anderer Unternehmen erfolgen, nicht gemäß § 1 II 1 3. Alt. KSchG betriebsbedingt sind. Ein weiteres Mal könnte man meinen, daß das Gesetz „dringende betriebliche" und somit nicht „konzernspezifische" Erfodernisse verlangt. Aber auch hier ist der Wortlaut des § 1 II 1 3. Alt. KSchG entgegenzuhalten. Dort fehlen Einschränkungen, daß „nur" oder „ausschließlich" betriebliche Erfordernisse ursächlich sein dürfen[29].

---

[27] v. Maydell / Borchert, Anm. zu BAG v. 24.1O.1979, SAE 1981, 217 (218 f.).

[28] Kronstein, S. 131.

[29] Siehe oben bezüglich der Prüfung des Kündigungsschutzes zugunsten der Arbeitnehmer abhängiger Vertragsarbeitgeber, § 2 A I 2.

Hinzu kommt, daß der objektive Sinn des § 1 II 1 3. Alt. KSchG entgegensteht. Betriebliche Erfordernisse sind die arbeitstechnischen Erfordernisse der Organisationseinheit Betrieb. Die wirtschaftliche Zielsetzung ist der Organisationseinheit Betrieb vorgegeben. Konzerninteresse ist wirtschaftliches Interesse. Es steht daher betriebsbedingten Kündigungen nicht entgegen. Entscheidend ist nach alledem lediglich, ob die unterschiedlichen Interessen „betriebliche Erfordernisse" und die wiederum den Wegfall eines Arbeitsplatzes verursachen. Auch hier widersprechen also konzernbedingte Kündigungen nicht dem Grundsatz der Betriebsbedingtheit.

II. „Berechnungsdurchgriff" zugunsten der Arbeitnehmer von Konzernmüttern?

Des weiteren ist zugunsten der Arbeitnehmer von Konzernmüttern ebenfalls ein kündigungsschutzrechtlich im Hinblick auf § 1 II 1 3. Alt. KSchG erheblicher Berechnungsdurchgriff in Betracht ziehen.

Er ist im Vergleich zum oben untersuchten Kündigungsschutz zugunsten der Arbeitnehmer von Konzerntöchtern in einer Beziehung eher zu begründen: Eine Konzernmutter ist aufgrund ihres beherrschenden Einflusses nicht auf Ansprüche gegen ihre Tochter angewiesen. Abhängig von der Art der Konzernierung haben Konzernmütter zwar mehrere Möglichkeiten, rechtmäßig Gewinne ihrer Tochter abzuschöpfen. So ist die Tochter im Vertragskonzern gem. § 291 I 1 2. Alt. AktG verpflichtet, ihren gesamten Gewinn abzuführen[30]. Das gleiche wirtschaftliche Ergebnis erreicht die Konzernmutter durch Abschluß eines Geschäftsführungsvertrages (§ 291 I 2 AktG)[31]. So ist eine Konzernmutter des weiteren auch bei Abschluß eines isolierten Beherrschungsvertrages gem. § 291 I 1 1. Alt. AktG, der nicht mit einem Gewinnabführungsvertrag gekoppelt ist[32], in der Lage, auf die Gewinne der Tochter zurückzugreifen. Denn auch in dieser Art Vertragskonzern ist die Mutter zur Weisung, die Gewinne abzuführen, berechtigt[33].

---

[30] Gewinnabführungsverträge sind auch zu Lasten einer abhängigen GmbH zulässig (Koppensteiner / Rowedder, Anh. § 52 Rn. 39), so daß insoweit kein Unterschied zur abhängigen AG besteht. Nach Scholz / Emmerich (Anh. II Rn. 216) hat ein Gewinnabführungs- ohne einen Beherrschungsvertrag wenig Sinn, weil der abzuführende Gewinn stets gem. §§ 311, 317 AktG zurückzugewähren ist.

[31] Geßler in Geßler / Hefermehl / Eckhardt / Kropff, § 291 Rn. 87.

[32] Diese Variante des Vertragskonzerns kommt selten vor, ist aber gleichwohl rechtlich zulässig (Geßler, Rn. 37 f; Kübler, Gesellschaftsrecht, S. 365 f.). Sie ist sogar in § 304 I 2 AktG vorgesehen. Beherrschungsverträge sind auch zu Lasten von GmbH zulässig (Koppensteiner / Rowedder, Anh. § 52 Rn. 39), so daß insoweit zwischen dem Recht der AG und dem der GmbH kein Unterschied besteht.

[33] Kübler, Gesellschaftsrecht, S. 365 f. Gewinngemeinschaften (§ 292 I Nr. 1 AktG) und Teilgewinngemeinschaften (§ 292 I Nr. 2 AktG) begründen die Abführung der Gewinne im festgelegten Umfange. Beide Unternehmensverträge begründen aber nicht die Vermutung der Abhängigkeit (Geßler, § 292 Rn. 25, 48). Ein Betriebspacht-

Ferner kann die Mutter eines Eingliederungskonzerns gem. §§ 323 I, II AktG über die Gewinne ihrer Tochter verfügen. Derartige Ansprüche der Mutter gegen ihre Tochter bestehen aber nicht in allen Konzernen. Im faktischen Konzern ist die Mutter kraft ihrer Beherrschungsmacht zwar tatsächlich in der Lage, die Tochter zur Überweisung der Gewinne zu veranlassen. Nach überwiegender Ansicht hat die Mutter aber kein Weisungsrecht[34]. Ein etwaiger Berechnungsdurchgriff zugunsten der Arbeitnehmer der Mutter würde mithin von rechtswidriger Weisung und Konzernherrschaft ausgehen. Er würde zudem zu Lasten der Konzernmutter Gewinne der Tochter berücksichtigen, obwohl die Mutter wegen der nachteiligen Weisung gem. §§ 311, 317 AktG bis zum Ende des Geschäftsjahres zum Ausgleich verpflichtet ist. Jedenfalls in faktischen Konzernen ist daher ein Berechnungsdurchgriff nicht mit dem Konzernrecht zu vereinbaren.

Weiterhin wurde oben eine Erweiterung des Kündigungsschutzes kraft Berechnungsdurchgriffes zugunsten der Arbeitnehmer von Konzerntöchtern verneint. Gründe für eine Ausnahme zum Vorteil der Arbeitnehmer von Konzernobergesellschaften bestehen nicht. Auch hier bezieht sich die These vom Berechnungsdurchgriff auf den vom BAG in ständiger Rechtsprechung anerkannten außerbetrieblichen Grund der „fehlenden Rentabilität". Es soll ebenfalls die „fehlende Rentabilität" durch Einbeziehung der Gewinne der Töchter widerlegt werden. Wiederum gilt auch bei der Beurteilung des Schutzes der Arbeitnehmer von Konzernmüttern vor betriebsbedingten Kündigungen, daß „fehlende Rentabilität" zur Begründung weder den Anforderungen genügt noch erforderlich ist. Die Berufung auf die schlechte Ertragslage reicht zur Begründung nicht, weil der Nachweis der arbeitsplatzrelevanten Konsequenz auf der Ebene des Betriebes fehlt. Erforderlich ist die fehlende Rentabilität zur Begründung nicht, da auch wirtschaftlich erfolgreichen Unternehmen nicht verwehrt ist, mit Auswirkungen auf die Arbeitsplätze zu rationalisieren. Entscheidend ist allein, ob, egal aus welchen Motiven, auf Dauer ein Arbeitsplatz in dem konkreten Betrieb wegfällt.

Mithin scheidet auch zugunsten der Arbeitnehmer von Konzernmüttern ein Berechnungsdurchgriff aus.

---

vertrag gem. § 292 I Nr. 3 AktG berechtigt die Mutter, die Früchte aus dem gepachteten Unternehmen zu ziehen.

[34] Kropff in Geßler / Hefermehl / Eckhardt / Kropff, § 311 Rn. 29; Scholz / Emmerich, Anh. II Rn. 214.

Zusammenfassung

Die wirtschaftliche Abhängigkeit beeinflußt den Schutz der Arbeitnehmer vor betriebsbedingten Kündigungen gem. § 1 II 1 3. Alt. KSchG nicht. Dies gilt gleichermaßen für die Arbeitnehmer der Konzerntöchter und der Konzernmütter.

§ 3 Konzerndimension des Weiterbeschäftigungsanspruches nach § 1 II 2 Nr. 1b) KSchG?

Des weiteren kommt eine konzerndimensionale Interpretation des § 1 II 2 Nr. 1b) KSchG in Betracht. Die im Zusammenhang mit dieser Vorschrift auftretenden Probleme wurden oben zu den Fällen 1 und 2 gezeigt[1]. Auch wurden dort die unterschiedlichen Auffassungen in Rechtsprechung und Literatur dargestellt. Die Plädoyers reichen von der strikten Verneinung[2] bis zur teilweisen Bejahung einer Konzerndimension des § 1 II 2 Nr. 1b) KSchG aus teleologischen[3] und systematischen[4] Gründen. In beiden Grundfällen kündigte der konzernangehörige Vertragsarbeitgeber mit der Begründung, die fehlende Rentabilität erfordere die Personalreduzierung. Die Probleme der konzernspezifischen Interpretation des § 1 II 2 Nr. 1b) KSchG sind indessen nicht auf dieses spezielle Kündigungsmotiv beschränkt. Vielmehr steht eine allgemeine Frage dahinter: Ob und wenn ja, unter welchen Voraussetzungen erweitert die Vakanz eines geeigneten Arbeitsplatzes bei einem anderen Unternehmen des gleichen Konzernes den Kündigungsschutz?

A. Konzernbezug bei wörtlicher Anwendung des § 1 II 2 Nr. 1b) KSchG?

Nach überwiegender Auffassung steht bereits der Wortlaut des § 1 II 2 Nr. 1b) KSchG einer konzerndimensionalen Interpretation im Wege[5]. Danach

---

[1] Siehe oben § 1 A I 3 und II 2.

[2] H.M. BAG v. 22.5.1986, NZA 1987, 125 f.; v. 17.5.1984, DB 1985, 1190 f.; v. 20.9.1984, DB 1985, 1192; v. 14.10.1982, AP Nr. 1 zu § 1 KSchG 1969, Konzern; mit zustimmender Anm. von Wiedemann; LAG Baden-Württemberg v. 22.9.1967, DB 1967, 2036; G. Hueck in Hueck, § 1 Rn. 114 d, 143; Wiedemann, Unternehmensgruppe, S. 103; Dietz / Richardi, § 102 Rn. 140; Galperin / Löwisch, § 102 Rn. 63; GK-Kraft, § 102 Rn. 64; Stege / Weinspach, § 102 Rn. 136; Erdmann / Jürging / Kammann, § 102 Rn. 46; Heinze, Personalplanung, Rn. 552; Stahlhacke, Kündigung, Rn. 507, 530; Meisel, DB 1972, 1675 (1676); Gnade / Kehrmann / Schneider / Blanke, § 102 Rn. 82; Fitting / Auffarth / Kaiser / Heither, § 102 Rn. 45; im Grundsatz gleicher Ansicht, KR-Becker, § 1 KSchG Rn. 91, der aber für den Fall, daß die Tochter zu 100% im Eigentum der Mutter steht, eine Ausnahme macht.

[3] Konzen, RdA 1984, 65 (82 ff.); ders., ZHR 151 (1987), 566 (600 ff.); Berkowsky, Rn. 165; Henssler, S. 131 ff.; Herschel, Anm. zu BAG v. 14.10.1982, AR / Blattei (D) Kündigungsschutz Nr. 233.

[4] Fuchs, S. 130 ff. (136); vgl. Bösche, Rn. 167, der bezüglich § 102 III Nr. 3 BetrVG mit ähnlicher Begründung zum gleichen Ergebnis kommt. Vgl. auch Henssler, S. 139 ff.

sei der Kündigungsschutz betriebs-, allenfalls unternehmens- und keinesfalls konzernbezogen[6]. Ob diese Feststellung in dieser Allgemeinheit überzeugt, ist fraglich.

I. Konzernbezug des „Betriebs"begriffes

1. Möglichkeit eines einheitlichen Betriebes mehrerer Konzernunternehmen

Gemäß § 1 II 2 Nr. 1b) KSchG ist eine Kündigung nicht nur sozialwidrig, wenn der Arbeitnehmer an einem anderen Arbeitsplatz in einem Betrieb des Unternehmens, sondern auch wenn er in „demselben" Betrieb weiterbeschäftigt werden kann. Mit dem Begriff „Betrieb" umschreibt das Gesetz die organisatorische Einheit von persönlichen, sachlichen und immateriellen Mitteln zur Erzielung eines bestimmten arbeitstechnischen Zwecks[7]. Entscheidend ist mithin die Zusammenfassung der betrieblichen Mittel. Daher ist seit langem in Rechtsprechung und Literatur anerkannt, daß mehrere Unternehmen dieselbe betriebliche Organisation betreiben können und gleichwohl nur ein Betrieb vorliegt[8]. Gründe, hiervon in Konzernsachverhalten abzuweichen, sind nicht ersichtlich. Wenn rechtlich und wirtschaftlich selbständige Unternehmen Träger eines Betriebes sein können, muß Entsprechendes gelten, wenn die beteiligten Unternehmen nicht einmal wirtschaftlich selbständig, also konzerniert sind[9].

---

[5] Siehe eben die Nachweise in § 3 Fn. 2.

[6] So ausdrücklich BAG v. 14.10.1982, AP Nr. 1 zu § 1 KSchG 1969, Konzern, unter B II 3a); mit zustimmender Anm. von Wiedemann.

[7] Herschel / Löwisch, § 1 Rn. 173; KR-Becker, § 1 KSchG Rn. 80; Jacobi (1927), S. 9; Dietz / Richardi, § 1 Rn. 58.

[8] RAG ARS 36, 385 (390); BAG v. 5.3.1987, DB 1987, 2362 f.; v. 29.1.1987, NZA 1987, 707 f.; v. 7.8.1986, NJW 1987, 2036 f.; v. 13.6.1985, DB 1986, 1287 (1288, unter II 2b)); v. 25.11.1980, DB 1981, 1047; v. 4.7.1957, AP Nr. 1 zu § 21 KSchG; ArbG Oldenburg, BB 1987, 1671 f.; Jacobi (1927), S. 9 und öfter; Hueck / Nipperdey, 1. Band, 3.-5. Auflage (1931), S. 78 f.; Wiedemann, Unternehmensgruppe, S. 104 ff.; Dietz / Richardi, § 1 Rn. 83; Konzen, ZHR 151 (1987), 566 (602 f.); Gamillscheg, ZfA 1975, 357 (360 f.); Wendeling / Schröder, NZA 1984, 247 (248 f.); Hönn, Anm. zu BAG v. 23.3.1984, SAE 1985, 130 (131); Säcker, Die Wahlordnungen zum MitbestG, Rn. 202 ff.; Blank / Blanke / Klebe / Kümpel / Wendeling-Schröder / Wolter, S. 110 ff.; Herschel / Löwisch, § 17 Rn. 17; G. Hueck in Hueck, § 17 Rn. 4; Körnig, Anm. zu BAG v. 25.11.1980, SAE 1982, 284 ff.; KR-Becker, § 23 KSchG Rn. 29; Mertz, Anm. zu BAG v. 4.7.1957, SAE 1957, 219 f.; Löwisch, RdA 1976, 35 ff.; Fitting / Auffarth / Kaiser / Heither, § 1 Rn. 49 ff.; Hueck / Nipperdey, 1. Band, 7. Auflage, S. 93 f. Fn. 8; Schaub, § 18 I 1; Birk, ZGR 1984, 23 (32 f.).

[9] In diesem Sinne hat das BAG in einem kürzlich veröffentlichten Urteil zu § 1 KSchG (DB 1986, 1287 unter II 2b)) festgestellt, daß mehrere Unternehmen einen Betrieb bilden können. Der Entscheidung lag ein Sachverhalt zugrunde, in dem 4 Personengesellschaften wirtschaftlich miteinander verbunden waren. Obwohl offensichtlich ein Konzernsachverhalt vorlag, stand dies der Annahme eines Betriebes nicht entgegen. Das BAG verwendet nicht einmal den Konzernbegriff; wie hier ausdrücklich ArbG Oldenburg v.24.4.1987, BB 1987, 1671.

Mithin ist gegenüber der h.M., die unter Berufung auf den Wortlaut des § 1 II 2 Nr. 1b) KSchG jede Konzerndimension ablehnt, folgende Einschränkung erforderlich: Soweit mehrere Unternehmen des gleichen Konzernes einen Betrieb bilden, sind sämtliche Arbeitsplätze dieses Betriebes in die Beurteilung einzubeziehen. Insoweit besteht im Grundsatz bereits bei Anwendung des § 1 II 2 Nr. 1b) KSchG im Rahmen seines Wortlauts ein konzernumfassender Kündigungsschutz.

2. Voraussetzungen

Konzerndimensionaler Kündigungsschutz in diesem Teilbereich setzt folglich voraus, daß mehrere Konzernunternehmen einen einheitlichen Betrieb bilden. Eine organisatorische Einheit von Arbeitsmitteln ist erforderlich[10]. Hierfür wiederum sind die folgenden Kriterien entscheidend oder zumindest als Indizien von Bedeutung: Der räumliche Zusammenhang ist ein Anhaltspunkt[11]. Notwendig ist eine einheitliche Betriebsorganisation[12] und eine übereinstimmende Zweckbestimmung für eine gewisse Dauer[13]. Insoweit liegen keine konzernspezifischen Besonderheiten vor.

a) Betrieblicher Leitungsapparat

Des weiteren ist nach h.M. ein einheitlicher Leitungsapparat erforderlich. Insoweit könnten in Konzernsachverhalten Abweichungen geboten sein. Hierzu werden in Rechtsprechung und Literatur unterschiedliche Auffassungen vertreten.

aa) Meinungsstand

Gamillscheg beispielsweise ist der Ansicht, daß es auf eine Verselbständigung der betrieblichen Leitungsmacht als solcher nicht ankommt[14]. Nur so könne den Kriterien der Überschaubarkeit und Einfachheit Gehör verschafft werden. Die Konsequenz dieser Auffassung ist, daß häufiger ein einheitlicher Betrieb mehrerer Konzernunternehmen vorläge. An dieser Voraussetzung könnte nämlich die Annahme eines Betriebes nicht mehr scheitern. Teilweise wird demgegenüber zwar im Ansatz eine rechtliche Ver-

---

[10] Herschel / Löwisch, § 1 Rn. 173, § 17 Rn. 11.

[11] Herschel / Löwisch, § 17 Rn. 12; Dietz / Richardi, § 1 Rn. 70; Wendeling-Schröder, NZA 1984, 247 (248).

[12] Herschel / Löwisch, § 17 Rn. 13; Dietz / Richardi, § 1 Rn. 71; Wendeling-Schröder, NZA 1984, 247 (248).

[13] Herschel / Löwisch, § 17 Rn. 15 f.; etwas einschränkend Dietz / Richardi, § 1 Rn. 67 und 69.

[14] Gamillscheg, ZfA 1975, 357 (398 f.).

einbarung zur Führung des gemeinsamen Betriebes verlangt, für Betriebe mehrerer Konzernunternehmen dagegen eine Ausnahme gemacht[15]. Die Begründungen für diese Ergebnisse unterscheiden sich etwas. Hönn zum Beispiel verweist lediglich darauf, daß es „natürlich" keiner rechtlichen Verbindung bedarf, wenn ein Rechtsträger mehrere Unternehmen betreibt[16]. Zum gleichen Ergebnis kommt Säcker, der ausschließlich auf die technisch-organisatorischen Merkmale abstellt[17]. Er meint, daß durch die Konzernverbundenheit die Einheit der arbeitstechnischen Organisation und Leitung institutionell-dauerhaft gesichert ist. Wendeling-Schröder schließlich differenziert danach, ob eine einheitliche Leitungsstruktur erst geschaffen werden muß oder schon vorhanden ist und lediglich eine gesellschaftsrechtliche Aufgliederung stattgefunden hat[18]. Bei späterer Aufgliederung eines Betriebes unter mehreren Unternehmen sei es übertriebener Formalismus, auf einer rechtlichen Vereinbarung zur Sicherung der ursprünglich vorhandenen Leitungsstruktur zu beharren. Herrschend ist die Ansicht, daß die beteiligten Unternehmen zur Führung eines gemeinsamen Betriebes stets rechtlich verbunden sein müssen[19].

bb) Erforderlichkeit einer rechtlichen Vereinbarung

Im Ansatz ist die Kritik Gamillschegs[20] an der h.M. teilweise zutreffend. Für die Arbeitnehmer in Frage kommender Organisationseinheiten ist es häufig weder übersichtlich noch einfach zu beurteilen, ob die von der h.M. geforderte rechtliche Vereinbarung der beteiligten Unternehmen über die betriebliche Leitung vorliegt. Den Arbeitnehmern ist oftmals nicht bekannt, ob und welche Verträge die Unternehmen geschlossen haben. Gegenüber der Ansicht, eine einheitliche betriebliche Leitung sei lediglich tatsächlich und unabhängig von Vereinbarungen Voraussetzung, wiegen die Bedenken hinsichtlich der Unübersichtlichkeit auch aus der Sicht der Arbeitnehmer schon weniger schwer. Die faktische Leitungsstruktur erleben die Arbeit-

---

[15] LAG Hamm v. 22.1.1986, DB 1986, 1077; Hönn, Anm. zu BAG v. 23.3.1984, SAE 1985, 130 (131); Säcker, Die Wahlordnungen zum MitbestG, Rn. 210; Wendeling-Schröder, NZA 1984, 247 (249); Blank / Blanke / Klebe / Kümpel / Wendeling-Schröder / Wolter, S. 110 ff.

[16] Hönn, SAE 1985 130 (131).

[17] Säcker, Die Wahlordnungen zum MitbestG, Rn. 210; Körnig, Anm. zu BAG v. 25.11.1980, SAE 1982, 284 (285); ähnlich Konzen, Unternehmensaufspaltungen, S. 114; ders. AuR 1985, 341; Blank / Blanke / Klebe / Kümpel / Wendeling-Schröder / Wolter, S. 113 f.

[18] Wendeling-Schröder, NZA 1984, 247 (249).

[19] BAG v. 5.3.1987, DB 1987, 2362 (2363); v. 13.6.1985, DB 1986, 1287 (1288); v. 25.11.1980, DB 1981, 1047; v. 7.8.1986, NZA 1986, 634; Herschel / Löwisch, § 17 Rn. 17; Dietz / Richardi, § 1 Rn. 83; KR-Becker, § 23 KSchG Rn. 29; Löwisch, RdA 1976, 35 (37); Hueck / Nipperdey, 1. Band, S. 93 f.; Schaub, § 18 I; bereits Flatow / Kahn-Freund (1931), § 9 Anm. 4 a) (S.78).

[20] Gamillscheg, ZfA 1975, 357 (398 f.).

nehmer. Stellt man demgegenüber zudem auf die Sicht der Arbeitgeber ab, trifft der Einwand nicht zu. Ihnen sind die betrieblichen Umstände weder im Tatsächlichen noch im Rechtlichen unbekannt. Insoweit könnte Unkenntnis folglich nicht Unübersichtlichkeit begründen. Mithin überzeugt der Einwand fehlender Übersichtlichkeit hinsichtlich der tatsächlichen Voraussetzungen betrieblicher Leitungsmacht insgesamt und bezüglich der rechtlichen teilweise nicht, wenn es auf die Übersicht der Beteiligten ankommen sollte.

Gemeint sein kann daher mit der Kritik an der h.M. nur, daß die in Rechtsprechung und Lehre herausgearbeiteten Abgrenzungsmerkmale mangels Eindeutigkeit weder übersichtlich noch einfach sind. Insoweit ist einzuräumen, daß eine völlige Aufgabe des Erfordernisses eines einheitlichen Leitungsapparates die Abgrenzungsschwierigkeiten beseitigen würde. Unbeachtet bliebe aber *erstens*, wollte man dieser Kritik folgen, daß die Forderung nach einfachen und übersichtlichen Regeln zunächst einmal rechtspolitischer Natur ist. Der Gesetzgeber ist nicht verpflichtet, komplexe Sachverhalte einfach und übersichtlich zu regeln. Entsprechendes gilt für den Rechtsanwender. *Zweitens* kommt hinzu, daß Rechtsprechung und Lehre mit dem „Betriebs"begriff einen Begriff von hohem Abstraktionsgrad zu konkretisieren haben. Abgrenzungsschwierigkeiten bei Begriffen hoher Abstraktion sind jedenfalls in den Randbereichen des Bedeutungsinhalts die Regel. *Drittens* ist zu berücksichtigen, daß zwar widersprüchliche Entscheidungen der Arbeitsgerichtsbarkeit zum Betriebsbegriff ergangen sind[21]. Daraus kann man aber nicht verläßlich in dem Sinne zurückschließen, daß der Begriff wegen der Voraussetzung einer einheitlichen Leitungsstruktur in der Rechtswirklichkeit zur Entscheidung trifftiger Fälle gänzlich ungeeignet sei. Konkrete empirische Daten hierüber liegen nicht vor[22]. Gleichwohl ist die Vermutung gerechtfertigt, daß Rechtsstreitigkeiten über die genaue Abgrenzung die Ausnahme sind. Hinsichtlich der überwiegenden Mehrzahl der Betriebe im Geltungsbereich unserer Gesetze besteht unter allen Beteiligten Einigkeit darüber, ob ein oder mehrere Betriebe vorliegen. Die Notwendigkeit, darüber einen Rechtsstreit zu führen, entfällt also überwiegend. Der Schluß von der Anzahl der widersprüchlichen Urteile auf die Behauptung, der Betriebsbegriff der h.M. sei insgesamt zur Abgrenzung problematischer Sachverhalte ungeeignet, überzeugt folglich nicht. *Viertens* könnte nach alledem der Sinn und Zweck entscheidend dafür sein, ob ein einheitlicher Leitungsapparat Voraussetzung für einen Betrieb ist. Dabei mag dahinstehen, ob der Inhalt des Betriebsbegriffes im gesamten Arbeitsrecht übereinstimmt[23]. Hier sind lediglich die Vorausetzungen von „Betrie-

---

[21] Siehe die Nachweise bei Gamillscheg, ZfA 1975, 357 (358 ff.).

[22] Bereits Gamillscheg (ZfA 1975, 357 (383) kritisierte das Fehlen einschlägiger empirischer Untersuchungen.

ben“ im Sinne des KSchG und speziell des § 1 II 2 Nr.1b) KSchG zu bestimmen. § 1 II 2 Nr.1b) 1. Alt. KSchG erweitert den Kündigungsschutz, wenn ein geeigneter freier Arbeitsplatz im einheitlichen Betrieb zur Verfügung steht. Damit knüpft das Gesetz nicht nur an die bloße Existenz eines freien Arbeitsplatzes an. Es geht vielmehr davon aus, daß betroffene Arbeitnehmer dort weiterbeschäftigt werden können. Hierfür ist die Möglichkeit der Versetzung innerhalb des einheitlichen Betriebes mehrerer Unternehmen Voraussetzung. Besteht die einheitliche Organisation, in der die Arbeitsmittel zusammengefaßt sind, lediglich tatsächlich und beruht sie auf keiner rechtlichen Grundlage, sind die Möglichkeiten zur Versetzung eingeschränkt. Versetzungen sind in den Fällen rechtlich nicht durchsetzbar, in denen der geeignete freie Arbeitsplatz zwar innerhalb der einheitlichen, auf lediglich tatsächlicher Grundlage beruhenden Organisationseinheit zur Verfügung steht, rechtlich der Arbeitsplatz aber einem anderen Unternehmen zugeordnet ist[24].

Mithin ist grundsätzlich hinsichtlich § 1 II 2 Nr.1b) 1. Alt. KSchG für einen Betrieb mehrerer Unternehmen ein einheitlicher Leitungsapparat auf Grundlage einer rechtlichen Vereinbarung der beteiligten Unternehmen erforderlich. Die insoweit die h.M. zum Betriebsbegriff kritisierenden Auffassungen mißachten den Sinn und Zweck des § 1 II 2 Nr.1b) KSchG.

b) Konzernspezifische Ausnahmen?

Ausgehend von diesem Grundsatz sind bisher die folgenden Fragen nicht beantwortet: Ist ein einheitlicher Leitungsapparat aufgrund rechtlicher Vereinbarung auch erforderlich, wenn mehrere Unternehmen desselben Konzernes Träger der arbeitstechnischen Organisationseinheit sind? Überzeugt beispielsweise die Auffassung von Säcker[25], der Konzernverbund sichere institutionell und dauerhaft die erforderliche Einheit der arbeitstechnischen Organisation?

---

[23] Das BAG (v. 5.3.1987, DB 1987, 2362 (2363); v. 13.6.1985, DB 1986, 1287 (1288)) meint, daß die Inhalte des Betriebsbegriffes im Kündigungsschutz- und Betriebsverfassungsrecht identisch sind; kritisch z.B. Hönn, Anm. zu BAG v. 23.3.1984, SAE 1985, 130 und Herschel / Löwisch, § 23 Rn. 4.

[24] BAG v. 5.3.1987, DB 1987, 2362 (2363); v. 13.6.1985, DB 1986, 1287 (1288). A. A. Konzen, ZHR 151 (1987), 566 (604), der dem BAG vorwirft, zum Erfordernis der rechtlichen Vereinbarung ausschließlich am Betriebsverfassungsrecht orientiert zu argumentieren.

[25] Säcker, Die Wahlordnungen zum MitbestG, Rn. 210; Konzen, ZHR 151 (1987), 566 (605 f.); Körnig, Anm. zu BAG v. 25.11.1980, SAE 1982, 284 (285); so ähnlich Blank / Blanke / Klebe / Kümpel / Wendeling-Schröder / Wolter, S. 113 f.

aa) Generell?

Stellt man ein weiteres Mal auf die wirtschaftlichen Zusammenhänge ab, so scheint für Organisationseinheiten innerhalb derselben Konzerne eine Ausnahme erforderlich zu sein. Konzernunternehmen sind kraft Definition zwar rechtlich selbständig, wirtschaftlich aber abhängig oder wirtschaftlich anderen Unternehmen übergeordnet (§§ 17, 18 AktG). Folglich könnte die wirtschaftliche Abhängigkeit Grundlage für einen einheitlichen Leitungsapparat sein. Entscheidend ist aber hier der Sinn und Zweck des Betriebsbegriffes von § 1 II 2 Nr. 1b) 1. Alt. KSchG. Allein ein einheitlicher Leitungsapparat auf faktischer Grundlage genügt den Anforderungen nicht[26]. Die faktischen wirtschaftlichen Zusammenhänge im Konzern sichern nicht die für § 1 II 2 Nr.1b) KSchG erforderliche Versetzungsmöglichkeit. Am Beispiel der faktisch-abhängigen Aktiengesellschaft zeigt sich dies deutlich. Sie hat nur bei nachteiligen Weisungen einen Ausgleichsanspruch gemäß §§ 311, 317 AktG. Weisungen, die Kündigungen von Arbeitsverhältnissen verursachen, sind nicht stets nachteilig. Sie können sogar vorteilhaft für die Tochter sein, so daß ein Ausgleichsanspruch bereits dem Grunde nach entfiele. Es fehlt also die rechtliche Möglichkeit, die Versetzung zu realisieren, wenn der freie Arbeitsplatz innerhalb der einheitlichen Organisationseinheit einem anderen Konzernunternehmen zugeordnet ist.

Die Ansicht, ein Konzernverbund sichere generell die erforderliche Einheit der arbeitstechnischen Organisation, überzeugt daher nicht.

bb) In Einzelfällen?

Erwägen könnte man mithin lediglich noch folgendes: Auch im Konzern kann man zwar nicht generell auf die rechtliche Vereinbarung über die Führung einer gemeinsamen arbeitstechnischen Organisation verzichten. Ohne Vereinbarung fehlt die rechtlich gesicherte Möglichkeit, eine Versetzung eines Arbeitnehmers auf einen freien und geeigneten Arbeitsplatz zu realisieren, wenn dieser dem anderen beteiligten Konzernunternehmen zugeordnet ist. Dieser Einwand – so könnte man erwägen – steht jedoch nicht stets entgegen. Zwar haben Konzerntöchter gegen ihre Mutter oder gleichrangige andere Töchter keinen konzernrechtlichen Anspruch auf Übernahme von Arbeitnehmern. Dies gilt aber nur eingeschränkt für den umgekehrten Fall. Konzernmütter haben im Eingliederungskonzern gemäß § 323 I 1 AktG, im Vertragskonzern gemäß § 308 I AktG und im GmbH-Konzern kraft des Vertrages[27], falls dieser geschlossen wurde, das Recht, ihre Töchter anzuweisen.

---

[26] Siehe oben § 3 A I 2 a) bb) am Ende.

[27] Scholz / Emmerich, Anh. II Rn. 184; Koppensteiner in Rowedder, Anh. § 52 Rn. 63.

Sie könnten mittels ihres Weisungsrechtes durchsetzen, daß ihre Tochter, die ebenfalls an der arbeitstechnischen Organisationseinheit beteiligt ist, einen Arbeitnehmer übernimmt. Insoweit besteht partiell eine rechtlich gesicherte Möglichkeit, eine erforderliche Versetzung innerhalb derselben arbeitstechnischen Organisationseinheit zu realisieren. In diesen Fällen könnte man folglich erwägen, daß der Sinn und Zweck des Betriebsbegriffes von § 1 II 2 Nr. 1b) 1. Alt. KSchG nicht entgegensteht. Insoweit könnte „ein Betrieb" ohne rechtliche Vereinbarung allein aufgrund der konzernrechtlichen Weisungsmacht vorliegen.

Wollte man dieser Annahme folgen, müßte zum einen beantwortet werden, ob diese konzernrechtliche Konstruktion die auf rechtlicher Vereinbarung beruhende erforderliche Einheit der arbeitstechnischen Organisation sichern kann. An dem vermeintlichen Betrieb sind zumindest zwei Unternehmen desselben Konzernes beteiligt. Nur eines der beiden Unternehmen kann Konzernmutter sein[28]. Allein sie ist zur Weisung berechtigt. Lediglich zugunsten der Arbeitnehmer der Konzernmutter besteht daher die rechtlich gesicherte Versetzungsmöglichkeit innerhalb derselben arbeitstechnischen Organisationseinheit. Die Versetzungsmöglichkeit der in derselben Organisationseinheit tätigen Arbeitnehmer, die ihren Arbeitsvertrag mit einer Konzerntochter geschlossen haben, ist nicht rechtlich gesichert. Innerhalb desselben vermeintlichen Betriebes gibt es demnach Arbeitnehmer mit und ohne rechtliche Sicherung der Versetzungsmöglichkeit. Es ist daher zumindest zweifelhaft, ob man mit dieser konzernrechtlichen Konstruktion einen „einheitlichen Betrieb" im Sinne des § 1 II 2 Nr. 1b) 1. Alt KSchG begründen kann.

Zum anderen ist ausschlaggebend, daß die erwogenen konzernrechtliche Teillösung folgendes mißachtet: Der Sinn und Zweck des § 1 II 2 Nr. 1b) KSchG erfordert einen rechtlich gesicherten betriebsbezogenen Leitungsapparat. Adressat von konzernrechtlichen Weisungen ist jedoch der Vorstand der abhängigen Tochter[29]. Gesellschaftsrechtliche Organstellung und betrieblicher Leitungsapparat sind voneinander zu unterscheiden[30]. Konzernrechtliche Weisungsmacht kann zwar bis zur Betriebsebene durchschlagen. Sie erzeugt damit indessen keinen betriebsbezogenen Leitungsapparat. Sie kann daher nicht, auch nicht teilweise, die rechtliche Vereinbarung für einen einheitlichen betrieblichen Leitungsapparat einer einheitlichen arbeitstechnischen Organisationseinheit mehrerer Unternehmen desselben Konzernes ersetzen. Für gemeinsame Betriebe mehrerer Konzernunternehmen ist mithin ebenfalls in allen Fällen ein rechtlich verbindlich vereinbarter betrieblicher Leitungsapparat erforderlich. Auch hier sind

[28] Gleichordnungskonzerne werden in dieser Arbeit nicht behandelt.

[29] Karamarias, RdA 1983, 353 (355).

[30] Martens, BAG-Festschrift, S. 367 (373).

betriebs- und unternehmensbezogene Ebenen voneinander zu unterscheiden. Die oben dargestellten, dem widersprechenden Auffassungen sind abzulehnen. Zur Klarstellung sei hinzugefügt, daß die hier vertretene Auffassung nicht verhindert, aufgrund des Konzernverbundes bis zum Nachweis des Gegenteiles die rechtliche Vereinbarung für den betrieblichen Leitungsapparat zu vermuten[31].

Ein einheitlicher Betrieb mehrerer Unternehmen desselben Konzernes setzt eine rechtliche Vereinbarung über den betrieblichen Leitungsapparat voraus.

II. Konzernbezug des „Unternehmens"begriffes

Weiterhin ist zu prüfen, ob aufgrund des in der 2. Alternative des § 1 II 2 Nr. 1b) KSchG verwendeten Begriffes des „Unternehmens" konzernumfassende Weiterbeschäftigungsansprüche im Rahmen des Wortsinns bestehen[32].

Stellt man auf die gesetzliche Definitionen in den §§ 17, 18 AktG ab, so scheint eine derartige Erwägung bereits im Ansatz auszuscheiden. Das AktG definiert einen Konzern als die Zusammenfassung rechtlich selbständiger Unternehmen. Im Hinblick auf die rechtliche Zuordnung von Betriebsstätten unterscheiden sich also die Inhalte der beiden Begriffe. Während nämlich für die Zuordnung zu einem Konzern allein die wirtschaftliche Zusammenfassung entscheidend ist, setzt die Zuordnung zu einem Unternehmen zudem die rechtliche Einheit voraus. Hierbei handelt es sich aber um die unterschiedlichen Inhalte der Begriffe „Unternehmen" und „Konzern" im AktG. Weil das AktG beide Begriffe verwendet und definiert, sind sie voneinander abzugrenzen. Im gesamten KSchG wird demgegenüber der Begriff „Konzern" nicht gebraucht. Betrachtet man allein das KSchG, so könnte daher die Notwendigkeit entfallen, „Konzern" und „Unternehmen" zur Bestimmung des Inhalts des zuletzt genannten Begriffes gegeneinander abzugrenzen. Möglicherweise unterscheiden sich die Inhalte beider Begriffe im AktG und KSchG. Fraglich ist mithin, ob von einem „Unternehmen" im Sinne des § 1 II 2 Nr. 1b) 2. Alt. KSchG Betriebsstätten außerhalb der rechtlichen Zuordnung, aber innerhalb gleicher Konzerne im Sinne des AktG erfaßt werden.

Zugrunde legen könnte man den allgemeinen Wortsinn. Unternehmen ist das Hauptwort zum gleichlautenden Tätigkeitswort[33]. In Betracht kommt einzig, daß das Substantiv zu dem Verb im Sinne von „etwas unternehmen"

---

[31] So auch BAG v. 13.6.1985, DB 1986, 1287 (1288); v. 7.8.1986, NJW 1987, 2036 f.; vgl. auch BAG v. 29.1.1987, NZA 1987, 707 f.

[32] Diese These hatte Martens bereits in ZfA 1973, 297 (316 Fn. 36) erwogen.

[33] Grimm, Deutsches Wörterbuch, 11. Band, III Abteilung, Spalte 1701.

verwendet wird. In dieser Bedeutungsvariante umschreibt das Deutsche Wörterbuch von Grimm den Inhalt mit den Worten „etwas wichtiges bewerkstelligen“[34]. Aus dieser Bedeutung ist nicht ableitbar, ob sich das dazugehörige Substantiv auf den Fall mehrerer Betriebsstätten und die Voraussetzungen ihrer Zusammenfassung bezieht. Für die hier zu entscheidende Frage ist also dieser allgemeine Wortsinn unergiebig. Demgegenüber umschreibt der Duden den Begriff „Unternehmen“ mit den Worten, daß dieser sich auf die Zusammenfassung mehrerer Werke, Filialen u. ä. im Hinblick auf die wirtschaftliche Einheit[35] und damit nicht auf die rechtliche Zuordnung beziehe. Auch in den Wirtschaftswissenschaften wird der Begriff der „Unternehm*ung*“, der auf die gleiche Etymologie zurückzuführen ist, in einem weiten wirtschaftlichen Sinne verstanden[36]. Der allgemeine Sinn des Wortes „Unternehmen“ ist also entweder unergiebig oder widerspricht der aktienrechtlichen Definition. Fraglich ist daher, ob bereits aufgrund des Wortsinns „Unternehmen“ im Sinne des AktG einerseits und des KSchG andererseits unterschiedlich zu definieren ist.

Dagegen spricht zum einen, daß der aktienrechtliche Begriffsinhalt nicht nur dem Gesellschaftsrecht, sondern auch dem Arbeitsrecht im übrigen zugrunde liegt. Genannt seien die Verweisungen in den §§ 8 I 2 und 54 I 1 BetrVG. Von der aktienrechtlichen Auslegung abzuweichen, bedeutet also, speziell im Kündigungsschutzrecht eine allein begrifflich begründete Sonderregelung zu schaffen. Zum anderen stehen sich die Regeln des Gesellschafts- und des Arbeitsrechts gewissermaßen spiegelbildlich gegenüber. Sie beziehen sich auf den gleichen gesellschaftlichen Tatbestand. Während das Gesellschaftsrecht das Organisationsrecht der Unternehmen und damit der Arbeitgeber ist, regelt das Arbeitsrecht die Beziehungen von Arbeitnehmer und Arbeitgeber zueinander. Der engen Verknüpfung beider Rechtsgebiete widerspricht, wörtlich übereinstimmende Begriffe aus dem Organisationsrecht der Arbeitgeber einerseits und dem Arbeits- und speziell dem Kündigungsschutzrecht andererseits unterschiedlich zu definieren. Vielmehr sind Gesellschafts- und Arbeitsrecht aufeinander abzustimmen[37]. Zum dritten ist entscheidend, daß der Gesetzgeber in § 1 II 2 Nr. 1b) KSchG mit dem Wort „Unternehmen“ einen Fachbegriff verwendet. Im Zweifel ist bei Fachbegriffen zur Ermittlung des Wortsinns nicht auf eine mögliche allgemeine Bedeutung, sondern auf den juristisch-technischen Wortsinn abzustellen[38]. Überzeugende Gründe, die dem entgegenstehen, sind nicht ersicht-

---

[34] Grimm, Spalte 1699.

[35] Duden, Band 6, S. 2708; ähnlich Wahrig / Krämer / Zimmermann, Brockhaus – Deutsches Wörterbuch, 6. Band, S. 426.

[36] Schubert / Küting, § 1 A; Rehbinder, Konzernaußenrecht, S. 51 m.w.N.

[37] Hanau, E 48; BAG v. 5.3.1987, DB 1987, 2362.

[38] Larenz, Methodenlehre, S. 307.

lich. Entscheidend für den Wortsinn des Unternehmensbegriffes in § 1 II 2 Nr. 1b) KSchG ist somit die rechtliche und nicht die wirtschaftliche Einheit.

Ein geeigneter, vakanter Arbeitsplatz in einem Betrieb eines anderen Unternehmens steht bei wörtlicher Auslegung des § 1 II 2 Nr. 1b) KSchG der Wirksamkeit einer Kündigung nicht entgegen. Unerheblich ist dabei, ob die beteiligten Unternehmen durch Konzernierungen wirtschaftlich zusammengefaßt sind.

III. Systematische Auslegung

Außerhalb des festgestellten, aber innerhalb des möglichen Wortsinns ist darüber hinaus ein konzerndimensionaler Weiterbeschäftigungsanspruch gemäß § 1 II 2 Nr. 1b) KSchG aufgrund systematischer Auslegung des Unternehmensbegriffes in Betracht zu ziehen.

So argumentieren einige Autoren mit der Systematik des KSchG und des BetrVG[39]. Sie heben ein Spannungsverhältnis zwischen dem individuellen Kündigungsschutz gemäß § 1 II 2 Nr. 1b) KSchG und dem Beteiligungsrecht gemäß § 102 III Nr. 3 BetrVG hervor. Beim Wegfall eines Arbeitsplatzes aufgrund einer Konzerndirektive sei nach Ansicht dieser Autoren der Konzernbetriebsrat zuständig[40]. Aus diesem Grunde bestünde ein erheblich erweiterter Bestandsschutz zugunsten der Arbeitnehmer konzernangehöriger Arbeitgeber.

Im Wortlaut des § 1 II 2 Nr. 1b) KSchG findet diese systematische Argumentation einen Anhalt. Ein schriftlicher Widerspruch gemäß § 1 II 2 Nr. 1b) KSchG in Verbindung mit § 102 III Nr. 3 BetrVG der insoweit nach dem BetrVG zuständigen Arbeitnehmervertretung führt zur Sozialwidrigkeit der Kündigung. Das Mitbestimmungsrecht bei personellen Einzelmaßnahmen ist also eng mit dem individuellen Bestandsschutz des Arbeitsplatzes verknüpft.

---

[39] Fuchs, S. 136; Bösche, Rn. 167; erwogen bereits von Martens, ZfA 1973, 297 (316).

[40] In diesem Sinne auch Martens, ZGR 1984, 417 (455 ff.). Im übrigen ist Martens insoweit mißverständlich, als nicht festzustellen ist, ob er von der Zuständigkeit des Konzernbetriebsrates auf eine konzernweite Anwendung des § 102 III Nr. 3 BetrVG schließt. Einerseits äußert es sich zustimmend zum Erfordernis im Rahmen des konzerndimensionalen Kündigungsschutzes (S. 454 Fn. 100). Er bezieht sich dabei ausdrücklich lediglich auf § 1 II 2 Nr. 1b) KSchG und unterläßt, zur betriebsverfassungsrechtlichen Parallelnorm des § 102 III Nr. 3 BetrVG Stellung zu nehmen. Andererseits lehnt er eine entsprechende Anwendung des § 1 II 2 Nr. 1b) KSchG auf Konzernsachverhalte ab (S. 454). Damit ist aber das Erfordernis eines Widerspruches durch das zuständige betriebsverfassungsrechtliche Organ im Rahmen konzernbezogener Sachverhalte nicht zu vereinbaren. Denn ohne konzernumfassenden Kündigungsschutz gemäß oder entsprechend § 1 II 2 Nr. 1b) KSchG und § 102 III Nr. 3 BetrVG läuft ein etwaiger Widerspruch des Betriebs- oder Konzernbetriebsrates individualrechtlich ins Leere.

1. Spannungsverhältnis zu § 102 III Nr. 3 BetrVG

Dem könnte man mit der h.M.[41] entgegenhalten, daß abweichend vom Wortlaut des § 1 II 2 Nr. 1b) KSchG aufgrund historischer Auslegung und, um verfassungskonform eine mit Art. 3 I GG nicht zu vereinbarende Differenzierung zu vermeiden, ein Widerspruch des Betriebsrates für den individuellen Kündigungsschutz nicht Voraussetzung ist. Folglich könnte ein Widerspruch des möglicherweise zuständigen Konzernbetriebsrates ebenfalls nicht notwendig sein. Zu bedenken ist also, ob der Schluß vom konzernbezogenen Mitbestimmungsrecht zum erweiterten individuellen Kündigungsschutz mangels Abhängigkeit beider Regelungskomplexe überzeugt. Zwingend sind diese Bedenken allerdings nicht. Unerörtert bleiben nämlich die Fälle, in denen der Konzernbetriebsrat einer Kündigung unter Hinweis auf einen geeigneten Arbeitsplatz in einem anderen Unternehmen des Konzernes widersprochen hat. Denn jedenfalls in diesen Fällen könnte man von der Zuständigkeit des Konzernbetriebsrates auf eine Konzerndimension des § 1 II 2 Nr. 1b) KSchG schließen.

2. Zusammenhang von Zuständigkeit und Mitbestimmungstatbestand?

Ausschlaggebend ist ferner folgendes: Die systematische Argumentation schließt von der Zuständigkeit des Konzernbetriebsrats auf die Konzerndimension seines Mitbestimmungsrechts und damit auch des individuellen Kündigungsschutzes. Das BetrVG differenziert jedoch zwischen beiden Regelungssachverhalten. § 58 I 1 BetrVG regelt die Zuständigkeit des Konzernbetriebsrates. Eine Ausweitung des Mitbestimmungsrechts ist damit nicht verbunden[42]. Vielmehr unterscheiden die einzelnen Mitbestimmungstatbestände danach, ob sie sich auf den Konzern beziehen oder nicht. Dies ist insbesondere im Gegenschluß zu den §§ 87 I Nr. 8 und 88 Nr. 2 BetrVG zu folgern. Ob aber der Mitbestimmungstatbestand des § 102 III Nr. 3 BetrVG sich hinsichtlich vakanter Arbeitsplätze und unter Umständen mit weiteren Voraussetzungen auf den gesamten Konzern bezieht, ist die zu entscheidende Frage. Sie kann nicht mit der bloßen Zuständigkeitsregel des § 58 I 1 BetrVG beantwortet werden.

---

[41] BAG v. 22.5.1986, SAE 1987, 129 (131); v. 17.5.1984, DB 1985, 1190 f. mit zustimmender Anm. von Schulin, SAE 1986, 279 f.; v. 13.9.1973, BAGE 25, 278 (282 ff.) – AP Nr. 2 zu § 1 KSchG 1969; G. Hueck in Hueck, § 1 Rn. 74 ff.; KR-Becker, § 1 KSchG Rn. 141; Herschel / Löwisch, § 1 Rn. 259; Schaub, NZA 1987, 217 (218); Berkowsky, Rn. 341; Stahlhacke, Rn. 507; jeweils m.w.N.; a.A. Söllner, RdA 1985, 328 (336); Martens, ZGR 1984, 417 (454); Reuter, JuS 1987, 328.

[42] BAG v. 30.4.1981, AP Nr. 12 zu § 99 BetrVG 1972, unter III 7; Dietz / Richardi, § 58 Rn. 10; Fitting / Auffarth / Kaiser / Heither, § 58 Rn. 4 i. V. m. § 50 Rn. 10; GK-Fabricius / Kreutz, § 58 Rn. 18.

Mit der Systematik des KSchG in Verbindung mit dem BetrVG läßt sich demnach eine konzerndimensionale Anwendung des § 1 II 2 Nr. 1b) KSchG nicht begründen.

B. Konzerndimension bei entsprechender Anwendung des § 1 II 2 Nr. 1b) KSchG?

Übrig bleibt, aus dem Sinn und Zweck entsprechend § 1 II 2 Nr. 1b) KSchG einen konzernumfassenden Weiterbeschäftigungsanspruch abzuleiten. Auch in diesem Zusammenhang widersprechen sich die in Rechtsprechung und einem Teil der Literatur vertretenen Auffassungen.

Hueck[43] beispielsweise lehnt mit der h.M.[44] einen konzerndimensionalen Weiterbeschäftigungsanspruch u. a. mit dem Argument ab, daß nur eine einheitliche Rechtspersönlichkeit zur Übernahme eines Arbeitnehmers rechtlich und faktisch in der Lage ist. Martens kommt aufgrund seiner „mitbestimmungsrechtlichen Konzeption“[45] zum gleichen Ergebnis. Nach seiner Auffassung hat der Gesetzgeber zwar in zahlreichen arbeitsrechtlichen Vorschriften und auch in § 1 II 2 KSchG Konzernsachverhalte nicht bedacht und übersehen. Konzerne könnten aber nicht für interne Unternehmensänderungen zu Lasten der in ihren Bestandsinteressen betroffenen Arbeitnehmer einen grenzenlosen Freiraum beanspruchen[46]. Eine Verpflichtung, stets einen geeigneten Arbeitsplatz im gesamten Konzern zu garantieren, scheide allerdings wegen der personalpolitischen Blockade des Konzernes aus. Es komme also nur ein Anspruch auf Weiterbeschäftigung auf freien Arbeitsplätzen in Betracht. Der dafür zu ermittelnde konzerninterne Personalbedarf kann nach seiner Auffassung nicht wie im öffentlichen Dienst Stellenplänen entnommen werden. Es handele sich daher nicht um ein subsumptionsfähiges Rechts-, sondern um ein konzernpolitisches Regelungsproblem. Diese Aufgabe könne der individuelle Kündigungsschutzprozeß nicht bewältigen[47].

Demgegenüber bejahen Konzen[48] und Berkowsky[49] unter bestimmten Voraussetzungen eine Analogie. Nach Ansicht Konzens ist der Sinn und

---

[43] G. Hueck in Hueck, § 1 Rn. 114d.

[44] Siehe oben die Nachweise in § 3 Fn. 2.

[45] Martens, ZGR 1984, 417 (454 ff.). Soweit Martens nicht nur Einwände gegen eine analoge Anwendung des § 1 II 2 Nr. 1b) KSchG erhebt, sondern aufgrund Sozialplänen und Mitbestimmungsrechten konzernumfassenden Kündigungsschutz begründet, wird unter § 8 auf seine Ansicht zurückgekommen.

[46] Martens, ZGR 1984, 417 (452 f.).

[47] Martens, ZGR 1984, 417 (454 f.).

[48] Konzen. RdA 1984, 65 (82 ff.); ders., ZHR 151 (1987), 566 (600 ff.); ähnlich auch Henssler, S. 134 ff., der aber lediglich aus vergleichbaren Gründen unter bestimmten Voraussetzungen eine Analogie zugunsten der Arbeitnehmer von Konzernmüttern bejaht.

Zweck arbeitsrechtlicher Schutznormen und damit auch des § 1 II 2 Nr. 1b) KSchG die Belastung desjenigen, der durch die wirtschaftliche und organisatorische Dispositionsmöglichkeit über fremde Arbeitskraft den Nutzen daraus ziehen kann[50]. Diesem allgemeinen Ansatz fügt er die Einschränkung hinzu, Arbeitnehmer von Konzernunternehmen dürften weder bevorzugt, noch benachteiligt werden[51]. Der Konzern sei kein soziales Netz mit doppeltem Boden[52]. Konzen verlangt daher, marktspezifisches und konzernbedingtes Risiko von einander abzugrenzen. Unternehmensüberschreitende Weiterbeschäftigungsansprüche analog § 1 II 2 Nr. 1b) KSchG setzten daher eine im Sinne der §§ 311, 317 II AktG nachteilige Maßnahme voraus, die zum Arbeitsplatzverlust geführt habe[53]. In sog. qualifizierten Konzernen, die sich durch intensive Ausübung der Leitungsmacht auszeichnen, ist mit Konzen wegen der Unkontrollierbarkeit der Maßnahmen § 1 II 2 Nr. 1b) KSchG stets analog anzuwenden[54]. Rechtsfolge seien Übernahmeansprüche der Arbeitnehmer abhängiger Vertragsarbeitgeber im Rechtssinne gegen die Konzernmütter[55]. Berkowsky wiederum stellt nicht auf die Dispositionsmöglichkeiten über fremde Arbeitskraft, sondern ausschließlich darauf ab, ob ein konzernierter Arbeitgeber in der Lage ist, einen Arbeitnehmer außerhalb seines Unternehmens zu beschäftigen[56].

I. Rechts- oder Regelungsproblem?

Zunächst könnte der Einwand entgegenstehen, konzerndimensionale Weiterbeschäftigungsansprüche würden wegen ihrer Komplexität Regelungs- und nicht bloße Rechtsprobleme darstellen und könnten daher auch durch eine entsprechende Anwendung von § 1 II 2 Nr. 1b) KSchG nicht gelöst werden.

Eine normorientierte Entscheidung über einander widersprechende Interessen setzt zweierlei voraus: Sowohl die einschlägige Norm als auch der zu entscheidende Sachverhalt müssen subsumptionsfähig sein. Beides ist in Konzernsachverhalten fraglich.

Zum einen beschäftigen Konzerne häufig eine große Anzahl von Arbeitnehmern. Hierzu fehlen genauere wirtschafts- und sozialwissenschaftliche Untersuchungen. Nach Schätzungen der Monopolkommision werden unge-

---

[49] Berkowsky, Rn. 165.

[50] Konzen. RdA 1984, 65 (82 ff.).

[51] Konzen, RdA 1984, 65 (69).

[52] Konzen, RdA 1984, 65 (69), im Anschluß an Martens, „BAG-Festschrift“, S. 367 (379); zustimmend Schäfer, NZA 1988 (Beilage Nr. 1), 31 (35).

[53] Konzen, RdA 1984, 65 (85).

[54] Konzen, RdA 1984, 65 (86).

[55] Konzen, RdA 1984, 65 (85).

[56] Berkowsky, Rn. 165.

fähr 19% aller Sozialversicherungspflichtigen in den 100 größten deutschen Inlandskonzernen beschäftigt[57]. Es ist also die Vermutung gerechtfertigt, daß Konzernsachverhalte häufig komplex sind. Regelmäßig müßten eine Vielzahl von Arbeitsplätzen in die Beurteilung, ob eine Weiterbeschäftigung möglich ist, einbezogen werden. Insoweit ist die Subsumptionsfähigkeit der konzernumfassenden Sachverhalte zweifelhaft. Der Einwand überzeugt indessen bereits vom Tatsächlichen her nicht stets. Konzerne beschäftigen nicht notwendigerweise eine große Anzahl von Arbeitnehmern. Im klein- und mittelständischen Bereich werden aus steuer- und haftungsrechtlichen Gründen häufig Gesellschaften mit beschränkter Haftung gegründet, die wirtschaftlich miteinander verbunden sind. In diesen Fällen sind die Konzernsachverhalte überschaubar und nicht komplex. Weiterhin beruht der Einwand auf der Annahme, daß die Anzahl möglicher Arbeitsplätze in Unternehmen überschaubarer sei als in Konzernen. Dies mag zwar häufig so sein, ist jedoch nicht immer der Fall. Verwiesen sei beispielsweise auf die Siemens AG. Sie beschäftigt allein in ihrem Stammunternehmen an mehreren Standorten ungefähr 363 000 Arbeitnehmer[58]. Die Hoechst AG, um ein weiteres Beispiel zu nennen, hat an 28 Standorten ca. 60 000 Mitarbeiter[59]. Es kommt also vor, daß in einheitlichen Unternehmen, und damit im unmittelbaren Anwendungsbereich des § 1 II 2 Nr. 1b) KSchG, eine Vielzahl von Arbeitnehmern beschäftigt werden. Schließlich überzeugt der Einwand gegen eine analoge Anwendung insoweit nicht, als die Komplexität von Konzernsachverhalten auf den Hinweis gestützt wird, zur Weiterbeschäftigung geeignete Arbeitsplätze könne man nicht wie im öffentlichen Dienst gegenständlich durch Stellenpläne lokalisieren[60]. Zwar haben private Konzerne nicht die gesetzliche Verpflichtung, Stellenpläne zu verfassen. Hingegen wird dadurch noch nichts darüber ausgesagt, ob ein konkreter Konzern eine dem öffentlichen Dienst vergleichbare Stellenplanung betreibt. Je größer eine unternehmerische Einheit, desto notwendiger ist aus betriebswirtschaftlicher Sicht eine für jeden Entscheidungsträger auf allen Ebenen durchsichtige Personalplanung. Wahrscheinlich wird daher die personalpolitische Komplexität von großen Konzernen durch betriebswirtschaftlich notwendige Instrumente der Personalplanung ausgeglichen. Der Einwand, die Komplexität von Konzernsachverhalten stehe einer entsprechenden Anwendung entgegen, unterstellt also dem § 1 II 2 Nr. 1b) KSchG Differenzierungen, die in dessen unmittelbarem unternehmensbezogenen Anwendungsbereich unbekannt sind. Auch stützt er sich auf Annahmen, die nicht belegt werden, zudem zwar möglicherweise häufig sind, aber auf jeden Fall nicht immer zutreffen.

---

57 Monopolkommission, S. 15, 57 ff.

58 Siemens AG, Geschäftsbericht 1986, S. 12 (die weiteren 153 000 Mitarbeiter in den übrigen Gesellschaften des Siemens-Konzernes sind dabei nicht berücksichtigt).

59 Weimann, ZGR 1984, 460.

60 Martens, ZGR 1984, 417 (454 f.).

Zum anderen ist zweifelhaft, ob eine analoge Anwendung des § 1 II 2 Nr. 1b) KSchG an der mangelnden Subsumptionsfähigkeit der Norm in Konzernsachverhalten scheitert. Rechts- unterscheiden sich von Regelungsstreitigkeiten dadurch, daß die zu suchende Lösung nicht aus einem bereits bestehenden Rechtssatz ableitbar ist. Vielmehr müssen sich die Beteiligten willentlich einigen[61]. Regelungsstreitigkeiten sind durch einen Ermessensspielraum des Entscheidenen gekennzeichnet[62]. Die Entscheidung beruht statt auf rechtlichen Regeln auf Zweckmäßigkeitserwägungen[63]. Konzernumfassender Kündigungsschutz entsprechend § 1 II 2 Nr. 1b) KSchG setzt auf jeden Fall einen freien und geeigneten Arbeitsplatz in einem anderen Unternehmen des Konzernes voraus. Diese Tatsache festzustellen, mag im Einzelfall schwierig sein. Sollte der Nachweis nicht zu erbringen sein, greifen die Regeln der Beweislast ein. Diese Voraussetzung ist also innerhalb von Unternehmen und Konzernen feststellbar. Ein Ermessensspielraum besteht nicht. Entsprechendes gilt, wenn man die Analogie des weiteren davon abhängig macht, ob ein Arbeitsplatz lediglich aus markt- oder zudem aus konzernspezifischen Gründen weggefallen ist[64]. Wiederum wären konkrete Voraussetzungen zu prüfen. Um die Grundlage der Regelung braucht die Auseinandersetzung nicht geführt werden. Es handelt sich insgesamt um Rechts- und nicht um Regelungsstreitigkeiten.

Die Komplexität von Konzernsachverhalten steht mithin einer entsprechenden Anwendung von § 1 II 2 Nr. 1b) KSchG nicht entgegen.

II. Einheitliche Rechtspersönlichkeit unabdingbar?

Des weiteren könnte das tragende Argument der h.A., nur eine einheitliche Rechtspersönlichkeit sei zur Übernahme eines Arbeitnehmers rechtlich und faktisch in der Lage[65], eine entsprechende Anwendung bereits im Ansatz ausschließen.

§ 1 II 2 Nr. 1b) KSchG setzt nach seinem Wortlaut eine Weiterbeschäftigungsmöglichkeit im gleichen oder „in“ einem anderen Betrieb „des“ Unternehmens voraus. Arbeitsplätze außerhalb „des“ Unternehmens sind also in die Beurteilung nicht einzubeziehen. Der Wortlaut geht mithin von einer einheitlichen Rechtspersönlichkeit aus.

---

[61] Bötticher, Festschrift für Lent, S. 89 (102).

[62] Bötticher, Festschrift für Lent, S. 89 (93, 96 und öfter).

[63] Brox / Rüthers, Rn. 684.

[64] Konzen, RdA 1984, 65 (85).

[65] G. Hueck in Hueck, § 1 Rn. 114d; und die Nachweise in § 3 Fn. 3; Berkowsky, Rn. 165 stellt demgegenüber ausschließlich auf die faktische Möglichkeit der Weiterbeschäftigung ab.

Gestützt wird dieses Argument der h.M zudem durch eine weitere Wortlautinterpretation. § 1 II 2 Nr. 1b) KSchG spricht davon, daß ein Arbeitnehmer „weiter"beschäftigt werden kann. Es reicht also nicht die bloße Möglichkeit einer Beschäftigung. Erforderlich ist vielmehr eine gewisse Kontinuität. Anders ist der Zusatz „weiter" nicht erklärlich[66]. Diese Kontinuität fehlt, wenn die dem Wegfall eines Arbeitsplatzes folgende Beschäftigung einen Wechsel des Vertragsarbeitgebers erfordert.

Schließlich kommt ergänzend hinzu, daß Rechtsfolge des § 1 II 2 Nr. 1b) KSchG die fehlende soziale Rechtfertigung von Kündigungen ist. Verpflichtet wird also der Vertragsarbeitgeber im Rechtssinne. Dieser muß nach dem Wortlaut den Arbeitnehmer weiterbeschäftigen. Er muß darüber hinaus dazu auch fähig sein. Niemand ist, wie den §§ 275, 306, 325 BGB als Rechtsgedanke zu entnehmen ist[67], zu einer objektiv und subjektiv unmöglichen Leistung verpflichtet.

Zudem könnte der Sinn und Zweck des § 1 II 2 Nr. 1b) KSchG, wie er oben zum Inhalt des „Betriebs"begriffes bereits festgestellt wurde[68], eine einheitliche Rechtspersönlichkeit im Sinne der h.M. erfordern. Weiterbeschäftigen setzt danach voraus, daß der verpflichtete Vertragsarbeitgeber hierzu rechtlich in der Lage ist. Sieht man von der erforderlichen Zustimmung des Betriebsrates des aufnehmenden Betriebes (§ 99 I 1 BetrVG) ab, so bestehen bei einheitlichen Rechtspersönlichkeiten keine Bedenken dagegen, daß diese rechtlich zur Weiterbeschäftigung in anderen Betrieben ihres Unternehmens fähig sind. Auch insoweit wird also das tragende Argument der h.A. gestützt. Mithin ist festzustellen, daß aus mehreren Gründen mit der h.M. „Weiter"beschäftigung eine einheitliche Rechtspersönlichkeit erfordert.

Fraglich ist jedoch, ob damit eine entsprechende Anwendung ausscheidet. Eine Analogie ist kraft Definition die Erstreckung auf einen Bereich jenseits des Wortlauts. Dem kann man daher, falls die Voraussetzungen im übrigen vorliegen, nicht den bloßen Wortlaut der betreffenden Vorschrift entgegenhalten. Hinzu kommt, daß aufgrund entsprechender Anwendung des § 1 II 2 Nr. 1b) KSchG ein Übernahmeanspruch gegen Konzernmütter begründet wird[69]. Demgegenüber kann man aber nicht mit dem Wechsel des Vertragsarbeitgebers argumentieren, ohne sich dem berechtigten Vorwurf eines Zirkelschlusses auszusetzen. Denn der Übernahmeanspruch setzt denknotwendig ein Auswechseln des Vertragsarbeitgebers voraus.

---

[66] A. A. Berkowsky, Rn. 165.

[67] Staudinger / Löwisch, § 275 Rn. 44 und § 306 Rn. 2.

[68] Siehe oben § 3 A I 2 a).

[69] Konzen, RdA 1984, 65 (85).

III. Voraussetzungen einer Analogie?

Entscheidend ist nach alledem, ob die Voraussetzungen einer analogen Anwendung des § 1 II 2 Nr. 1b) KSchG auf Konzernsachverhalte gegeben sind.

1. Ursprüngliche Unvollständigkeit?

Einige Autoren in der Literatur vertreten die Ansicht, daß der Gesetzgeber die Regelung von Konzernsachverhalten in § 1 II 2 Nr. 1b) KSchG „offensichtlich" übersehen habe[70].

Zutreffend ist insoweit, daß den veröffentlichten Materialien speziell zu dieser Vorschrift kein Hinweis auf die Regelung konzernspezifischer Probleme zu entnehmen ist. Verkannt wird hingegen, daß der heutige § 1 II 2 KSchG mit seinem Unternehmensbezug durch § 123 des BetrVG von 1972[71] in das KSchG aufgenommen wurde. Das BetrVG hat in einer Anzahl von Vorschriften Konzernprobleme ausdrücklich geregelt (§§ 8 I 2, 54 ff., 87 I Nr. 8, 88 Nr. 2). Die amtliche Begründung zu diesen Paragraphen weist ausdrücklich auf die konzernspezifischen Probleme hin[72]. Beispielsweise hebt die Begründung zu § 87 I Nr. 8 BetrVG ausdrücklich folgendes hervor: Das Mitbestimmungsrecht bezüglich der Sozialeinrichtungen erstrecke sich „über den Betrieb hinaus auf den Konzern"[73]. Die Begründung differenziert also bewußt zwischen Betrieb und Unternehmen einerseits und Konzern andererseits. Die drei Begriffe werden jedenfalls an dieser Stelle im juristisch-technischen Sinne gebraucht. Zu § 1 II 2 Nr. 1b) KSchG werden zwar in der amtlichen Begründung nur die Begriffe „Betrieb" und „Unternehmen" und nicht „Konzern" verwendet. Es sind aber auch keine Anhaltspunkte dafür ersichtlich, daß in dieser Vorschrift „Betrieb" und „Unternehmen" im untechnischen Sinne gebraucht wurden.

Die Behauptung, der Gesetzgeber habe bezüglich § 1 II 2 Nr. 1b) KSchG die Regelung von Konzernsachverhalten „offensichtlich" übersehen, überzeugt folglich nicht[74]. Gänzlich kann jedoch ein gesetzgeberisches Versehen und damit eine ursprüngliche Unvollständigkeit des Gesetzes mangels Eindeutigkeit der Materialien nicht ausgeschlossen werden.

---

70 Martens, ZGR 1984, 417 (452); vgl. auch Konzen, ZHR 151 (1987), 566 (595).

71 BGBl. I S. 13.

72 BT-Drucks. VI/1786, S. 34, 37, 43, 49.

73 BT-Drucks. VI/1786, S. 49.

74 Wie hier Henssler, S. 133 f.

2. Nachträgliche Lücke wegen Wandel der Normsituation?

Möglicherweise ist § 1 II 2 Nr. 1b) KSchG im Hinblick auf die Konzernproblematik nach Inkrafttreten aufgrund eines Wandels der Normsituation lückenhaft geworden.

Dem widerspricht einerseits, daß seit 1972 erst der relativ kurze Zeitraum von ungefähr 15 Jahren vergangen ist. Hinzu kommt andererseits, daß zwar seit 1972 die Zahl der konzernabhängigen Unternehmen in der Bundesrepublik zugenommen hat. Der Trend zur Konzernierung bestand aber spätestens bereits seit der Jahrhundertwende. Es handelt sich also heute lediglich um ein quantitatives Problem, das 1972 bereits im Trend erkennbar war. Ein grundsätzlicher Wandel der Normsituation, der die zur Analogie erforderliche Lücke begründet, ist mithin nicht festzustellen.

3. Normteleologie des § 1 II 2 Nr. 1b) KSchG

Demnach konzentriert sich die Problematik darauf, ob § 1 II 2 Nr. 1b) KSchG im Hinblick auf Normzweck und seine Übertragbarkeit auf Konzernsachverhalte entsprechend anzuwenden ist[75].

a) Belastung des wirtschaftlich und organisatorisch Disponierenden

Gemäß § 1 II 2 Nr. 1b) KSchG begründen zugunsten von Arbeitnehmern vakante und geeignete Arbeitsplätze in Betrieben ihrer Vertragsarbeitgeber die Sozialwidrigkeit von Kündigungen. Als arbeitsrechtliche Schutznorm knüpft § 1 II 2 Nr. 1b) KSchG also an das Vertragsverhältnis zweier Parteien an[76]. Voraussetzung ist, daß der eine Arbeitnehmer und der andere dessen Arbeitgeber ist. Der Begriff des Arbeitnehmers ist in seinen Randbereichen unklar. Im Kern ist dem Typus des Arbeitnehmers jedoch zweierlei zu entnehmen. Der Umkehrschluß zu § 84 I 2 HGB belegt, daß zum einen Arbeitnehmer organisatorisch von ihren Arbeitgebern abhändig sind[77]. Zum anderen verzichten Arbeitnehmer im Rahmen ihrer Arbeitsverhältnisse teilweise auf eigenständige wirtschaftliche Dispositionsmöglichkeiten. Sie haben zwar die Wahl, falls ihnen der Abschluß eines Arbeitsvertrages angeboten wird, ob sie ein Arbeitsverhältnis eingehen. Insoweit disponieren sie selbst-

---

[75] Methodisch handelt es sich hier um eine Problemkonstellation, bei der zur Feststellung der Lücke im Gesetz nicht die Kriterien verwendet werden können, die zugleich ihrer Ausfüllung dienen; vgl. zu diesem methodischen Problem Canaris, Lückenfeststellung, S. 71 ff.; Engisch, S. 141 ff.; Larenz, Methodenlehre, S. 385 ff.

[76] Konzen, ZHR 151 (1987), 566 (597 f.).

[77] Vgl. Konzen, RdA 1984, 65 (83).

ständig über die wirtschaftliche Verwertung ihrer Arbeitskraft. Dies gilt aber nicht mehr für den Zeitraum nach Abschluß des Arbeitsvertrages. Nunmehr hat bis zur Beendigung der Vertragsarbeigeber die Dispositionsmöglichkeit über die Verwertung der Arbeitskraft seines Arbeitnehmers[78]. Das Arbeitsverhältnis als Vertragsverhältnis zweier Parteien ist also durch die organisatorischen und wirtschaftlichen Verfügungsmöglichkeiten des Arbeitgebers über die Verwertung fremder Arbeitskraft gekennzeichnet. § 1 II 2 Nr. 1b) KSchG knüpft an das Arbeitsverhältnis an. Sein Sinn und Zweck ist folglich u. a. darin zu sehen, den Vertragsarbeitgeber wegen der Dispositionsmöglichkeiten hinsichtlich freier und geeigneter Arbeitsplätze zu verpflichten. Insoweit ist der Auffassung von Konzen im Ausgangspunkt zuzustimmen.

b) Übernahmeverpflichtung anderer Konzernunternehmen?

Fraglich ist, ob dieser Sinn und Zweck des § 1 II 2 Nr. 1b) KSchG, an die wirtschaftlichen und organisatorischen Verfügungsmöglichkeiten anzuknüpfen, stets eine Verpflichtung anderer Konzernunternehmen begründet, Arbeitnehmer auf freie und geeignete Arbeitsplätze zu übernehmen.

Einerseits bezieht sich der Zweck des § 1 II 2 Nr. 1b) KSchG in dem eben beschriebenen Sinn lediglich auf Arbeitsverhältnisse als Vertragsbeziehungen zweier Personen. Die Beteiligung Dritter auf der Seite der Arbeitgeber wird nicht berücksichtigt. Andererseits ist diese Beschränkung nicht unproblematisch. Ihr wird beispielsweise entgegengehalten, daß es durch Einschaltung eines vorgelagerten Unternehmens erschreckend leicht wäre, sich den Pflichten als Vertragsarbeitgeber zu entziehen[79]. Diese Gefahr könnte eine entsprechende Anwendung von § 1 II 2 Nr. 1b) KSchG auf Konzernsachverhalte begründen.

aa) Schutz nur vor konzernspezifischen Risiken

Vergleicht man die Situation von Arbeitnehmern wirtschaftlich unabhängiger mit denen abhängiger Vertragsarbeitgeber im Rechtssinne, so ist festzustellen: Arbeitnehmer werden von den unternehmerischen Risiken ihrer nicht konzernierten Arbeitgeber nicht geschützt. Sie sind am Marktrisiko ihres Vertragsarbeitgebers beteiligt. Demgegenüber sind Arbeitnehmer konzernangehöriger Unternehmen zwar zusätzlichen Gefahren ausgesetzt. Ihr Arbeitgeber reagiert und handelt nicht unabhängig. Es besteht die Gefahr der wirtschaftlichen Beeinflussung durch und im Interesse des Konzernes und mit Auswirkungen auf die Arbeitsverhältnisse. Sie haben jedoch

---

[78] Konzen, RdA 1984, 65 (83).

[79] Konzen, RdA 1984, 65 (84); im Anschluß an Mayer-Maly, Anm. zu BAG v. 26.11.1975, SAE 1976, 256.

bereits einen Arbeitgeber. Ihr konzernierter Vertragsarbeitgeber gewährt bereits eine gewisse Sicherheit vor den normalen marktbedingten Risiken. Des Schutzes bedürfen sie also nur vor den zusätzlichen, konzernspezifischen Gefahren.

Will man eine im Vergleich zur Situation der Arbeitnehmer unabhängiger Arbeitgeber ungerechtfertigte Ungleichbehandlung vermeiden, so kommt demnach eine Analogie nur mit einer Einschränkung in Betracht: Ein Weiterbeschäftigungsanspruch entsprechend § 1 II 2 Nr. 1b) KSchG müßte zudem voraussetzen, daß der Arbeitsplatz aufgrund des Konzerneinflusses und nicht aus marktbedingten Gründen weggefallen ist. Einerseits würde man mithin an den allgemeinen Sinn und Zweck, denjenigen zu verpflichten, der die wirtschaftliche und organisatorische Dispositionsmöglichkeit hat, anknüpfen und andererseits die Analogie auf das marktbedingte Risiko wieder begrenzen. Auch insoweit ist also der Ansicht Konzens im Grundsatz zuzustimmen[80].

bb) Unvereinbarkeit mit den Wertungen des § 1 II 2 Nr. 1b) KSchG

Problematisch ist, ob man beide Kriterien zur Begründung eines Kündigungsschutzes entsprechend § 1 II 2 Nr. 1b) KSchG miteinander kombinieren kann.

An sich ist es zwar denkbar, daß sowohl die Erweiterung als auch im gleichen Moment eine Einschränkung einer Norm erforderlich ist. Im Ergebnis betreibt man aber Rechtsfortbildung, wenn man § 1 II 2 Nr. 1b) KSchG aufgrund einer Kombination zweier Grundsätze in Konzernsachverhalten analog anwendet. Rechtsfortbildung hat sich auch jenseits des Wortlauts an den gesetzlichen Wertungen zu orientieren. Im unmittelbaren Anwendungsbereich des § 1 II 2 Nr. 1b) KSchG ist eine Unterscheidung danach, aufgrund welcher Ursachen Arbeitsplätze wegfallen, unbekannt. Unbeachtlich ist insbesondere, ob wettbewerbsfremde Entscheidungen ursächlich waren. Allein die Existenz eines vakanten und geeigneten Arbeitsplatzes begründet gemäß § 1 II 2 Nr. 1b) KSchG die Sozialwidrigkeit der Kündigung, wenn man die dort weiter genannten und hier nicht erheblichen Voraussetzungen nicht berücksichtigt. Bei entsprechender Anwendung danach zu unterscheiden, ob eine Kündigung marktbedingte oder konzernspezifische Gründe hat, ist also mit der gesetzlichen Wertung des § 1 II 2 Nr. 1b) KSchG nicht zu vereinbaren.

Es bestehen daher zwei Möglichkeiten: Entweder knüpft man allgemein an die wirtschaftliche und organisatorische Dispositionsmöglichkeit von

---

[80] Konzen, RdA 1984, 65 (69); im Anschluß an Martens, „BAG-Festschrift, S. 367 (379).

Konzernobergesellschaften an oder lehnt dies stets ab. Wer die erste Möglichkeit befürwortet, müßte, da es allein auf die Dispositions*möglichkeit* ankommt, § 1 II 2 Nr. 1b) KSchG stets in Konzernen entsprechend anwenden. Wollte man dieser Lösung folgen, müßte man jedoch beantworten, aus welchen Gründen Arbeitnehmer konzernierter Arbeitgeber generell im Vergleich zu Arbeitnehmern unabhängiger Arbeitgeber bevorzugt werden sollen. Hierfür gibt es keine Begründung, so daß eine allgemeine Analogie abzulehnen ist. Um diesen Wertungswiderspruch zu vermeiden, bleibt folglich nur die zweite Möglichkeit. Dispositionsbefugnisse über fremde Arbeitskraft begründet nicht, § 1 II 2 Nr. 1b) KSchG in Konzernsachverhalten entsprechend anzuwenden.

Damit ist auch die Stellungnahme zur Auffassung von Berkowsky skizziert. Seiner Meinung nach soll es lediglich auf die tatsächlichen Möglichkeiten unternehmensexterner und konzerninterner Beschäftigungen ankommen. Er berücksichtigt dabei zunächst nicht, daß § 1 II 2 Nr. 1b) KSchG ausdrücklich den Ort der Weiterbeschäftigung konkretisiert. Ein Arbeitsplatz „in demselben Betrieb oder einem anderen Betrieb des Unternehmens“ ist erforderlich. Diese gesetzlichen Einschränkungen wären überflüssig, wenn der Ort der Beschäftigungsalternativen unerheblich wäre. Seine Ansicht ist bereits aus diesem Grunde mit den Wertungen von § 1 II 2 Nr. 1b) KSchG unvereinbar. Hinzu kommt, daß er seine Analogie nicht auf den Schutz vor konzernspezifischen Risiken beschränkt. Eine allgemeine Ausweitung bevorzugt die Arbeitnehmer konzernierter Arbeitgeber jedoch ungerechtfertigt. Eine Differenzierung, die auf die Ursachen abstellt, widerspricht den gesetzlichen Wertungen von § 1 II 2 Nr. 1b) KSchG ein weiteres Mal.

Eine entsprechende Anwendung von § 1 II 2 Nr. 1b) KSchG auf Konzernsachverhalte scheidet mithin stets aus.

cc) Mangelndes Bedürfnis zur Rechtsfortbildung

Weiterhin bedarf eine Rechtsfortbildung aufgrund einer Analogie zu § 1 II 2 Nr. 1b) KSchG der Legitimation. Allein Unzweckmäßigkeit oder bloße Ungerechtigkeit einer gesetzlichen Regelung reicht zur Rechtfertigung nicht. Ein unerträglicher Widerspruch zum Gerechtigkeitsempfinden ist erforderlich[81]. Rechtssicherheit und Gerechtigkeit im Einzelfall sind gegeneinander abzuwägen. Rechtsfortbildung setzt mithin ein dringendes Bedürfnis des Rechtsverkehrs voraus[82].

---

[81] BVerfGE 3, 225 (2. LS, 237 ff.); 23, 98 ff.; BGH JZ 1954,, 152 ff.; Engisch, S. 175 f.

[82] Larenz, Methodenlehre, S. 411; im Grundsatz zustimmend Konzen, ZHR 151 (1987), 566 (596 f.).

Im Regelfall haben Arbeitnehmer konzernierter Arbeitgeber einen leistungsfähigen Vertragspartner[83]. Der Bestand ihrer Arbeitsverhältnisse ist zwar besonderen Gefahren ausgesetzt. Marktkonforme Ursachen gefährden indessen die Arbeitsverhältnisse nicht im besonderen Maße, wie der oben angestellte Vergleich mit der Situation von Arbeitnehmern unabhängiger Vertragsarbeitgeber zeigt. Allein beim Wegfall von Arbeitsplätzen aus konzernspezifischen Gründen hat sich die besondere Gefährdung des Bestandes ihrer Arbeitsplätze realisiert. Doch auch in diesen Fällen sagt die Ursache der Kündigung noch nichts über die Leistungsfähigkeit des konzernierten Vertragsarbeitgebers aus. Beispielsweise können die bei entsprechender Anwendung des § 1 II 2 Nr. 1b) KSchG in die Betrachtung einzubeziehenden Arbeitsplätze nach Anzahl und Eignung günstiger für die betroffenen Arbeitnehmer sein als im Normalfall bei unabhängigen Arbeitgebern. Die Verneinung konzernumfassenden Kündigungsschutzes analog § 1 II 2 Nr. 1b) KSchG führt mithin nicht zu unerträglichen Widersprüchen zum Gerechtigkeitsempfinden. Auch aus diesem Grunde scheidet eine analoge Anwendung aus.

Zusammenfassung

Gemäß § 1 II 2 Nr. 1b) 1. Alt. KSchG besteht in Einzelfällen konzernumfassender Kündigungsschutz. Wenn Unternehmen desselben Konzernes gemeinsam aufgrund rechtlicher Vereinbarung einen einheitlichen Betrieb führen, so sind sämtliche vakante und geeignete Arbeitsplätze dieses Betriebes in die Beurteilung von Weiterbeschäftigungsmöglichkeiten gemäß § 1 II 2 Nr. 1b) 1. Alt. KSchG einzubeziehen[84].

Entgegen Auffassungen in der Literatur scheidet eine analoge Anwendung des unternehmensbezogenen Weiterbeschäftigungsanspruches aus § 1 II 2 Nr. 1b) 2. Alt. KSchG auf Konzernsachverhalte aus. Zwar könnte eine Analogie sich darauf stützen, daß der unternehmensbezogene Weiterbeschäftigungsanspruch denjenigen verpflichtet, der die organisatorische und wirtschaftliche Dispositionsmöglichkeit über fremde Arbeitskraft hat. Arbeitnehmer konzernierter Arbeitgeber haben aber bereits einen Arbeitgeber. Daher können Konzerne sie nicht doppelt absichern. Hiermit ließe sich nur vereinbaren, danach zu differenzieren, ob marktbedingte oder konzernspezifische Gründe den Wegfall des Arbeitsplatzes verursachten. Im unmittelbaren Anwendungsbereich des § 1 II 2 Nr. 1b) KSchG ist eine derartige Unterscheidung unbekannt. Sie kann daher nicht im Wege der Rechtsfortbildung durch Analogie eingeführt werden. Hinzu kommt, daß wegen des im Regelfall vorhandenen Vertragsarbeitgebers kein Bedürfnis zur Rechtsfortbildung besteht.

---

[83] Martens, ZGR 1984, 417 (435).

[84] Siehe oben § 3 A I.

§ 4 Konzerndimensionaler Kündigungsschutz aufgrund einer Gesamtanalogie zu den §§ 54 ff. BetrVG, § 5 MitbestG, § 77a BetrVG 1952 und den Vorschriften des MitbestErgG?

A. Darstellung des Problems

Diese Vorschriften haben mehrere Gemeinsamkeiten: Im Bereich der unternehmerischen Mitbestimmung stimmen die §§ 5 MitbestG, 77a BetrVG 1952 und die Vorschriften des MitbestErgG insofern überein, als daß die Arbeitnehmer der abhängigen Unternehmen als Arbeitnehmer des herrschenden Unternehmens gelten. Im Rahmen der betrieblichen Mitbestimmung erfolgt die Zusammenfassung der Arbeitnehmer der Unternehmen des gleichen Konzernes durch die Möglichkeit der Bildung eines Konzernbetriebsrates gemäß §§ 54 ff. BetrVG. Gemeinsam ist diesen Vorschriften also, daß hinsichtlich der kollektiven Rechte der Arbeitnehmer die rechtlichen Grenzen des Unternehmens ihres Vertragsarbeitgebers nicht unüberwindbar sind. Vielmehr ist in den benannten Regelungsbereichen über die rechtlichen Grenzen hinaus auf die wirtschaftlichen Zusammenhänge abzustellen. Insoweit werden die kollektiven Rechte der Arbeitnehmer erweitert. Man könnte daraus schließen, daß im Wege der Gesamtanalogie im gleichen Umfange die Individualrechte der Arbeitnehmer im Falle einer Kündigung ebenfalls zu erweitern sind.

Martens hatte zunächst eine an den §§ 54 ff. BetrVG, § 5 MitbestG, § 77a BetrVG 1952 und den Vorschriften des MitbestErgG orientierte Entwicklung einer allgemeinen Konzernzugehörigkeit zugunsten der Arbeitnehmer erwogen[1]. Seiner Ansicht nach sollten die Arbeitnehmer durch die auf diese Weise begründete allgemeine Konzernzugehörigkeit vor Kündigungen aus wettbewerbsfremden Gründen dann geschützt werden, wenn ein geeigneter freier Arbeitsplatz im Konzern zur Verfügung steht[2]. Diesen Ansatz hat Martens in nachfolgenden Stellungnahmen nicht mehr aufgegriffen[3].

---

[1] Martens, Festschrift „25 Jahre BAG", S. 382 Fn. 41.

[2] Martens, Festschrift „25 Jahre BAG", S. 379.

[3] Vgl. insbesondere Martens, ZfA 1984, 417 (452 ff.).

B. Stellungnahme

Eine an den §§ 54 ff. BetrVG, § 5 MitbestG, § 77a BetrVG 1952 sowie den Vorschriften des MitbestErgG orientierte allgemeine Konzernzugehörigkeit kann für das Kündigungsschutzrecht in zweierlei Hinsicht relevant sein.

I. Kündigungen nur im Konzerninteresse?

Einerseits könnte eine derart begründete allgemeine Konzernzugehörigkeit bewirken, daß die Kündigungen von Arbeitnehmern, deren Arbeitgeber im Rechtssinne einem Konzern angehören, den Interessen des Konzernes entsprechen müssen. Beeinflußt würde also die soziale Rechtfertigung betriebsbedingter Kündigungen gemäß § 1 II 1 3. Alt. KSchG.

Diese Erwägung ist zum einen aus betriebswirtschaftlicher Sicht bedenklich. Unternehmen verhalten sich im Zweifel marktrational[4]. Daran ändert der Konzernverbund jedenfalls insoweit nichts, als jenseits der Mißbrauchsfälle betriebsbedingte Kündigungen entweder im Interesse des beschäftigenden Unternehmens oder anderer Unternehmen desselben Konzernes erfolgen. Den Interessen des Konzernes wird also im Zweifel entsprochen. Nur in Ausnahmefällen würde der Kündigungsschutz erweitert werden. Letztlich steht dieser Einwand der Annahme nicht zwingend entgegen, eine an den §§ 54 ff. BetrVG, § 5 MitbestG, § 77a BetrVG 1952 sowie den Vorschriften des MitbestErgG orientierte allgemeine Konzernzugehörigkeit könnte den Maßstab des § 1 II 1 3. Alt. KSchG beeinflussen. Möglicherweise bewirkt nämlich eine derart begründete allgemeine Konzernzugehörigkeit nur in Ausnahmefällen eine Erweiterung des Kündigungsschutzes.

Zum anderen ist aber zu beachten, daß eine konzernspezifische Erweiterung des § 1 II 1 3. Alt. KSchG nicht nur im Regelfall bedeutungslos wäre. Vielmehr kommt hinzu, daß eine Gesamtanalogie ausscheidet, wenn der allgemeine Rechtsgrundsatz durch ein gegenläufiges Prinzip begrenzt wird[5]. Bezogen auf den Schutz vor betriebsbedingten Kündigungen im Konzern heißt dies, daß der Sinn und Zweck des § 1 II 1 3. Alt. KSchG zu beachten ist. Hierzu wurde oben bereits festgestellt[6]. daß betriebsbedingte Kündigungen ausschließlich an den Erfordernissen der arbeitstechnischen Organisation zu messen sind und die Arbeitsgerichte den Grundsatz der Freiheit unternehmerischer Entscheidungen zu achten haben. Betriebsbedingte Kündigungen darüber hinaus unter Berufung auf die konzernbezogenen

---

[4] Rancke, Anm. zu BAG vom 7.12.1979, EzA Nr. 10 zu § 1 KSchG Betriebsbedingte Kündigung; v. Maydell / Borchert, Anm. zu BAG vom 24.10.1979, SAE 1981, 217 (218 f.); Berkowsky, NJW 1983, 1292 (1293).

[5] Larenz, Methodenlehre, S. 369.

[6] Siehe oben § 2 A I 2.

Vorschriften des Arbeitsrechts (insbesondere §§ 54 BetrVG, 5 MitbestG, 77a BetrVG 1952 und den Vorschriften des MitbestErgG) im Hinblick auf § 1 II 1 3. Alt. KSchG am Interesse des Konzernes zu messen, läßt sich mit diesem Grundsatz nicht vereinbaren. Insoweit scheidet aus, aufgrund einer an den benannten Vorschriften entwickelten allgemeinen Konzernzugehörigkeit die Wirksamkeit von Kündigungen zusätzlich am Konzerninteresse zu messen.

II. Erweiterung des Kündigungsschutzes auf konzerninternem Arbeitsmarkt?

Andererseits kommt in Betracht, daß eine aufgrund der konzernbezogenen Vorschriften des Arbeitsrechts entwickelte allgemeine Konzernzugehörigkeit den Kündigungsschutz wie folgt erweitert: Über § 1 II 2 Nr. 1b) KSchG hinaus könnten freie und geeignete Arbeitsplätze im gesamten Konzern einen Weiterbeschäftigungsanspruch begründen[7].

1. Ursprüngliche Unvollständigkeit des § 1 II 2 Nr. 1b) KSchG?

In diesem Falle würde die Gesamtanalogie zu den §§ 5 MitbestG, 77a BetrVG 1952 und den Vorschriften des MitbestErgG im Ergebnis eine Erweiterung des Kündigungsschutzes über die Normteleologie des § 1 II 2 Nr. 1b) KSchG hinaus bedeuten. Hierzu wurde oben bereits festgestellt, daß die verschiedentlich vertretene Auffassung, hinsichtlich § 1 II 2 Nr. 1b) KSchG habe der Gesetzgeber die Regelung von Konzernsachverhalten offensichtlich übersehen[8], nicht überzeugt. Auf diese Weise ist also die auch für eine Rechtsfortbildung kraft Gesamtanalogie erforderliche Lücke im Gesetz nicht zu begründen.

2. Verallgemeinerungsfähigkeit der gemeinsamen Zwecke?

Damit ist die Problematik auf die Frage zu konzentrieren, ob die §§ 54 ff. BetrVG, § 5 MitbestG, § 77a BetrVG 1952 und die Vorschriften des MitbestErgG im Kündigungsschutzrecht entsprechend anzuwenden sind[9]. Die Normzwecke und ihre Fähigkeiten zur Verallgemeinerung sowie zur Übertragung auf das Kündigungsschutzrecht sind daher zu ermitteln[10].

---

7 Diese Bedeutung sollte die von Martens erwogene allgemeine Konzernzugehörigkeit haben.

8 Martens, ZGR 1984, 417 (452); ähnlich auch Konzen, RdA 1984, 65 (83). Siehe bereits oben § 3 B III 1.

9 Zur Feststellung der Gesetzeslücke können nicht die Kriterien verwendet werden, die zugleich ihrer Ausfüllung dienen; Engisch, S. 141 ff.; Canaris, Lückenfeststellung, S. 71 ff.; Larenz, Methodenlehre, S. 385 ff.

Wie bereits dargestellt, stimmen die Regelungszwecke der §§ 54 ff. BetrVG, § 5 MitbestG, § 77a BetrVG 1952 und die Vorschriften des MitbestErgG im Ausgangspunkt überein: In ihren Regelungsbereichen werden die kollektiven Rechte der Arbeitnehmer dadurch erweitert, daß über die rechtlichen Grenzen der Unternehmen hinaus die Arbeitnehmer des gleichen Konzerns unter bestimmten Voraussetzungen zusammengefaßt werden.

Hierzu knüpft § 77a BetrVG 1952 an die Art der Konzernierung an. Die Arbeitnehmer abhängiger Unternehmen gelten dann als Arbeitnehmer des herrschenden Unternehmens, wenn abhängige Unternehmen durch Beherrschungsvertrag oder durch Eingliederung konzerniert sind. Arbeitnehmer faktisch abhängiger Unternehmen werden nicht berücksichtigt. Auch besteht zugunsten von sog. Familiengesellschaften eine Ausnahme. Diese brauchen in ihrem Aufsichtsrat nicht zu einem Drittel Arbeitnehmer beteiligen, wenn sie und die gemäß § 77a BetrVG 1952 zu berücksichtigenden abhängigen Unternehmen weniger als 500 Arbeitnehmer beschäftigen (§ 76 VI BetrVG 1952).

Demgegenüber knüpft das MitbestG zur Bestimmung der Unternehmen, in denen ein paritätisch besetzter Aufsichtsrat zu bilden ist, allein an Beherrschung und Abhängigkeit sowie an die Zahl von 2000 Arbeitnehmern an (§ 5 i.v.m. § 1 I MitbestG). Auch Arbeitnehmer faktisch konzernierter Arbeitgeber im Rechtssinne werden erfaßt. Eine Ausnahme zugunsten von sog. Familiengesellschaften besteht nicht.

§ 1 MitbestErgG setzt für die Berücksichtigung der Arbeitnehmer abhängiger Unternehmen der Montanindustrie voraus, daß aufgrund einer Vereinbarung ein Beherrschungsverhältnis besteht[11]. In Übereinstimmung mit § 77a BetrVG 1952, aber abweichend von § 5 MitbestG bleiben faktische Konzernierungen außer Betracht[12].

Für die §§ 54 ff. BetrVG ist die Art der Konzernierung unerheblich. Demnach werden im dem hier allein interessierenden Unterordnungskonzern auch die Arbeitnehmer faktisch abhängiger Unternehmen erfaßt[13]. Dies heißt aber nicht, daß jeder Konzern im Sinne des § 18 I AktG einen Konzernbetriebsrat haben muß. Vielmehr ist gemäß § 54 I 2 BetrVG des weiteren Voraussetzung, daß die Gesamtbetriebsräte, in denen 75% der Arbeitnehmer des Konzernes beschäftigt sind, der Errichtung eines Konzernbetriebsrates zustimmen. Gesamtbetriebsräte eines Konzernes können aus unterschiedlichen und unter Umständen sachfremden Motiven ihre Zustimmung verwei-

[10] Vgl. zu den Voraussetzungen einer Gesamtanalogie im allgemeinen und den methodischen Problemen; Larenz, Methodenlehre, S. 368 f.; Canaris, Lückenfeststellung, S. 97 ff.

[11] Hanau / Ulmer, § 1 Rn. 12.

[12] Hanau / Ulmer, § 5 Rn. 27.

[13] Fitting / Auffahrt / Kaiser / Heither, § 54 Rn. 15 f. m.w.N.

gern. In diesen Fällen wird kein Konzernbetriebsrat errichtet. An der konzernbedingten Abhängigkeit des Vertragsarbeitgebers ändert dies nichts. Wirtschaftliche Abhängigkeit des Vertragsarbeitgebers bedingt folglich nicht notwendigerweise, daß Mitbestimmungsrechte nach dem BetrVG durch ein konzerndimensionales Mitbestimmungsorgan, dem Konzernbetriebsrat, wahrgenommen werden können. Schon aus diesem Grunde sind die Normzwecke der §§ 54 ff. BetrVG weder den anderen konzernbezogenen Vorschriften des Arbeitsrechts im wesentlichen ähnlich, noch sind sie auf das Kündigungsschutzrecht übertragbar. Hinzu kommt, daß die §§ 54 ff. BetrVG allein die Errichtung und die Zuständigkeit von Konzernbetriebsräten regeln. Wie oben bereits im anderen Zusammenhang dargestellt wurde[14], erweitert die Zuständigkeit eines Konzernbetriebsrates nicht dessen Mitbestimmungsrechte[15]. Hier geht es um den Umfang der individuellen Rechte im Falle einer Kündigung und nicht um „bloße" Zuständigkeiten. Auch insoweit ist der Normzweck der §§ 54 ff. BetrVG nicht auf das Kündigungsschutzrecht übertragbar.

Schließlich sind die Normzwecke der §§ 5 MitbestG und 77a BetrVG 1952 sowie der Vorschriften des MitbestErgG bereits untereinander nicht so ähnlich, daß sie Grundlage einer Gesamtanalogie sein können. Die Berücksichtigung der Arbeitnehmer faktisch abhängiger Unternehmen ist unterschiedlich geregelt. Soweit es auf die Zahl der Arbeitnehmer der Unternehmen ankommt, fehlt jeder Ansatz einer Übereinstimmung. Die Größenordnung mit zumindest 5OO Arbeitnehmern (§ 76 VI BetrVG 1952) ist weit von den gemäß § 23 I KSchG erforderlichen 5 Arbeitnehmern entfernt.

Mangels Vergleichbarkeit und Übertragbarkeit der Normzwecke der konzernbezogenen Vorschriften des Arbeitsrechts scheidet daher eine analoge Anwendung im Kündigungsschutzrecht aus.

Zusammenfassung

Der Kündigungsschutz kann nicht aufgrund einer Gesamtanalogie zu den konzernbezogenen Vorschriften im Arbeitsrecht (insbesondere §§ 54 BetrVG, 5 MitbestG, 77a BetrVG 1952 und den Vorschriften des MitbestErgG) erweitert werden. Diesen Normen fehlt ein gemeinsamer Zweck, der zur Verallgemeinerung und zur Übertragung in das Kündigungsschutzrecht geeignet ist.

---

[14] Siehe oben § 3 A III 2.

[15] Dietz / Richardi, § 58 Rn. 1O; Fitting / Auffarth / Kaiser / Heither, § 58 Rn. 4 i.v.m. § 5O Rn. 1O.

§ 5 Erweiterung des Kündigungsschutzes aufgrund konzernrechtlichen Gläubigerschutzes?

Darüber hinaus kommt in Betracht, den Kündigungsschutz aufgrund unmittelbarer Anwendung der Regeln des konzernrechtlichen Gläubigerschutzes zu erweitern.

A. Schutz der Gläubiger von vertraglich und faktisch konzernierten Unternehmen

In der Literatur wird ein konzerndimensionaler Kündigungsschutz vertreten, weil dem Aktienrecht der allgemeine Rechtsgedanke zu entnehmen sei, daß sich Machtpositionen von Konzernmüttern nicht zum Nachteil derjenigen auswirken dürften, die in Rechtsverhältnissen mit der abhängigen Gesellschaft stehen[1]. Das gleiche Ergebnis wird ferner mit dem aktienrechtlichen Grundsatz des Gleichklangs von Herrschaft und Haftung begründet[2].

Es werden also allgemeine Rechtsprinzipien behauptet und aus diesen konkrete Rechtssätze abgeleitet. Hinsichtlich beider Ansätze ist die positivrechtliche Begründung und die Relevanz bezüglich einer etwaigen konzerndimensionalen Erweiterung des Kündigungsschutzes fraglich.

In aktienrechtlichen Vertragskonzernen werden die Vermögensinteressen der Gläubiger von Konzerntöchtern unter den Voraussetzungen des § 3O2 AktG durch Ansprüche der Tochter gegen die Mutter auf Ausgleich der Jahresfehlbeträge geschützt. In Eingliederungskonzernen verschafft der Ausgleichsanspruch gemäß § 324 III AktG Töchtern gegen ihre Mütter lediglich einen Anspruch auf Ausgleich von Bilanzverlusten. In den sog. faktischen Konzernen werden die Gläubiger zum einen gegen nachteilige Maßnahmen der Mutter auf den Ausgleichsanspruch der Tochter aus §§ 311, 317 AktG verwiesen. Zum anderen haben Töchter bei sog. qualifizierten faktischen Konzernierungen nach h. A. analog § 3O2 AktG unabhängig von einzelnen Maßnahmen einen Anspruch[3]. Entsprechendes gilt im nicht kodifizierten

---

[1] Henssler, S. 82.

[2] Coen, RdA 1983, 348 (353); Blank / Blanke / Klebe / Kümpel / Wendeling-Schröder / Wolter, S. 217.

[3] Flume, Die juristische Person, S. 86 und 13O; Ulmer, NJW 1986, 1579 (1582); Scholz / Emmerich, Anh. II Rn. 141 ff.; Schulze-Osterloh, ZGR 1983, 123 (154); Fischer / Lutter, Anh. § 13 Rn. 18; Konzen, RdA 1984, 65 (67 f.); Karsten Schmidt, Gesellschaftsrecht, § 31 IV 4.

Recht der GmbH-Konzerne zugunsten der Vermögensinteressen von Gläubigern abhängiger Gesellschaften mit beschränkter Haftung, wenn die Konzernierung vertraglich begündet ist[4]. Ohne Vertrag erfolgt der Schutz nach h. A. ebenfalls analog § 302 AktG bei qualifizierten Konzernierungen[5] und nach a. A. durch einen Schadensersatzanspruch der Tochter wegen Verletzung von Treuepflichten[6].

Gemeinsam ist den genannten Ansprüchen, daß die Vermögensinteressen der Gläubiger der Töchter dadurch geschützt werden sollen, daß die Töchter gegen ihre Mutter Ansprüche erhalten. Diese können die Gläubiger der Töchter zwar unter den Voraussetzungen des direkt oder entsprechend anwendbaren § 309 IV 3 AktG unmittelbar geltend machen. Dadurch verändert sich aber der Inhalt der Ansprüche nicht. Die Gläubiger werden also lediglich mittelbar geschützt[7]. Die Kündbarkeit von Dauerschuldverhältnissen wird durch diese Ansprüche nicht eingeschränkt. Die konzernrechtlichen Ausgleichs- und Schadensersatzansprüche bestätigen mithin teilweise die These vom Grundsatz des Gleichklangs von Haftung und Herrschaft[8]. Kündigungsschutzrechtlich sind diese Haftungsansprüche für die Arbeitnehmer aber irrelevant.

B. Schutz der Gläubiger von Konzernmüttern

Durch Beteiligungen vergrößern Konzernmütter ihre Haftungsmasse. Insoweit wirken sich Konzernierungen zugunsten ihrer Gläubiger aus. Anspruchsgrundlagen, die Gläubigern von Konzernmüttern unmittelbar Ansprüche gegen die Konzerntöchter verschaffen, bestehen nicht. Diese Gläubiger werden also ebenfalls nur mittelbar geschützt.

Man könnte daher allenfalls erwägen, den Kündigungsschutz aufgrund der konzernrechtlichen Weisungsmacht zu erweitern. Die Weisungsmacht könnte Grundlage dafür sein, daß die Konzernmutter als Vertragsarbeitgeberin berechtigt und zugunsten ihrer Arbeitnehmer auch verpflichtet ist,

---

[4] LG Bochum, GmbHRSch 1987, 24 (26); Timm, GmbRSch 1987, 8 (12 f.); Baumbach / Hueck / Zöllner, Anh. I Rn. 27.

[5] Flume, Die juristische Person, S. 130; Ulmer, NJW 1986, 1579 (1582); ders., ZHR 148 (1984), 391 (423 f.); Scholz / Emmerich, Anh. II Rn. 141 ff.; Schulze-Osterloh, ZGR 1983, 123 (154, 159); Fischer / Lutter, Anh. § 13 Rn. 18; Scholz / Emmerich, Konzernrecht Rn. 166 ff.; Karsten Schmidt, GmbHRSch 1979, 121 (134);; Stimpel, Festschrift für Goerdeler, S. 601 (609 und öfter); Wiedemann, ZIP 1986, 1293 (1303); Fleck, WM 1986, 1205 (1213); a. A. H. P. Westermann, Der GmbH-Konzern, S. 25 (47 f.).

[6] BGHZ 95, 330 (340); Baumbach / Hueck / Zöllner, Anh. I Rn. 33 f.; Scholz / Emmerich, Konzernrecht Rn. 157; Emmerich, GmbHRSch 1987, 213 (220); Ulmer, ZHR 148 (1984), 391 (420 ff.); Fischer / Lutter, Anh. § 13 Rn 13 f.; Wilhelm, S. 356 ff. stützt diesen Anspruch auf § 43 I GmbHG.

[7] Siehe oben § 2 A II 2 b) am Ende.

[8] Timm, GmbRSch 1987, 8 (12).

diesen bei ihren Töchtern Beschäftigungsmöglichkeiten zu verschaffen. Außerhalb faktischer Konzerne[9] haben Konzernmütter zwar gemäß §§ 308 I, 323 I AktG ein Weisungsrecht gegenüber ihren Töchtern. Mittels dieses Weisungsrechts könnten sie auch die Übernahme eines ihrer Arbeitnehmer, dessen Arbeitsplatz weggefallen ist, durchsetzen. Im Vertragskonzern spricht zum einen gegen eine derartige Konstruktion eines konzerndimensionalen Kündigungsschutzes, daß das Weisungsrecht gemäß § 308 I 2 AktG ohne anderweitige vertragliche Regelung dem Interesse des Konzernes entsprechen muß. Problematisch sind aber gerade die Fälle, in denen kein Interesse an der Übernahme eines Arbeitnehmers besteht. Entscheidend kommt hinzu, daß unabhängig von den Grenzen des Weisungsrechts die Gläubiger von Konzernmüttern keinen gesetzlichen Anspruch auf Ausübung dieses Rechts haben. Die Gläubiger von Konzernmüttern werden also insoweit nicht unmittelbar geschützt.

Die unmittelbare Anwendung dieser Regeln des Konzernrechts erweitert folglich den Kündigungsschutz ebenfalls nicht.

C. Nach § 322 I AktG zugunsten Gläubiger eingegliederter Konzerntöchter

I. Problemstand

Hiervon weicht die Rechtslage zugunsten der Gläubiger gemäß §§ 319 ff. AktG eingegliederter Gesellschaften ab. In Eingliederungskonzernen hat die Mutter nicht nur gemäß § 324 III AktG die Bilanzverluste auszugleichen. Vielmehr sind darüber hinaus gemäß § 322 I AktG Konzernmutter und -tochter den Gläubigern gesamtschuldnerisch verpflichtet. Fraglich ist, ob aufgrund dieses unmittelbaren Anspruches der Kündigungsschutz konzerndimensional erweitert wird.

Soweit dieses Problem in der arbeitsrechtlichen Literatur gesehen wird, sind die Meinungen geteilt. Einerseits wird aus § 322 I AktG geschlossen, Arbeitnehmer von eingegliederten Konzerntöchtern seien umfassend in ihren Vermögensinteressen geschützt[10]. Andererseits wird ohne nähere

[9] Nach überwiegender Auffassung besteht in faktischen Konzernen kein Weisungsrecht; vgl. Kropff in Geßler / Hefermehl / Eckhardt / Kropff, § 311 Rn. 29; Scholz / Emmerich, Anh. II Rn. 214; Reuter, Ordo Band 33 (1982), 165 (176); a. A. z. B. Karsten Schmidt, Gesellschaftsrecht, § 31 IV 2 b) m. w. N.

[10] Fabricius, Unternehmensverbindungen, S. 113. Obwohl er zu kündigungsschutzrechtlichen Problemen nicht ausdrücklich Stellung nimmt, wird man ihn in diesem Sinne verstehen müssen. Kündigungsrechtsstreite sind nämlich Streitigkeiten vermögensrechtlicher Natur; vgl. BAG v. 24.3.1980, AP Nr. 1 zu § 64 ArbGG 1979; Grunsky, § 12 Rn. 2a); vgl. auch Würdinger, Aktienrecht, § 69 IV 5., der durch § 322 AktG alle aus dem sozialen Besitzstand sich ergebenen Ansprüche der Belegschaft gesichert sieht.

Begründung genau die gegenteilige Ansicht vertreten. Das Konzernrecht im allgemeinen und damit auch in Eingliederungskonzernen schütze nicht das Interesse von Arbeitnehmern am Bestand und an der Fortsetzung ihrer Arbeitsverhältnisse für die Zukunft[11].

II. Stellungnahme

§ 322 I schützt durch die gesamtschuldnerische Haftung allgemein die Gläubiger von Konzernmüttern. Arbeitnehmer sind ebenfalls Gläubiger ihrer Arbeitgeber[12]. Gründe dafür, zu Lasten von Arbeitnehmern eingegliederter Konzerntöchter bei Anwendung des § 322 I AktG eine Ausnahme zu machen, sind nicht ersichtlich. Mithin ist davon auszugehen, daß sie grundsätzlich ebenfalls Gläubiger eines gemäß § 322 I AktG gesamtschuldnerisch gesicherten Anspruches gegen Konzernmütter in Eingliederungskonzernen sein können[13].

1. Anspruch auf Vergütung und Beschäftigung

Des weiteren setzt eine gesamtschuldnerische Mithaftung der Mutter und damit eine konzerndimensionale Erweiterung des Kündigungsschutzes durch § 322 I AktG voraus, daß Arbeitnehmer eingegliederter Unternehmen gegen ihren Vertragsarbeitgeber einen Anspruch auf Beschäftigung haben. Ohne Beschäftigungsanspruch gegen den Vertragsarbeitgeber scheidet eine gesamtschuldnerische Mithaftung der Konzernmutter auf dieses Leistungsinteresse ebenfalls aus.

Insoweit ist zwar festzustellen, daß die §§ 611 ff. BGB einen Beschäftigungsanspruch nicht normieren. Insbesondere ist nach dem Wortlaut des § 611 I BGB ein Dienstgeber lediglich zur Zahlung der vereinbarten Vergütung verpflichtet. Im noch im vorherigen Jahrhundert konzipierten Dienstvertragsrecht fehlt die gesetzliche Regelung eines Beschäftigungsanspruches zugunsten des zur Dienstleistung Verpflichteten[14]. Jedenfalls hinsichtlich eines Beschäftigungsanspruches von Arbeitnehmern sind die §§ 611 ff. BGB aber lückenhaft. Mit den Persönlichkeitsrechten von Arbeitnehmern ließe es sich nicht vereinbaren, sie lediglich einerseits zur Bereithaltung ihrer Arbeitskraft zu verpflichten, ohne ihnen andererseits auch einen Anspruch auf Beschäftigung einzuräumen. Arbeitsleistung ist nicht nur ein

---

[11] Martens, DB 1985, 2144 (2148).

[12] Konzen, ZHR 151 (1987), 566 (572).

[13] Einhellige Auffassung; z. B. Konzen, RdA 1984, 65 (69); Würdinger, Aktienrecht, § 69 IV 5.; Henn, § 13 Abschnitt 3.

[14] BAG GS v. 27.2.1985, AP Nr. 14 zu § 611 BGB Beschäftigungspflicht, unter C I 1 c).

Wirtschaftsgut, sondern auch Ausdruck der Persönlichkeit des jeweiligen Arbeitnehmers[15]. Die Regeln der §§ 611 ff. BGB müssen daher um einen vertraglichen allgemeinen Beschäftigungsanspruch ergänzt werden[16]. Arbeitnehmer haben folglich einen Anspruch auf Beschäftigung gegen ihren Arbeitgeber[17].

2. Erfüllungspflichten der Konzernmütter

Problematisch ist ferner, ob für diesen allgemeinen Beschäftigungsanspruch gegen die eingegliederte Vertragsarbeitgeberin die Mutter gemäß § 322 I AktG auf Erfüllung haftet. Ähnlich wie bezüglich § 128 HGB ist nämlich hinsichtlich § 322 I AktG im Konzernrecht umstritten, ob die Haftungserweiterung einen weiteren, selbständigen Anspruch auf Erfüllung begründet.

Entgegen der h. A.[18], die sich auf den nicht eingeschränkten Wortlaut des § 322 I AktG beruft, beschränken insbesondere Biedenkopf / Koppensteiner[19] die Haftung. Die Konzernmutter hafte nicht unmittelbar auf Erfüllung, sondern nur dafür, auf die eingegliederte Tochter dahingehend einzuwirken, daß diese die geschuldete Leistung tatsächlich erbringe[20]. Den Kündigungsschutz aufgrund der Haftung der Konzernmutter gemäß § 322 I AktG konzerndimensional zu erweitern, ist nur in den Fällen erforderlich, in denen die eingegliederte Konzerntochter wirksam das Arbeitsverhältnis kündigen kann. Sie schuldet mithin nicht mehr die Beschäftigung. Ein Anspruch, auf die Tochter dahingehend einzuwirken, daß diese ihre geschuldete Leistung erbringe, liefe ins Leere. Ein derartiger Anspruch wäre folglich kündigungsschutzrechtlich irrelevant.

---

[15] BAG GS v. 27.2.1985, AP Nr. 14 zu § 611 BGB Beschäftigungspflicht, unter C I 2 b).

[16] BAG GS v. 27.2.1985, AP Nr. 14 zu § 611 BGB Beschäftigungspflicht, unter C I 2.

[17] H. M. BAG GS v. 27.2.1985, AP Nr. 14 zu § 611 BGB Beschäftigungspflicht; Brox, Festschrift „25 Jahre BAG, S. 37 f. m.w.N.; Dietz / Richardi, BetrVG, § 102 Rn. 249; KR-M. Wolf, Grunds. Rn. 469; Schwerdtner, ZfA 1977, 47 (48); MüKo-Söllner, § 611 Rn. 119 u. 359 f.; Schaub, § 110 II 1 d); Palandt / Putzo, § 611 Anm. 10 b); Adomeit, NJW 1986, 901, der lediglich den vom BAG bejahten Weiterbeschäftigungsanspruch ablehnt (S. 902); differenzierend Lepke, DB 1975, 498 (501).

[18] Würdinger in Großkommentar zum AktG, § 322 Anm. 1; Godin / Wilhelmi, § 322 Anm. 2; Henn, § 13 Abschnitt 3; Emmerich / Sonnenschein, Konzernrecht, § 3 C II, S. 92 f.

[19] Biedenkopf / Koppensteiner in Kölner Kommentar, § 322 Rn. 6 ff.; Koppensteiner hält in der Neuauflage (Rn. 8 ff.) an dieser Auffassung fest; zweifelnd auch Rehbinder, Konzernaußenrecht, S. 261.

[20] Biedenkopf / Koppensteiner in Kölner Kommentar, § 322 Rn. 12.

a) *Unpraktikabilität einer Erfüllungshaftung?*

Biedenkopf / Koppensteiner begründen ihre Ansicht zum einen mit praktischen Gesichtspunkten[21]. Eine Konzernmutter sei nämlich häufig nicht oder nur unter unverhältnismäßigen Aufwendungen in der Lage, Ansprüche ihrer Tochter selbst zu erfüllen.

Überzeugen kann der Einwand zunächst nur in den Fällen, in denen die Erfüllung durch die Konzernmutter unverhältnismäßige Aufwendungen erfordert. Dies ist nicht immer der Fall. Genannt seien beispielsweise bloße Zahlungsansprüche. Es ist demnach zweifelhaft, ob praktische Erwägungen aus konzernrechtlicher Sicht eine allgemeine Einschränkung der Haftung aus § 322 I AktG rechtfertigen.

Zudem werden auch hinsichtlich eines arbeitsrechtlichen Beschäftigungsanspruches praktische Schwierigkeiten nicht stets entstehen. Beispielsweise ist die Beschäftigung eines Arbeitnehmers, dessen Arbeitsplatz bei der eingegliederten Konzerntochter weggefallen ist, auf einem freien und geeigneten Arbeitsplatz bei der Konzernmutter relativ unproblematisch. Unpraktikabel kann die Erfüllung eines Beschäftigungsanspruches für die Konzernmutter also nur sein, wenn bei ihr kein geeigneter Arbeitsplatz zur Verfügung steht. Aber auch diesen Fallkonstellationen stehen praktische Gesichtspunkte der grundsätzlichen Haftung auf Erfüllung nicht unüberwindbar entgegen. Dieser arbeitsrechtliche Anspruch bedeutet nicht notwendigerweise, daß die Konzernmutter für immer Arbeitnehmer auf überflüssigen Arbeitsplätzen beschäftigen muß. Vielmehr entscheiden hierüber die konkreten Rechtsfolgen, wozu die noch zu erörternde Kündbarkeit gehört.

Methodisch ist schließlich dem Einwand der Unpraktikabilität der Erfüllungshaftung von Konzernmüttern entgegenzuhalten, daß die gesamtschuldnerische Belastung mit Verbindlichkeiten stets aus der Sicht des Verpflichteten mit Unannehmlichkeiten verbunden ist. Zwingend stehen Erwägungen der Praktikabilität einer Mithaftung auf Erfüllung folglich nicht entgegen.

b) *Systematik und Normteleologie des § 322 I AktG*

Darüber hinaus argumentieren Biedenkopf / Koppensteiner normteleologisch und systematisch. § 322 I AktG solle lediglich die Notwendigkeit beseitigen, die durch die §§ 300 ff. AktG vorgesehene bilanzmäßige Substanz der abhängigen Gesellschaft zu sichern[22]. Garantiert wird nach ihrer

---

21 Biedenkopf / Koppensteiner in Kölner Kommentar, § 322 Rn. 7.

22 Biedenkopf / Koppensteiner in Kölner Kommentar, § 322 Rn. 9; ähnlich Karsten Schmidt, Gesellschaftsrecht, § 30 III 2 c), der den Zweck der Haftungsbestimmungen

Ansicht nur die Durchsetzbarkeit des Erfüllungsinteresses. § 322 AktG sei daher im Ergebnis übereinstimmend mit den Substanzerhaltungsvorschriften des Vertragskonzernes auszulegen.

Zutreffend ist im Ausgangspunkt, daß Gläubiger von vertraglich konzernierten Gesellschaften lediglich mittelbar durch einen Ausgleichsanspruch ihres Vertragspartners (§ 302 AktG) geschützt werden[23]. Dieser Argumentation widerspricht aber bereits der Wortlaut des § 322 I 1 AktG. Dort ist uneingeschränkt die Haftung als Gesamtschuldner angeordnet.

Hinzu kommt, daß eine Eingliederung gemäß §§ 319 ff. AktG die intensivste Form der vom Gesetz vorgesehenen Konzernierungsarten ist[24]. Spätestens mit der Eintragung der Eingliederung in das Handelsregister gehen die Aktien, die sich nicht in der Hand der Hauptgesellschaft befinden, auf diese kraft Gesetzes über (§ 320 IV 1 AktG). Eingegliederte Unternehmen sind also stets zu 100 % Töchter ihrer Konzernmütter. Es fehlen somit Minderheitsgesellschafter, deren Interessen am Erfolg der Konzerntochter mittelbar auch deren Gläubiger schützen. Wie ein Vergleich der §§ 323 I 1, 308 I AktG zeigt, ist zudem nach dem Wortlaut des Gesetzes die Weisungsmacht der Konzernmutter im Gegensatz zum Recht im Vertragskonzern nicht auf das Konzerninteresse beschränkt. Durch die schrankenlosen Einwirkungsbefugnisse werden die Interessen der Gläubiger erheblich gefährdet[25]. Schließlich werden Töchter durch den Ausgleichsanspruch gemäß § 324 III AktG in Eingliederungskonzernen schwächer geschützt als in Vertragskonzernen durch § 302 AktG. In Eingliederungskonzernen sind lediglich Bilanzverluste auszugleichen. Ein Ausgleich ist bei vorhandenen und auflösbaren Rücklagen anders als im Vertragskonzern nicht erforderlich. Der Vergleich mit der Rechtslage im Vertragskonzern belegt mithin folgendes: Einerseits sind die Möglichkeiten der rechtmäßigen Beherrschung in Eingliederungskonzernen intensiver und andererseits der indirekte Gläubigerschutz schwächer ausgeprägt. Die dadurch verursachte Gefährdung der Gläubigerinteressen wird durch den gesamtschuldnerischen Anspruch gegen die Konzernmutter ausgeglichen. Da bei ihr die Bestimmungen des Gläubigerschutzes einzuhalten sind, sind insoweit Lockerungen bei der Tochter hinnehmbar[26]. Dieser Systematik widerspricht, auch den unmittelbaren Gläubigerschutz aus § 322 I AktG auf das Niveau im Vertragskonzern zu begrenzen. Vielmehr belegt die Systematik, daß die Gefährdung der Interessen der Gläubiger durch intensive Konzernierung und eingeschränkten Ausgleichsanspruch bei Bilanzverlusten zusätzlich durch einen umfas-

---

in diesem Sinne umschreibt, aber zum Umfang des Erfüllungsanspruches nicht Stellung nimmt; vgl. auch Veit, S. 112 ff.

[23] Siehe oben § 5 A.

[24] Baumbach / Hueck, AktG, Überblick vor § 319 Rn. 1.

[25] Kübler, § 29 V 4.

[26] Baumbach / Hueck, Überblick vor § 319 Rn. 2.

senden unmittelbaren Anspruch gegen die Konzernmutter gesichert werden soll.

Systematik und Normteleologie liefern damit keine Begründung, die Haftung gemäß § 322 I AktG von Konzernmüttern auf das Erfüllungsinteresse zu beschränken.

c) Keine Anspruchserweiterung?

Übrig bleibt das folgende Argument von Biedenkopf / Koppensteiner: Eine uneingeschränkte Haftung auf Erfüllung sei zu verneinen, weil durch die gesamtschuldnerische Haftung die Gläubigerrechte nicht inhaltlich erweitert werden dürften[27]. Hinzufügen könnte man, daß sich eine uneingeschränkte gesamtschuldnerische Verpflichtung beider Konzernunternehmen, Arbeitnehmern den Beschäftigungsanspruch zu erfüllen (§ 421 Satz 1 letzter Halbsatz BGB), möglicherweise nicht mit dem Inhalt der in der Regel abgeschlossenen Arbeitsverträge und der arbeitsrechtlichen Weisungsbefugnis vereinbaren ließe.

Beiden Bedenken ist der zutreffende Ausgangspunkt einzuräumen. Durch die Gesamtschuld dürfen die Ansprüche nicht inhaltlich erweitert werden. Die Verpflichtung eines weiteren Schuldners ist demgegenüber aber gerade der Sinn gesamtschuldnerischer Haftung. Hier geht es darum, ob Konzernmütter gemäß § 322 I AktG zur Beschäftigung von Arbeitnehmern ihrer eingegliederten Töchter verpflichtet sind. Anders als möglicherweise bei Unterlassungsansprüchen wird insoweit lediglich eine weitere juristische Person belastet. Inhaltlich wird der Beschäftigungsanspruch im Grundsatz nicht erweitert.

Eine Einschränkung ist allerdings erforderlich. Würde man wegen der gesetzlichen Anordnung der Gesamtschuld (§ 322 I AktG) die §§ 421 ff. BGB uneingeschränkt anwenden, so könnten Arbeitnehmer eingegliederter Konzerntöchter gemäß § 421 S. 1 letzter Halbsatz BGB nach ihrem Belieben Beschäftigung auch von der Konzernmutter verlangen. Der gesamtschuldnerische Beschäftigungsanspruch bestünde auch, wenn der Arbeitsplatz bei der Tochter nicht weggefallen ist. Außerhalb von Konzernsachverhalten haben Arbeitgeber aber das Recht, unter Beachtung des Arbeitsvertrages die Leistungsverpflichtungen und damit auch den konkreten Ort der Beschäftigung ihrer Arbeitnehmer zu konkretisieren[28]. Insoweit sind den Interessen der Arbeitnehmer die Interessen der Arbeitgeber an der Gestaltung des Arbeitsablaufes vorzuziehen[29]. Würde man hiervon zugunsten der Arbeitnehmer eingegliederter Konzernunternehmen abweichen, wären die

---

[27] Biedenkopf / Koppensteiner in Kölner Kommentar, § 322 Rn. 8.

[28] Seiter, Betriebsübung, S. 111; Birk, Arbeitsrechtliche Leitungsmacht, S. 239 ff.

[29] Seiter, Betriebsübung, S. 111.

Beschäftigungsansprüche der Arbeitnehmer inhaltlich erweitert. Zudem wäre die Organisation der Arbeitsabläufe gefährdet. Eine inhaltliche Erweiterung bezweckt die gesamtschuldnerische Haftung aus § 322 I AktG nicht. Insoweit bleiben folglich konkreter Arbeitsvertrag und im Rahmen dessen das arbeitsvertragliche Direktionsrecht maßgebend. Erst wenn bei der Tochter der Arbeitsplatz wegfällt, entsteht demnach die Verpflichtung der Mutter.

Mit dieser Modifikation sind grundsätzlich Konzernmütter gemäß § 322 I AktG verpflichtet, Arbeitnehmer ihrer eingegliederten Töchter zu beschäftigen. Mit dieser Einschränkung ist den entgegenstehenden Auffassungen im Arbeits-[30] und Konzernrecht[31] nicht zu folgen.

3. Rechtsfolge

Fraglich ist die konkrete Rechtsfolge dieses Beschäftigungsanspruches gegen Konzernmütter in Eingliederungskonzernen.

a) Erforderlichkeit geeigneter Arbeitsplätze bei Konzernmütter

Einerseits legt der gesamtschuldnerisch gesicherte Anspruch auf Beschäftigung und Vergütung die Vermutung nahe, daß Arbeitnehmer in Eingliederungskonzernen umfassend vor Kündigungen geschützt sind. Sie hätten demnach stets bei Wegfall ihres Arbeitsplatzes beim abhängigen Vertragsarbeitgeber ohne Rücksicht darauf, ob bei der Konzernmutter ein geeigneter Arbeitsplatz zur Verfügung steht, einen Anspruch auf Beschäftigung gegen die Konzernmutter. Andererseits könnte die Rechtsfolge des Anspruches auf Beschäftigung auf Arbeitsplätzen bei der Konzernmutter beschränkt sein, die vorhanden und zu besetzen sind.

Gegen einen umfassenden Beschäftigungsanspruch spricht zunächst, daß die gesamtschuldnerische Haftung nicht eine inhaltliche Ausweitung des Beschäftigungsanspruches bezweckt[32]. Arbeitsverträge sind aber, falls nichts anderes arbeitsvertraglich oder tarifvertraglich vereinbart ist, unter den gesetzlichen Voraussetzungen kündbar. Ein hiervon abweichender Anspruch auf dauerhafte Beschäftigung wäre also eine inhaltliche Erweiterung. Sie ist von dem Zweck der Gesamtschuld gemäß § 322 I AktG nicht gedeckt. Zudem läge ein Wertungswiderspruch zu der Normteleologie des § 1 II KSchG vor. Arbeitgeber haben nicht die gerichtlich durchsetzbare Verpflichtung, Arbeitsplätze ohne unternehmerische Notwendigkeit zu

[30] Martens, DB 1985, 2144 (2148).

[31] Biedenkopf / Koppensteiner in Kölner Kommentar, § 322 Rn. 6 ff.

[32] Siehe oben § 5 C II 2 c).

schaffen. Es sind keine Gründe ersichtlich, hiervon zu Lasten von Konzernmüttern eine Ausnahme zu machen.

Die gesamtschuldnerische Beschäftigungspflicht von Konzernmüttern in Eingliederungskonzernen beschränkt sich folglich auf vorhandene und freie Arbeitsplätze.

b) Keine Teilkündigungen

Da der Beschäftigungsanspruch gemäß §§ 611, 242 BGB i. V. m. § 322 I AktG den Wegfall des Arbeitsplatzes bei der eingegliederten Vertragsarbeitgeberin voraussetzt, ist darüber hinaus zu fragen, ob sich die Vertragsarbeitgeberin durch Teilkündigung auch mit Wirkung für die Zukunft aus der arbeitsvertraglichen Beschäftigungspflicht lösen kann. Relevant wird dies für die Arbeitnehmer dann, wenn nach einer etwaigen Teilkündigung durch die eingegliederte Vertragsarbeitgeberin und der nachfolgenden Beschäftigung durch die Konzernmutter dort der Arbeitsplatz wegfällt, während nunmehr ein geeigneter bei der früheren Vertragsarbeitgeberin zur Verfügung steht.

§ 322 I AktG ordnet eine gesamtschuldnerische Haftung an. Die §§ 421 ff. BGB sind also anwendbar[33]. Gestützt auf den Wortlaut des § 425 II BGB könnte mithin eine Teilkündigung durch die eingegliederte Vertragsarbeitgeberin, da nur bei ihr die tatsächlichen Voraussetzungen gegeben sind, zulässig sein.

§ 425 BGB schließt aber in seinem Absatz 1 die isolierte Wirkung einzelner Tatsachen auf das Gesamtschuldverhältnis aus, wenn sich aus dem Schuldverhältnis etwas anderes ergibt. Es ist daher anerkannt, daß § 425 II 1. Alt. BGB sich lediglich auf Fälligkeitskündigungen bezieht[34]. Zu unterscheiden sind hiervon die Teilkündigungen von Dauerschuldverhältnissen. Anders als bei bloßen Fälligkeitskündigungen werden bei Dauerschuldverhältnissen die Inhalte verändert[35]. Allgemein gilt daher bei Dauerschuldverhältnissen mit Personenmehrheiten, daß die Beendigungsgründe bei allen Partnern gegeben oder doch allen zuzurechnen sein müssen[36].

Diese Grundsätze beziehen sich nicht nur auf das allgemeine Zivilrecht, sondern auch auf die Kündbarkeit von Arbeitsverhältnissen. So hat das BAG auf vertraglicher Grundlage mit der Rechtsfigur des sog. einheitlichen Arbeitsverhältnisses argumentiert und ist zum gleichen Ergebnis gekommen[37]. Diese Rechtsprechung des BAG wird zwar kritisiert. Die Kritik

---

[33] Baumbach / Hueck, § 322 Rn. 2.

[34] MüKo-Selb, § 425 Rn. 4 m. w. N.; Selb, Mehrheit von Gläubigern und Schuldnern, § 6 III 2.

[35] Selb, § 6 III 2.

[36] Selb, § 6 III 2.

bezieht sich aber ausschließlich auf die Begründung, daß die Beschäftigung aufgrund eines einheitlichen Arbeitsverhältnisses geschuldet sei[38]. Einigkeit besteht darüber, daß, wenn Beschäftigung gesamtschuldnerisch geschuldet wird, eine Teilkündigung ausscheidet[39].

Bezogen auf die Beschäftigungspflicht von Konzernmüttern gemäß § 322 I AktG heißt dies, daß Arbeitsverhältnisse nur gemeinsam von eingegliederter Vertragsarbeitgeberin und Konzernmutter kündbar sind. Bei beiden Unternehmen müssen die Voraussetzungen der Kündigung vorliegen. Insbesondere dürfen auch bei der Konzernmutter keine geeigneten Arbeitsplätze zur Verfügung stehen.

Daß Kündigungen von beiden Konzerngesellschaften auszusprechen sind, schließt nicht aus, daß eine der Gesellschaften für beide handelt. Die Kündigungsschutzklage ist folglich auch gegen beide Konzernunternehmen unter Einhaltung der formalen Voraussetzungen des KSchG zu richten. Solange der Arbeitsplatz bei der arbeitsvertragschließenden Konzerntochter nicht weggefallen ist, ruht der Beschäftigungsanspruch gegen die Konzernmutter.

Zusammenfassung

Gemäß § 322 I AktG besteht zugunsten der Arbeitnehmer eingegliederter Konzerntöchter ein konzerndimensionaler Kündigungsschutz. Im übrigen erweitern die konzernrechtlichen Vorschriften des Gläubigerschutzes den Kündigungsschutz nicht.

---

37 BAG vom 27.3.1981, ZIP 1982, 984 ff., unter II 3.

38 Schwerdtner, ZIP 1982, 900 (901 ff.).

39 Schwerdtner, ZIP 1982, 900 (904 r. Sp.); BAG ZIP 1982, 984 ff. (2. und 4. Leitsatz).

§ 6 Verfassungsgemäße Inhaltsbestimmung des konzerndimensionalen Kündigungsschutzes

A. Stand der Meinungen

Soweit hinsichtlich der Ausweitung des Kündigungsschutzes mit verfassungsrechtlichen Erwägungen und der Konkretisierung des Sozialstaatsgebots durch das arbeitsrechtliche Fürsorgeprinzip argumentiert wird, widersprechen sich die Auffassungen diametral. Auf dieser Ebene reicht das Spektrum der Meinungen von strikter Verneinung bis zur allgemeinen Ausweitung des Kündigungsschutzes.

I. Ausweitung verfassungswidrig?

So erhebt einerseits Reuter gegen die Ausweitung des Kündigungsschutzes wegen der Möglichkeit der Weiterbeschäftigung nicht im Betrieb, aber innerhalb des Unternehmens[1] oder sogar des Konzerns[2] verfassungsrechtliche Einwände. Kündigungsschutz zugunsten der Arbeitnehmer, für die außerhalb der Beschäftigungsbetriebe Weiterbeschäftigungsmöglichkeiten bestünden, greife in die Grundrechte der arbeitsplatzsuchenden externen Bewerber aus Art. 12 I GG und der verpflichteten Unternehmen aus Art. 14 I GG ein[3]. Hierfür gibt es nach Ansicht von Reuter keine verfassungsgemäße Rechtfertigung. Eine Erweiterung des Kündigungsschutzes schaffe nämlich keine zusätzlichen Arbeitsplätze und schütze lediglich die „Arbeitsplatzinhaber“[4].

II. Konzerndimensionaler Kündigungsschutz kraft Sozialstaatsprinzips oder arbeitsrechtlicher Fürsorge?

Demgegenüber wird andererseits unmittelbar mit dem verfassungsrechtlichen Sozialstaatsprinzip eine Ausweitung des Arbeitnehmerschutzes begründet[5]. Das Arbeitsrecht darf nach dieser Auffassung nicht von gesell-

---

[1] Reuter, Ordo Band 33 (1982), 165 (188 f.).

[2] Reuter, S. 176 f.

[3] Reuter, S. 187 ff.; ders., Festschrift „25 Jahre BAG“, S. 4O5 (418 f.); ders., Ordo Band 33 (1982), S. 51 (63 ff.); ders., RdA 1973, 345 (353); ders., RdA 1978, 344 (349 f.); vgl. auch Schwerdtner, ZfA 1977, 47 (76 f.).

[4] Reuter, BAG-Festschrift, S. 4O5 (419); insoweit zustimmend Floretta, Festschrift „In memoriam SIR Otto Kahn-Freund“, S. 433 (441).

schaftsrechtlichen und steuerrechtlichen Erwägungen bestimmt werden. „Sozialstaatsgemäße Sachverhaltsinterpretationen“ gebieteten vielmehr, den zu verpflichtenden Arbeitgeber in Konzernsachverhalten vom sozialen Schutzgedanken aus zu ermitteln[6].

Hieran anknüpfend und entgegen der h.M.[7] meinen andere wiederum, kraft des den verfassungsrechtlichen Sozialstaatsgrundsatz konkretisierenden arbeitsrechtlichen Fürsorgeprinzips[8] bestehe konzerndimensionaler Kündigungsschutz[9]. Begründet wird diese Ansicht damit, daß dieses arbeitsrechtliche Prinzip Konzernmütter im Rahmen außervertraglicher Schutzpflichtverhältnisse bindet[10]. Insoweit sei die vom „normalen“ Zivilrecht kommende Lehre von den Schutzpflichtverhältnissen aufgrund dauerhafter geschäftsähnlicher Kontakte fortzuentwickeln[11]. Im Ergebnis ist nach diesen Autoren die Konzernmutter kraft Fürsorgepflicht dann zur Weiterbeschäftigung der Arbeitnehmer ihrer Konzerntöchter verpflichtet, wenn Kündigungen zumindest mittelbar durch Leitungsmaßnahmen der Konzernmutter bedingt sind[12].

---

5 Ramm, ZfA 1973, 263 (275 f.).

6 Ramm, ZfA 1973, 263 (275 f.).

7 BAG vom 14.11.1983, NZA 1987, 125 f.; vom 14.10.1982, AP Nr. 1 zu § 1 KSchG 1969, Konzern; mit zustimmender Anm. von Wiedemann; LAG Baden-Württemberg vom 29.9.1967, DB 1967, 2036; G. Hueck in Hueck, § 1 Rn. 114 d, 143; Dietz / Richardi, § 102 Rn. 140; Galperin / Löwisch, § 102 Rn. 63; GK-Kraft, § 102 Rn. 64; Stege / Weinspach, § 102 Rn.136; Erdmann / Jürging / Kammann, 102 Rn. 46; Heinze, Rn. 552; Stahlhacke, Rn. 507, 530; Meisel, DB 1972, 1675 (1676); Gnade / Kehrmann / Schneider / Blanke, § 102 Rn. 82; Fitting / Auffarth / Kaiser / Heither, § 102 Rn. 45.

8 Das arbeitsrechtliche Fürsorgeprinzip konkretisiert in einem Teilbereich das Sozialstaatsgebot; BVerfGE 59, 231 ff.; BAGE 1, 128 (132 f.); Müller, DB 1956, 524 f.; Fechner, RdA 1955, 161 ff.

9 Henssler, S. 141 f. und 79 ff.; Coen, RdA 1983, 348 (353). Beide nehmen zu den verfassungsrechtlichen Einwänden Reuters nicht Stellung.

10 Henssler, S. 79 f.

11 Henssler, S. 80.

12 Henssler, S. 140 f.; noch weitergehend Coen, RdA 1983, 348 (352 f.), der allein von dem Bestehen eines Konzernes auf die konzernspezifische Gefährdung von Arbeitsplätzen schließt. Er nimmt daher eine widerlegbare Vermutung bei Wegfall eines Arbeitsplatzes an. Zudem wird einschränkend verlangt, daß der Konzernbetriebsrat der Weiterbeschäftigung auf einem freien Arbeitsplatz zugestimmt habe; Henssler, S. 142 f.; hinsichtlich seiner allerdings mitbestimmungsrechtlichen Konzeption zustimmend, Martens, ZGR 1984, 417 (455).

B. Stellungnahme

I. Verfassungswidrigkeit wegen Grundrechtsverletzungen zu Lasten Arbeitsuchender und Unternehmen?

1. Freiheitsbereich des Art. 12 GG zugunsten Arbeitsuchender und Unternehmen

Art. 12 GG schützt in Satz 1 die freie Wahl von Beruf, Berufsausübung und Arbeitsstätte sowie in Satz 2 unter dem Vorbehalt der Regelung durch oder aufgrund Gesetzes die Freiheit der Berufsausübung. Mittelpunkt und Basis des Schutzbereichs des gesamten Art. 12 I GG ist folglich die Berufsfreiheit[13]. Erfaßt werden selbständige und unselbständige Berufe[14]. Art. 12 GG schützt des weiteren die Freiheit der Berufsaufnahme[15] und somit auch Konzernfremde, die um einen Arbeitsplatz mit einem konzerninternen Arbeitnehmer konkurrieren.

Die Berufsfreiheit aus Art. 12 GG ist darüber hinaus gemäß Art. 19 III GG grundsätzlich auch zugunsten juristischer Personen des Privatrechts anwendbar[16]. Art. 12 GG gilt mithin im Grundsatz auch für Träger von Großunternehmen und Konzernen[17]. Geschützt werden insbesondere das Recht der freien Gründung und Führung von Unternehmen[18]. Art. 12 GG ist also nicht nur zentrales Grundrecht der Arbeitnehmer, sondern auch der Arbeitgeber[19]. Deren Berufsfreiheit wird durch Regeln über die Eingehung und Beendigung von Arbeitsverhältnissen[20] und somit auch durch einen etwaigen konzerndimensionalen Kündigungsschutz eingeschränkt.

2. Freiheitsbereiche der Art. 2 I und 14 I GG zugunsten der Unternehmen?

Daneben könnten Unternehmen in ihren Grundrechten aus Art. 14 I und 2 I GG betroffen sein. Die Art. 12 I und 14 I GG verdrängen als spezielle Grundrechte die durch Art. 2 I GG geschützte allgemeine Handlungsfreiheit[21]. Hinsichtlich der Abgrenzung der Freiheitsbereiche von Art. 12 I zu

---

[13] BVerfGE 7, 377 (4O1); Scholz in Maunz / Dürig, Art. 12 Rn. 1 und 14.

[14] Scholz in Maunz / Dürig, Art. 12 Rn. 7.

[15] Scholz in Maunz / Dürig, Art. 12 Rn. 12 f.

[16] BVerfGE 21, 261 (266); 22, 38O (383); 23, 2O8 (223); 3O, 292 (312); Scholz in Maunz / Dürig, Art. 12 Rn. 98; Zöllner, D 1OO f..

[17] BVerfGE 5O, 29O (363); Papier, Handbuch des Verfassungsrechts, S. 6O9 (627).

[18] Papier, Handbuch des Verfassungsrechts, S. 6O9 (626).

[19] Scholz, ZfA 1981, 265 (274); Papier, DVBl 1984, 8O1 (812); Schneider, VVDStRL Heft 43 (1984), S. 7 (26).

[20] Scholz, ZfA 1981, 265 (275).

[21] Scholz in Maunz / Dürig, Art. 12 Rn. 123.

Art. 14 I gilt, daß die Eigentumsgarantie nur das Erworbene, den Bestand und nicht die mit dem Eigentum verbundenen Erwerbschancen schützt[22].

Art. 14 I GG umfaßt auch den Schutz am eingerichteten und ausgeübten Gewerbetrieb. Die Freiheitsbereiche beider Grundrechte können sich also insoweit überschneiden[23]. Eine konzernspezifische Einschränkung des § 1 II 1 3. Alt. KSchG wurde oben aber bereits abgelehnt[24]. Es geht also ausschließlich um die Verfassungsgemäßheit eines etwaigen konzerndimensionalen Kündigungsschutzes des Inhalts, daß die Besetzung freier Stellen betroffen ist. Unternehmen würden in ihrer Freiheit eingeschränkt werden, freie Arbeitsplätze mit externen Bewerbern zu besetzen[25]. Aus der Sicht der Unternehmen geht es also um die Aussichten, mit anderen oder weniger qualifizierten Arbeitnehmern marktgerechter zu produzieren oder Dienstleistungen zu erbringen. Nicht der Bestand des durch Art. 14 I GG geschützten eingerichteten und ausgeübten Gewerbetriebes, sondern die zukünftigen Erwerbschancen sind durch Erweiterungen des Kündigungsschutzes im eben beschriebenen Sinne betroffen. Reuters Ausgangspunkt ist also insoweit überzeugend, als durch Ausweitung von kündigungsschutzrechtlichen Regeln auch grundrechtliche Positionen der belasteten Unternehmen betroffen sind. Abweichend von Reuter ist dieser Eingriff verfassungsdogmatisch aber nicht an Art. 14 GG, sondern allein an der Berufsfreiheit des Art. 12 I GG zu messen[26].

Im Ausgangspunkt ist folglich der Auffassung Reuters, wenn man von der verfassungsdogmatischen Abweichung absieht, zuzustimmen: Durch eine Ausweitung des Kündigungsschutzes wird in die Grundrechte belasteter Unternehmen und externer Bewerber eingegriffen.

3. Schranken der Berufsfreiheit der Unternehmen

Art. 12 I GG gewährleistet die Berufsfreiheit nicht schrankenlos. So ist zum einen hinsichtlich der Berufsfreiheit der durch einen etwaigen konzerndimensionalen Kündigungsschutz belasteten Unternehmen entscheidend, daß bereits der Wortlaut von Art. 12 I GG in seinen beiden Sätzen differenziert. Gemäß Art. 12 I 2 GG kann die Berufsausübung durch oder aufgrund Gesetzes geregelt werden. Diese Unterscheidung im Wortlaut des Art. 12 I GG darf zwar nicht formelhaft überbetont werden[27]. Unzutreffend ist

---

[22] BVerfGE 3O, 292 (334 f.); Papier, Handbuch des Verfassungsrechts, S. 6O9 (631).

[23] Vgl. Scholz in Maunz / Dürig, Art. 12 Rn. 132.

[24] Siehe oben § 2.

[25] Auch Reuter untersucht ausschließlich das Problem der Konkurrenz zweier Bewerber um einen freien Arbeitsplatz.

[26] Wie hier auch Zöllner, D 99 f.

[27] Papier, Handbuch des Verfassungsrechts, S. 6O9 (628).

also, die Freiheit der Berufswahl nach Satz 1 schrankenlos und die der Berufsausübung gemäß Satz 2 unbegrenzt einschränkbar zu gewährleisten. Richtig ist aber, daß Eingriffe in die Berufsfreiheit verfassungsrechtlich eher zulässig sind, wenn sie sich auf die Regelung der Berufsausübung und nicht der Berufswahl beziehen[28]. In Einzelfällen mag für ein Unternehmen entscheidend sein, einen Arbeitnehmer einer bestimmten beruflichen, meist spezialisierten Qualifikation einstellen zu können[29]. In diesen Fällen ist die erforderliche Arbeitsleistung nicht austauschbar. Die Einstellung des betreffenden Arbeitnehmers kann für die Realisierung der Berufswahl des Unternehmens unabdingbare Voraussetzung sein. Hiervon sind aber die Konstellationen zu unterscheiden, in denen eine konzerndimensionale Erweiterung des Kündigungsschutzes in Betracht kommt. Ein Arbeitnehmer, dessen Arbeitsplatz bei einem anderen Unternehmen des gleichen Konzernes weggefallen ist, wäre bei der Auswahl zur Besetzung eines freien Arbeitsplatzes zu bevorzugen. Andere Konkurrenten um diesen Arbeitsplatz könnten nicht berücksichtigt werden. Voraussetzung hierfür ist aber, daß diese Beschränkung der Auswahl nur eintreten kann, wenn der konzerninterne Bewerber, dessen Arbeitsplatz weggefallen ist, ebenfalls die persönlichen Anforderungen an den zu besetzenden Arbeitsplatz erfüllt. Die Freiheit der Berufswahl des belasteten Unternehmens ist also nicht verletzt. Lediglich in die Berufsausübung wird eingegriffen.

Zum anderen kommt hinzu, daß die Berufsfreiheit aus Art. 12 I GG zwar gemäß Art. 19 III GG auch zugunsten inländischer juristischer Personen gewährleistet ist[30]. Einschränkend verlangt Art. 19 III GG aber, daß die Anwendung der Grundrechte ihrem Wesen nach möglich ist. Insoweit ist eine Unterscheidung danach geboten, ob die Berufsfreiheit natürlicher oder juristischer Personen eingeschränkt wird[31]. Charakteristisch für die Berufsfreiheit ist ihr personaler Bezug[32]. Hier geht es allein um die Verfassungsgemäßheit eines etwaigen konzerndimensionalen Kündigungsschutzes zu Lasten von Gesellschaften mit beschränkter Haftung und Aktiengesellschaften, also von juristischen Personen. Die personalen Handlungsfreiheiten juristischer Personen werden nicht im gleichen Umfange wie die von natürlichen Personen durch die Grundrechte geschützt. Die Grundrechtsfä-

---

[28] So bereits das BVerfGE 7, 377 (403) bei der Begründung und Entwicklung der sog. Dreistufentheorie; Papier, Handbuch des Verfassungsrechts, S. 609 (628).

[29] Scholz, ZfA 1981, 265 (277 f.).

[30] BVerfGE 21, 261 (266); 22, 380 (383); 23, 208 (223); 30, 292 (312); Scholz in Maunz / Dürig, Art. 12 Rn. 98; Gubelt in von Münch, Art. 12 Rn. 18.

[31] BVerGE 50, 290 (363 f.); Kriele, VVDStRL Heft 35 (1977), S. 118; Zöllner, D 101; Papier, Handbuch des Verfassungsrechts, S. 627; ders., DVBl 1984, 801 (806 f.); Rupp-v. Brünneck, Festschrift für Arndt, S. 348 (358 f., 362); Bryde, NJW 1984, 2177 (2182 f.); a. A. Mestmäcker, Recht und ökonomisches Gesetz, S. 210.

[32] BVerfGE 50, 290 (362); Hesse, Rn. 419; Gubelt in von Münch, Art. 12 Rn. 93; Schneider, VVDStRL Heft 43 (1984), S. 7 (26).

higkeit von Unternehmen kann nicht dazu genutzt werden, den personalen Kerngehalt des Art. 12 GG in sein Gegenteil zu verkehren[33]. Stärkere Einschränkungen der Kündigungsfreiheit von juristischen Personen sind demnach mit der Verfassung zu vereinbaren.

Nach alledem ist ein Eingriff in die Berufsfreiheit belasteter Unternehmen durch eine mögliche konzerndimensionale Erweiterung des Kündigungsschutzes materiell in Anwendung der sog. Dreistufentheorie mit der Verfassung zu vereinbaren, wenn er aufgrund vernünftiger Erwägungen des Gemeinwohls zweckmäßig und nicht übermäßig belastend ist[34].

4. Schranken der Berufsfreiheit Arbeitsuchender

Fraglich ist, ob der gleiche materielle Maßstab der Einschränkbarkeit auch hinsichtlich des Eingriffs in die Berufsfreiheit der konkurrierenden Bewerber um den freien Arbeitsplatz gilt.

a) Bloße Berufsausübungsregelung zu Lasten anderer „Arbeitsplatzinhaber“

Reuter wertet den Eingriff in die Berufsfreiheit der Konkurrenten entscheidend an der Verkürzung der Marktzutrittschancen von Arbeitslosen[35]. Deren Freiheit der Berufswahl werde verletzt.

Unberücksichtigt bleibt dabei, daß nicht nur „Arbeitsplatzinhaber“ eines Unternehmens oder Konzernes einerseits mit Arbeitslosen andererseits um einen freien Arbeitsplatz konkurrieren. Vielmehr bewerben sich häufig auf freie Arbeitsplätze auch Arbeitnehmer, die bereits beschäftigt werden und sich lediglich verbessern wollen. Sofern kein Berufswechsel beabsichtigt ist, werden diese Arbeitnehmer durch die Nichtberücksichtigung lediglich in ihrer Berufsausübung eingeschränkt[36]. Insoweit gilt der gleiche materielle Maßstab zur Rechtfertigung des Eingriffs, wie er oben bereits hinsichtlich der Berufsausübungsfreiheit der belasteten Unternehmen beschrieben wurde.

---

[33] Schneider, VVDStRL Heft 43 (1984), S. 7 (18 f.); Bryde, NJW 1984, 2177 (2182).

[34] BVerfGE 7, 377 (378 f.); Scholz in Maunz / Dürig, Art. 12 Rn. 318 f.; Papier, Handbuch des Verfassungsrechts, S. 6O9 (629).

[35] Reuter, „BAG-Festschrift“, S. 4O5 (418 f.).

[36] Wiedemann, „BAG-Festschrift“, S. 635 (656); insoweit ist auch Reuter, „BAG-Festschrift“, S. 4O5 (418) gleicher Ansicht, obwohl er auf diesen Personenkreis nicht entscheidend abstellt.

b) Eingriff in die Berufswahl von „Arbeitslosen"

Problematisch ist, welcher Maßstab bezüglich des Eingriffs in die Berufsfreiheit von arbeitslosen Konkurrenten anzuwenden ist.

Wegen der Bevorzugung des konzerninternen Konkurrenten werden sie an der Ausübung des angestrebten Berufs gehindert. Sie sind weiterhin arbeitslos. In ihre Freiheit der Berufswahl und nicht nur der Berufsausübung wird folglich eingegriffen. Der konzerninterne Konkurrent wird ihnen gegenüber bevorzugt, obwohl auch sie die persönlichen Anforderungen des zu besetzenden Arbeitsplatzes erfüllen. Sie könnten nur berücksichtigt werden, wenn sie von einem konzernangehörigen Unternehmen beschäftigt wurden und ihr Arbeitsplatz weggefallen ist. Diesen Umstand können und konnten sie nicht beeinflussen. Sie scheitern mithin nicht an subjektiven, sondern an objektiven Voraussetzungen. In Anwendung der sog. Dreistufentheorie[37] und übereinstimmend mit Reuter[38] könnte man demnach annehmen, daß zur Rechtfertigung dieses Eingriffes überragend wichtige Gemeinschaftsgüter, die dem Grundrecht des Einzelnen vorgehen, erforderlich seien. Im allgemeinen wird hierfür nur der Nachweis der Abwehr schwerster Gefahren für überragend wichtige, verfassungsrechtlich besonders geschützte Gemeinschaftsgüter einen Eingriff durch objektive Bedingungen in die Freiheit der Berufswahl rechtfertigen können.

Demgegenüber ist zunächst zu berücksichtigen, daß die sog. zur Schrankensystematik des Art. 12 I GG entwickelte Dreistufentheorie nicht starr und formelhaft auf alle Problemkonstellationen angewendet werden kann[39]. Hinzu kommt, daß die sog. Dreistufentheorie zu Fällen entwickelt und nur auf diese angewandt wurde, die mit der Konkurrenz Arbeitsloser und konzernangehöriger Arbeitnehmer um einen freien Arbeitsplatz nicht zu vergleichen sind.

Im Apothekenurteil beispielsweise stellte das Bundesverfassungsgericht die Verfassungswidrigkeit einer Regelung fest, die die zugelassenen Apotheker vor weiterer Konkurrenz schützen sollte. Aufgrund der Entscheidung bekamen die schon zugelassenen Apotheker lediglich weitere Konkurrenz. Den ursprünglich vor Konkurrenz Geschützten wurde nach Feststellung der Verfassungswidrigkeit des Gesetzes ihre Zulassung nicht entzogen. Sie behielten ihren Beruf. Insoweit besteht im Vergleich zum etwaigen konzerndimensionalen Kündigungsschutz ein entscheidender Unterschied. Die Ein-

---

[37] BVerfGE 7, 377 ff.; Scholz in Maunz / Dürig, Art. 12 Rn. 318 f.

[38] Reuter, „BAG-Festschrift", S. 4O5 (418); ders., Ordo Band 33 (1982), S. 165 (188 f.); ders., Ordo Band 36 (1985), S.51 (63 ff.).

[39] Papier, Handbuch des Verfassungsrechts, S. 6O9 (628) im Anschluß an BVerfGE 17, 232 (242); 17, 269 (276); 3O, 336 (351); 32, 1 (22 f.); 33, 125 (16O); vgl. auch Papier, DVBl 1984, 8O1 (8O3 f.).

stellung des externen Bewerbers hätte nämlich die Verdrängung des nunmehr ehemaligen „Arbeitsplatzinhabers“ zur zwingenden Folge. Insofern ist die Situation eher mit der Überprüfung zulassungsbeschränkter Studiengänge am Maßstab der Verfassung zu vergleichen[40]. In diesem Zusammenhang hat das BVerfG das Problem auf die Frage zugespitzt, wie eine sachgerechte und zumutbare Auswahl zwischen mehreren Grundrechtsträgern erfolgen könne[41].

Obwohl arbeitslose Bewerber objektiv in ihrer Berufswahl betroffen sind, sind also nicht im Sinne der zum Apothekenurteil entwickelten Dreistufentheorie überragend wichtige von der Verfassung besonders geschützte Gemeinschaftsgüter zur Rechtfertigung einer verfassunggemäßen Einschränkung erforderlich. Es reichen vielmehr auch insoweit sachbezogene Gründe des Gemeinwohls zur Differenzierung[42].

5. Verfassungsgemäße Rechtfertigung des Eingriffs

Konzerndimensionaler Kündigungsschutz greift nach alledem in die Freiheit der Berufsausübung von nichtarbeitslosen Konkurrenten und belasteten Unternehmen und darüber hinaus sogar als objektive Schranke in die Freiheit der Berufswahl von Arbeitslosen ein. Die Eingriffe in die Freiheitsbereiche der genannten Grundrechtsträger bedürfen zu ihrer materiellen Rechtfertigung sachgemäße Gründe des Gemeinwohls[43].

a) Berufsfreiheit aller konkurrierenden Arbeitnehmer

Ein sachgemäßer Grund ist die Kollision mit dem gleichermaßen betroffenen Grundrechten der konzerninternen Arbeitnehmer auf Berufsfreiheit[44]. Im Hinblick auf Art. 12 I GG sind die Eingriffe in die Berufsfreiheit der konkurrierenden Arbeitnehmer prinzipiell gleichwertig[45].

b) Ungesicherter Schutz Arbeitsloser

Hinzu kommt folgendes: Reuter meint, eine Ausweitung des Kündigungsschutzes sei wegen der Grundrechte Arbeitsloser verfassungswidrig. Seine

[40] Wiedemann, „BAG-Festschrift“, S. 635 (657); Berg / Wendeling-Schröder / Wolter, RdA 198O, 299 (312).
[41] BVerfGE 43, 291 (364).
[42] Wiedemann, „BAG-Festschrift“, S. 635 (657); Papier, DVBl 1984, 8O1 (813).
[43] Siehe oben § 6 B I 3 und 4.
[44] Siehe oben bereits § 6 B I 4 b); Wiedemann, „BAG-Festschrift“, S. 635 (657); Berg / Wendeling-Schröder / Wolter, RdA 198O, 299 (312).
[45] Scholz, ZfA 1981, 265 (28O f.).

Ansicht stellt aber nicht sicher, daß um den konkreten Arbeitsplatz konzerninterne Bewerber und „Arbeitslose“ konkurrieren. Wenn man also eine Ausweitung des Kündigungsschutzes aus verfassungsrechtlichen Erwägungen und besonders wegen der Berufsfreiheit der Arbeitslosen gänzlich verneinen wollte, überzeugt dies nicht in dieser Allgemeinheit. Die Grundrechte der Arbeitslosen können nur dann einem konzerndimensionalen Kündigungsschutz entgegenstehen, wenn auch tatsächlich im Einzelfall ein Arbeitsloser sich auf den freien Arbeitsplatz beworben hat.

c) Schutz des Betriebsfriedens

Von Bedeutung ist ferner, daß konzerndimensional erweiterter Kündigungsschutz nicht nur der Berufsfreiheit der konzerninternen Bewerber dient. Vielmehr reduziert ein erweiterter Kündigungsschutz den Konkurrenzdruck beschäftigter Arbeitnehmer untereinander. Er stärkt daher den Betriebsfrieden[46]. Er dient damit einerseits im Ergebnis auch den externen Bewerbern, die bei der Besetzung der einen Stelle nicht berücksichtig wurden, dafür aber möglicherweise später von einem konzernangehörigen Unternehmen eingestellt werden. Andererseits stärkt der Betriebsfrieden die Leistungsfähigkeit von Betrieben, damit die Summe aller Betriebe und folglich die Volkswirtschaft. Die Chancen der nicht berücksichtigten externen Bewerber, außerhalb des betreffenden Konzernes einen Arbeitsplatz zu erhalten, erhöhen sich.

d) Eingriff in weitere grundrechtlich geschützte Positionen konzerninterner Bewerber

Darüber hinaus beschränkt sich der Grundrechtsschutz der konzerninternen Arbeitnehmer durch Art. 12 GG nicht auf den bisherigen Arbeitsplatz. Vielmehr haben sie in der zurückliegenden Beschäftigungszeit gegen ihren Vertragsarbeitgeber einen schuldrechtlichen Anspruch auf Beschäftigung erworben[47]. Den Wettbewerb um diesen früheren Arbeitsplatz hatten sie bereits gewonnen. Diese schuldrechtliche, aufgrund eigener Qualifikation und häufig unter Verzicht auf andere Beschäftigungsverhältnisse erworbene Position stellt ein Wert für sich dar[48]. Ihre Position ist im Vergleich zu externen Bewerbern qualitativ besser[49]. Der Eingriff in beliebige private Vermö-

---

[46] Wiedemann, „BAG-Festschrift“, S. 635 (658 f.); Zöllner, D 116 f.; Floretta, in „In Memoriam SIR Otto Kahn-Freund“, S. 432 (442); Berg / Wendeling-Schröder / Wolter, RdA 198O, 299 (312 f.).

[47] Siehe oben § 5 C II 1.

[48] Herschel / Löwisch, vor § 1 Rn. 3; Wiedemann, „BAG-Festschrift“, S. 635 (659); Berg / Wendeling-Schröder / Wolter, RdA 198O, 299 (312).

[49] Scholz, ZfA 1981, 265 (281).

gensrechte ist an Art. 14 GG zu messen[50]. Es mag dabei dahinstehen, ob dieses private Vermögensrecht nur durch Art. 14 GG oder wegen des Zusammenhangs zur Berufsfreiheit auch von Art. 12 GG erfaßt wird. „Arbeitsplatzinhaber" werden ebenfalls grundrechtlich geschützt.

Nicht überzeugend ist daher der Einwand Reuters, den Arbeitsplatz als einen Wert für sich zu bewerten, sei nichts weiter als eine petitio principii[51]. Zwar hat Reuter insoweit Recht, als für jede längerfristige Geschäftsverbindung gilt, daß sie mit dem Verzicht auf andere Geschäftschancen verbunden ist. Der von Reuter vorgenommene Vergleich zu Geschäftsbesorgungen der verschiedensten Art überzeugt aber schon deswegen nicht, weil er die Besonderheiten im Arbeitsrecht außer acht läßt. Vollzeitbeschäftigte Arbeitnehmer schulden ihrem Arbeitgeber ihre Arbeitskraft im vollen Umfange[52]. Wegen ihrer abhängigen Beschäftigung sind sie anders als im normalen Geschäftsbesorgungsvertrag auch nicht in der Lage, außerhalb ihres Arbeitsverhältnisses selbständig Geschäftschancen wahrzunehmen. Des weiteren paßt der Vergleich mit normalen Geschäftsbesorgungsverpflichtungen und der Hinweis, daß niemand daran denke, deren Kündbarkeit einzuschränken, aus folgendem Grunde nicht: Es mag zutreffen, daß die Einschränkung der Kündbarkeit von langfristigen Geschäftsbesorgungsverträgen nicht erwogen werde. Entscheidend ist die umgekehrte Fragestellung: Wäre eine Begrenzung der Kündigungsfreiheit in diesem Bereich verfassungsrechtlich zulässig? Allein der Umstand, daß man dies nicht erwägt, kann darüber keine Auskunft geben. Der Grundrechtsschutz konzernin- und externer Bewerber ist also nicht gleichwertig.

e) Konzernspezifische Gefährdungen

Des weiteren ist die Konzernbindung von Arbeitgebern im Rechtssinne für ihre Arbeitnehmer zwar mit Chancen, darüber hinaus aber auch mit speziellen Gefahren verbunden[53]. Kündigungsschutz, der an diesen gefährdenden Umstand anknüpft, bevorzugt die betroffenen Arbeitnehmer nicht. Der zu ihren Gunsten erweiterte Kündigungsschutz ist vielmehr lediglich ein Ausgleich für die zusätzlichen Gefährdungen.

Nach alledem würden vernünftige Erwägungen des Gemeinwohls konzerndimensionalen Kündigungsschutz, soweit er sich auf die Besetzung freier Arbeitsplätze beschränkt, rechtfertigen. Ein in diesem Sinne ausgeweiteter Kündigungsschutz ist auch geeignet und notwendig, um eine

---

[50] Breyde in von Münch, Art. 14 Rn. 11 m.w.N.; Mestmäcker, Recht und ökonomisches Gesetz, S. 21O.

[51] Reuter, Ordo Band 36 (1985), S.51 (64).

[52] Herschel, RdA 1975, 28 (31).

[53] Siehe oben § 1 am Anfang.

Erweiterung zu Gunsten konzernangehöriger Arbeitnehmer zu erreichen. Er wäre daher verhältnismäßig und materiell verfassungsgemäß.

II. Erforderlichkeit eines konzerndimensionalen Kündigungsschutzes kraft verfassungsrechtlichen Sozialstaatsprinzips oder seinen einfachgesetzlichen Konkretisierungen?

Mithin ist die umgekehrte Frage zu beantworten: Ist konzerndimensionaler Kündigungsschutz aus verfassungsrechtlichen Gründen geboten?

Hierbei ist zunächst einerseits davon auszugehen, daß die Freiheit der Wahl des Vertragspartners zum Kernbestand einer den Grundsätzen der Privatautonomie verpflichteten Rechtsordnung gehört[54]. Zum anderen hat der Gesetzgeber durch Regelung von Konzernsachverhalten im Grundsatz die Bildung von Konzernen anerkannt. Genannt seien hierfür im Bereich des Gesellschaftsrechts die §§ 291 ff. AktG für das Recht der Aktiengesellschaften und die §§ 290 ff. HGB n.F. für verbundene Unternehmen allgemein und damit auch für Gesellschaften mit beschränkter Haftung. Für Beispiele aus dem Arbeitsrecht ist auf die in § 5 untersuchten Vorschriften sowie speziell zum Individualarbeitsrecht auf Art. 1 § 1 III AÜG n.F.[55] zu verweisen. Der privatautonome Grundsatz der Freiheit der Wahl des Vertragspartners gilt mithin auch in Konzernsachverhalten des Individualarbeitsrechts.

Berechtigt und verpflichtet aus einem Arbeitsvertrag sind folglich grundsätzlich lediglich die Vertragsparteien. In Konzernsachverhalten sind dies Arbeitnehmer einerseits und Konzernmutter oder Konzerntochter andererseits, wenn man von speziellen Vertragsgestaltungen absieht. Wenn von diesem Grundsatz ohne vertragliche Regelung abgewichen wird, ist somit eine gesetzliche Legitimation erforderlich[56].

1. Unmittelbar kraft Sozialstaats- oder arbeitsrechtlichen Fürsorgeprinzips?

Hierfür kommt zunächst eine unmittelbare Anwendung des verfassungsrechtlichen Sozialstaats- und seiner Konkretisierung durch das arbeitsrechtliche Fürsorgeprinzip in Betracht[57].

---

[54] Seiter, VSSR Band 4 (1976), 179 (204).

[55] Vgl. hierzu Martens, DB 1985, 2144 ff. und unten § 9 A II.

[56] Seiter, VSSR Band 4 (1976), 179 (204), verlangt darüberhinaus für Ausnahmen von diesem Grundsatz eine verfassungsrechtliche Legitimation.

[57] Die arbeitsrechtliche Fürsorgepflicht konkretisiert in einem Teilbereich das Sozialstaatsgebot des Grundgesetzes (Art. 20 I, 28 I 1 GG); BVerfGE 59, 231 ff.; BAGE 1. 128 (32 f.); Müller, DB 1956, 524 f.; Fechner, RdA 1955, 161 ff.; Gubelt in von Münch, Art. 12 Rn. 25 speziell zum Kündigungsschutz.

Beide Prinzipien können eine Rechtsfortbildung extra legem rechtfertigen[58]. Sie richten sich in erster Linie an den Gesetzgeber[59]. Sie sind weit und unbestimmt und daher konkretisierungsbedürftig[60]. Sie enthalten regelmäßig keine unmittelbaren Handlungsanweisungen an die Rechtsanwender, so daß diese ohne gesetzliche Grundlage sie nicht konkretisieren können[61]. Insbesondere bei einer Rechtsfortbildung unter Berufung auf das Sozialstaatsgebot ist Zurückhaltung geboten[62].

Gleichwohl ist zu berücksichtigen, daß die Arbeitsverhältnisse von Arbeitnehmern konzernierter Arbeitgeber im Rechtssinne im Vergleich zu Arbeitsverhältnissen von Arbeitnehmern unabhängiger Arbeitgeber zusätzlichen Gefahren ausgesetzt sind. Aus diesem Grunde entspräche eine konzerndimensionale Ausweitung des Kündigungsschutzes dem arbeitsrechtlichen Fürsorgeprinzip und damit dem verfassungsrechtlichen Sozialstaatsgebot.

Da Arbeitnehmer konzernierter Arbeitgeber im Rechtssinne bereits einen im Regelfall leistungsfähigen Arbeitgeber haben, scheidet aber ein genereller konzernweiter Kündigungsschutz aus. Zumindest ist eine Beschränkung auf die Fälle erforderlich, in denen Arbeitsplätze aufgrund von Konzerneinflüssen und nicht aus marktbedingten Gründen wegfallen[63]. Eine gesetzliche Regelung müßte zudem den Umfang des konzerndimensionalen Kündigungsschutzes zu den Grundrechten Arbeitsuchender[64] und der verfassungsrechtlich garantierten Berufs-, Gewerbe- und Vertragsfreiheit der Arbeitgeber[65] abgrenzen. Allein der Umstand, daß konzerndimensionaler Kündigungsschutz verfassungsgemäß wäre[66], sagt über die konkreten Voraussetzungen nichts aus. Mehrere Lösungen sind denkbar. Man könnte beispielsweise den Umfang konzerndimensionalen Kündigungsschutzes von der Art der Konzernierung abhängig machen. In Anlehnung an die gesetzlichen Vermutungen im AktG könnte man im Vertragskonzern stets eine Ausweitung bejahen. In Betracht kommt aber auch eine andere Möglichkeit.

---

[58] Zur Rechtsfortbildung unter Berufung auf das Sozialstaatsprinzip, BAGE 1, 128 (132 f.); Müller, DB 1956, 524 f.; oder beispielsweise Larenz, Methodenlehre, S. 405 f., zum arbeitsrechtlichen Fürsorgeprinzip.

[59] Hinsichtlich des Adressaten des Sozialstaatsprinzips, Stern, Staatsrecht I, § 21 III 3; Schnapp in von Münch, Art. 20 Rn 19; GK-M. Wolf, Grunds. Rn. 410.

[60] Scholz, ZfA 1981, 265 (280); ders., „BAG-Festschrift“, S. 511 (514 f.); Niebler, ZfA 1985, 381 (406).

[61] BVerfGE 65, 182 (191) in der Entscheidung zur Einordnung von Sozialplanansprüchen im Konkurs; Söllner, RdA 1985, 328 (334).

[62] Stern, Staatsrecht I, § 21 II 4 c).

[63] Siehe bereits oben § 3 B II 3 a) am Ende.

[64] Siehe oben § 6 B I 1; Reuter, „BAG-Festschrift“, S. 405 (418); ders., Ordo Band 33 (1982), S. 165 (188 f.); ders., Ordo Band 36 (1985), S.51 (63 ff.).

[65] Siehe oben § 6 B I 1 – 3; Scholz in Maunz / Dürig, Art. 12 Rn. 49 ff.; Herschel / Löwisch, vor § 1 Rn. 15.

[66] Siehe oben § 6 B I.

Man könnte nämlich auch an die örtliche Nähe zweier Unternehmen des gleichen Konzernes anknüpfen. In diesem Falle würde man den aufgrund des Betriebsbegriffes bereits bestehenden konzerndimensionalen Kündigungsschutz[67] aufgreifen und ausweiten. Welche Lösung man wählt, ist weder dem einfachen Recht noch unmittelbar dem arbeitsrechtlichen Fürsorgeprinzip, noch dem verfassungsrechtlichen Sozialstaatsgebot zu entnehmen. Allein mit rechtlichen Erwägungen ist eine Konkretisierung nicht begründbar. Nur Aspekte der Zweckmäßigkeit könnten den Ausschlag geben. Für die Vielzahl der möglichen Sachverhalte und der in Betracht kommenden Anspruchsberechtigten und -verpflichteten ist eine Gesamtkonzeption erforderlich. Dies zu leisten, ist Aufgabe des Gesetzgebers[68]. Im Gegensatz zum Rechtsanwender ist auch nur er dazu befugt. Konzerndimensionalen Kündigungsschutz unmittelbar mit dem arbeitsrechtlichen Fürsorgeprinzip oder dem verfassungsrechtlichen Sozialstaatsgebot zu begründen, scheidet somit aus.

2. Rechtsfortbildung des zivilrechtlichen Instituts von den „Schutzpflichtverhältnissen"?

Darüber hinaus wird konzerndimensionaler Kündigungsschutz kraft arbeitsrechtlichen Fürsorgeprinzips begründet mit einer Fortentwicklung der im „normalen" Zivilrecht beheimateten Lehre von den Schutzpflichtverhältnissen[69]. Konzernobergesellschaften griffen intensiv in die Arbeitsverhältnisse der Arbeitnehmer von Konzerntöchtern ein[70]. Zwischen Konzernmutter einerseits und Arbeitnehmer von Konzerntöchtern andererseits bestehe daher der nach diesem Rechtsinstitut erforderliche intensive geschäftsähnliche Kontakt. Aufgrund der aufgespaltenen Arbeitgeberstellung seien die Voraussetzungen für die Annahme eines Schutzpflichtverhältnisses erfüllt[71].

Das zivilrechtliche Institut der Haftungsansprüche kraft rechtlicher Sonderbeziehungen bei intensiven geschäftsähnlichen Kontakten erfaßt nicht nur Zweipersonenverhältnisse. Vielmehr ist im Zivilrecht die Möglichkeit der Haftungserstreckung auf Dritte an der Vertragsbeziehung oder -anbahnung nicht unmittelbar Beteiligter anerkannt[72]. Insoweit überzeugt der Ausgangspunkt. Eine Haftung von Konzernmüttern nach diesen Grundsät-

---

[67] Siehe oben § 3 A I 1 u. 2.

[68] Vgl. Raiser, ZRP 1985, 111 (117) zu dem gleichen methodischen Aspekt hinsichtlich der Einordnung der Sozialpläne im Konkurs.

[69] Henssler, S. 80; siehe auch oben § 5 A.

[70] Henssler, S. 79 f.

[71] Henssler, S. 80.

[72] BGHZ 70, 337 ff.; Canaris, JZ 1965, 475 (480 f.); ders., Festschrift für Larenz, S. 27 (103).

zen kommt grundsätzlich auch zugunsten von Arbeitnehmern, die arbeitsvertraglich Konzerntöchtern verpflichtet sind, in Betracht.

Dieser Grundsatz bedarf hinsichtlich einer etwaigen Erweiterung des Kündigungsschutzes zunächst der folgenden konkretisierenden Einschränkung: Es ist zwar bei intensiver Konzernierung möglich, daß sich die Weisungsmacht von Konzernmüttern unmittelbar im Sinne der Wahrnehmung von Arbeitgeberfunktionen auf die Arbeitsverhältnisse der Arbeitnehmer von Konzerntöchtern auswirkt. Hiervon abzugrenzen sind aber die Fälle, in denen mangels Intensität der Beherrschung Konzerntöchter lediglich als Unternehmen beeinflußt werden. Es fehlt in diesen Fällen aus der Sicht der Arbeitnehmer am intensiven, zur Begründung eines Schutzpflichtverhältnisses erforderlichen geschäftsähnlichen Kontakt und damit an einer aufgespaltenen Arbeitgeberstellung. Wie mehrmals betont, haben nämlich im Grundsatz die Arbeitnehmer von Konzerntöchtern bereits einen Arbeitgeber[73]. Konzernbedingte Weisungsmacht und die partielle Wahrnehmung von Arbeitgeberfunktionen schließen einander nicht aus. Beide Begriffe sind aber in ihren Voraussetzungen voneinander zu unterscheiden[74]. Konzernrechtliche Weisungen richten sich grundsätzlich an die Organe der abhängigen Gesellschaft[75]. Deswegen kann von der Art der Konzernierung nicht auf die Wahrnehmung von Arbeitgeberfunktionen durch die Konzernmutter geschlossen werden[76]. Im Vertragskonzern kann die Beeinflussung im Gegensatz zum qualifiziert geführten faktischen Konzern sehr gering sein. Die Voraussetzungen für die Annahme intensiver geschäftsähnlicher Kontakte sind also nur in den Fällen intensiver Durchführung der Konzernierung gegeben.

Hinzu kommt, daß die im Zivilrecht entwickelte Lehre von den Schutzpflichtverhältnissen nur Integritäts- und nicht Erfüllungsinteressen schützt[77]. Es geht nicht um das Interesse an Zustandekommen und Erfüllung eines Vertrages, sondern um die Integrität der übrigen Rechtsgüter[78]. Mag auch die arbeitsrechtliche Fürsorgepflicht mit der Lehre von den gesetzlichen Schutzpflichtverhältnissen dogmatisch zu erklären sein. Zum Nachweis partieller Vertragsbeziehungen, die vertragliche Erfüllungsansprüche verschaffen, reicht diese Begründung nicht[79].

---

[73] Konzen, RdA 1984, 65 (69); Martens, Festschrift „25 Jahre BAG", S. 367 (379).

[74] Martens, Festschrift „25 Jahre BAG", S. 367 (373).

[75] Karamarias, RdA 1983, 353 (355).

[76] Insoweit widersprüchlich Henssler, der einerseits die hier vertretene Auffassung einer konkreten Beurteilung des Konzerneinflusses teilt (S. 83 3. Absatz), aber andererseits auf die Art der Konzernverbindung abstellt (S. 83 unten und 84).

[77] Canaris, Festschrift für Larenz, S. 27 (105).

[78] Canaris, Festschrift für Larenz, S. 27 (90 f.).

[79] Wie hier Konzen, RdA 1984, 65 (73); vgl. auch Seiter, VSSR Band 4 (1976), 179 (204).

Eine Fortentwicklung des zivilrechtlichen Instituts von den „Schutzpflichtverhältnissen“ rechtfertigt demnach nicht, den Kündigungsschutz kraft Fürsorgepflicht der Konzernmütter zu erweitern.

Zusammenfassung

Verfassungsrechtliche Erwägungen stehen einer konzerndimensionalen Ausweitung des Kündigungsschutzes weder entgegen, noch erfordert das Sozialstaatsprinzip oder seine Konkretisierungen eine Erweiterung. Das Grundgesetz ist insoweit neutral.

Insbesondere ist es nicht überzeugend, den Kündigungsschutz kraft konzerndimensionaler Fürsorgepflicht zu erweitern. Das zivilrechtliche Fürsorgeprinzip schützt Integritäts- und nicht Erfüllungsinteressen. Es ist zur Begründung partieller vertraglicher Hauptpflichten nicht geeignet. Entsprechendes gilt für das verfassungsrechtliche Sozialstaatsprinzip und das arbeitsrechtliche Fürsorgeprinzip. Sie sind zu unbestimmt und richten sich in erster Linie an den Gesetzgeber.

§ 7 Konzernweiter Kündigungsschutz aufgrund des Instituts des „mittelbaren Arbeitsverhältnisses“?

A. Problemlage

Einige Autoren argumentieren hinsichtlich des Kündigungsschutzes im Konzern mit den Grundsätzen vom „mittelbaren Arbeitsverhältnis“[1]. Undeutlich ist dabei, ob diese Grundsätze selbständig konzerndimensionalen Kündigungsschutz begründen oder lediglich ergänzend bei der Anwendung anderer Normen oder Rechtsinstitute zu berücksichtigen sind. Allein der Gebrauch des Begriffes „mittelbares Arbeitsverhältnis“ gibt hierüber keine Auskunft. Er ist auch dahingehend interpretierbar, beispielsweise die kündigungsschutzrechtliche Belastung analog § 1 II 2 Nr. 1b) KSchG eines konzernangehörigen Unternehmens, das nicht Vertragsarbeitgeberin ist, als Anwendungsfall eines „mittelbaren Arbeitsverhältnisses“ zu bezeichnen. Berechtigt wäre dieser Sprachgebrauch insoweit, als nicht nur der „unmittelbare“ Vertragsarbeitgeber, sondern auch ein drittes Unternehmen „mittelbar“ verpflichtet werden würde. Eine derartige Verwendung der Begriffe ist indessen nicht ungefährlich. Es besteht die Gefahr, daß die Konzerndimension kraft anderer Normen und Rechtsinstitute von der selbständigen Begründung mittels der Grundsätze vom „mittelbaren Arbeitsverhältnis“ nicht unterschieden wird. Im Interesse begrifflicher Klarheit wird daher allein untersucht, ob das Rechtsinstitut vom „mittelbaren Arbeitsverhältnis“ selbständig konzerndimensionalen Kündigungsschutz begründet.

Dieses Rechtsinstitut wird auf die in § 120 des Entwurfes eines Gesetzes über das Arbeitsverhältnis von 1938 des Arbeitsausschusses der Akademie für Dt. Recht vorgesehene Legaldefinition gestützt[2]. Der Entwurf ist nicht als Gesetz in Kraft getreten. Man könnte daher dem Grunde nach bereits einwenden, daß ein derartiges Rechtsinstitut mangels gesetzlicher Grundlage nicht existiert. Unberücksichtigt bliebe dabei, daß das Institut des mittelbaren Arbeitsverhältnisses seit fast einhundert Jahren im Sozialrecht anerkannt ist[3]. Gegen eine Anwendung im Arbeitsrecht bestanden zwar

---

[1] Henssler, S. 86 f.; Konzen (RdA 1984, 65 (72)) beruft sich auf die Rechtsprechung des BAG (AP Nr. 19 zu § 611 BGB Abhängigkeit; v. 5.8.1976 zum „mittelbaren Arbeitsverhältnis“. Dieses habe aufgrund dieses Instituts bei Einschaltung einer wirtschaftlich total abhängigen juristischen Person eine Art Durchgriff des Kündigungsschutzes auf den Hintermann erwogen.

[2] BAG v. 9.4.1957, AP Nr. 2 zu § 611 BGB, Mittelbares Arbeitsverhältnis; mit zustimmender Anm. von A. Hueck.

zunächst, entgegen einzelnen Auffassungen in der Literatur[4], Bedenken[5]. Bereits das RAG hatte jedoch seine Entscheidung vom 17.4.1940[6] auf das Rechtsinstitut, wenn auch unter einschränkenden Voraussetzungen, gestützt. Spätestens seit dem 5. Jahrzehnt dieses Jahrhunderts sind zudem die Grundsätze „mittelbarer Arbeitsverhältnisse“ auch im Arbeitsrecht allgemein anerkannt[7]. Es ist also durch lang andauernde Übung und gemeinsame Rechtsüberzeugung Gewohnheitsrecht entstanden[8]. Spätere und zudem vereinzelt gebliebene Kritik[9] hat dieses Gewohnheitsrecht nicht beseitigt. Die fehlende Bestätigung als formelles Gesetz steht folglich der Anwendung des Instituts nicht entgegen.

Fraglich ist mithin, ob das gewohnheitsrechtlich entstandene Institut vom „mittelbaren Arbeitgeber“ Konzernmütter kündigungsschutzrechtlich relevant zugunsten der Arbeitnehmer von Konzerntöchtern belastet.

B. Mittelbare Arbeitsverhältnisse im Konzern?

Ein mittelbares Arbeitsverhältnis in diesem Sinne liegt vor, wenn ein Arbeitnehmer durch einen sog. Mittelsmann in der Weise beschäftigt wird, daß er mit dessen Einverständnis die Arbeitsleistungen unmittelbar für einen Dritten erbringt, so daß auch den Dritten als Arbeitgeber bestimmte Verpflichtungen treffen[10].

---

[3] Wannagat, Lehrbuch des Sozialversicherungsrechts, Band 1, 1965, S. 321 f. m.w.N.; siehe auch BSGE 18, 190 (198 f.); Söllner, § 38 VII, S. 307; MüKo-Söllner, § 611 Rn. 471; Nikisch, § 24 III 2., S. 233.

[4] Insbesondere Kaskel / Dersch, 4. Auflage (1932), § 9 I 4 a), S. 24 f. m.w.N. zum damaligen Streitstand; Dersch, Anm. zu RAG v. 4.5.1932, ARS 16, 391 f.

[5] RAG v. 17.6.1931, ARS 12, 369 ff.; mit zustimmender Anm. von A. Hueck; RAG v. 4.5.1932, ARS 16, 387 ff.

[6] RAG ARS 39, 69 ff.

[7] BAG v. 9.4.1957, AP Nr. 2 zu § 611 BGB, Mittelbares Arbeitsverhältnis mit zustimmender Anm. von A. Hueck; Staudinger / Nipperdey / Mohnen, 11. Auflage, Vorb. vor § 611 Rn. 276; Nikisch, § 24 III; Hueck / Nipperdey, Band 1, § 78 V 3 c); Kauffmann, RdA 1951, 176 ff., der insoweit zwar von der damals fast einhelligen Meinung abweicht. Er verlangt keine Arbeitnehmereigenschaft für den Mittelsmann und erweitert daher den Anwendungsbereich. A. A. Konzen, ZfA 1982, 259 (268) und zweifelnd Koller, Anm. zu BAG v. 20.7.1982, AP Nr. 5 zu § 611 BGB, mittelbares Arbeitsverhältnis, die beide auf die damalige Rechtsprechung des 4. Senats des BAG (v. 8.8.1958, AP Nr. 3 zu § 611 BGB, Mittelbares Arbeitsverhältnis) verweisen. Im Ansatz sind diese Bedenken insoweit zutreffend, als der 4. Senat des BAG die Rechtsprechung des 3. Senats kritisierte und Lohnansprüche allein kraft mittelbaren Arbeitsverhältnisses ablehnte. Im übrigen stimmte der 4. Senat jedoch der damaligen Rechtsprechung des 3. Senats zu (Bl. 5 R), so daß im Grundsatz Übereinstimmung bestand.

[8] BAG v. 9.4.1957, AP Nr. 2 zu § 611 BGB, Mittelbares Arbeitsverhältnis mit zustimmender Anm. von A. Hueck; Staudinger / Nipperdey / Mohnen, 11. Auflage, Vorb. vor § 611 Rn. 276..

[9] Aufgrund grundsätzlicher Einwände gegen Gewohnheitsrecht, Ramm, ZfA 1973, 263 (267).

I. Aufgrund Konzernherrschaft?

Man könnte wiederum an die Herrschaftsmacht von Konzernmüttern anknüpfen. Konzernbedingte Beherrschung und arbeitsrechtliche Weisungsmacht sind zwar in ihren Voraussetzungen voneinander zu unterscheiden[11]. In qualifiziert geführten Konzernen ist jedoch denkbar, daß für die betroffenen Arbeitnehmer diese Unterscheidung nicht erkenntlich ist. Aus ihrer Sicht könnte wegen der qualifizierten Konzernierung wirtschaftliche Beherrschung als Ausübung arbeitsrechtlicher Leitungsmacht erscheinen. Dem vergleichbar hat das BAG in mehreren Verfahren gegen Sendeanstalten, die selbständige Rundfunkorchester unterhielten, erwogen, bei besonders starker wirtschaftlicher Abhängigkeit, die Sender u. a. zur anderweitigen Beschäftigung eines vom Orchester gekündigten Musikers zu verpflichten[12]. Unmittelbare arbeitsrechtliche Beziehungen im Sinne des Instituts des „mittelbaren Arbeitsverhältnisses" zwischen Arbeitnehmern von Konzerntöchtern einerseits und Konzernmüttern andererseits könnten insoweit begründet sein.

II. Unmittelbarer Empfänger der Arbeitsleistungen?

Gegen diese Annahme spricht zunächst, daß „mittelbare Arbeitsverhältnisse" nicht an die Ausübung arbeitsrechtlicher Weisungsbefugnisse anknüpfen. Entscheidend ist vielmehr die unmittelbare Erbringung von Arbeitsleistungen für einen Dritten[13]. Im Regelfall arbeiten Arbeitnehmer für ihren Vertragsarbeitgeber und somit nicht für Dritte. Sie erbringen ihre Arbeitsleistungen unmittelbar für ihren Vertragsarbeitgeber[14]. Dies gilt auch für Arbeitnehmer konzernangehöriger Arbeitgeber im Rechtssinne. Zwar kommen möglicherweise verstärkt in Konzernsachverhalten Abweichungen vor. Verwiesen sei beispielsweise auf die Struktur innerhalb des Konzernes der Ruhrkohle AG. Dort schließen die Arbeitnehmer mit dem einen Konzernunternehmen den Arbeitsvertrag, erbringen die Arbeitsleistungen hingegen unmittelbar für ein anderes Unternehmen desselben Konzernes[15]. Gerechtfertigt wird dadurch jedoch nicht, außerhalb derartiger

---

10 BAG v. 9.4.1957, AP Nr. 2 zu § 611 BGB, Mittelbares Arbeitsverhältnis; mit zustimmender Anm. von A. Hueck; Söllner, § 38 VII, S. 307; MüKo-Söllner, § 611 Rn. 471;

11 Siehe oben § 6 B II 2.

12 BAG v. 25.8.1976 (5 AZR 427/75), unter II 2 a) (unveröffentlicht); BAGE 27, 340 (348).

13 BAG v. 22.7.1982 und 24.8.1983, EzAÜG Bd. 2 Nr. 116 und 133; v. 9.4.1957, AP Nr. 2 zu § 611 BGB, Mittelbares Arbeitsverhältnis; mit zustimmender Anm. von A. Hueck; Söllner, § 38 VII, S. 307; MüKo-Söllner, § 611 Rn. 471;

14 So bereits Hofrichter (1938), S. 193 f.

15 BAG v. 29.11.1978, AP Nr. 18 zu § 611 BGB Bergbau; Fabricius, Rechtsprobleme gespaltener Arbeitsverhältnisse im Konzern, S. 1 u. 3.

Sachverhalte die Voraussetzungen von „mittelbaren Arbeitsverhältnissen“ im Sinne des Rechtsinstituts zu bejahen.

III. Objektivierter Schutz vor Rechtsmißbrauch

Darüber hinaus konkretisiert das gewohnheitsrechtlich verfestigte Institut des „mittelbaren Arbeitsverhältnisses“ in bestimmten Fallgruppen das arbeitsrechtliche Verbot vom Rechts- und Gestaltungsmißbrauch[16]. Die objektive Zweckverfehlung von Schutznormen ist somit entscheidend. Entgegen der obigen Annahme ist daher die subjektive Sicht eines oder sämtlicher Beteiligten nicht relevant.

IV. Arbeitnehmereigenschaft des Mittelsmannes?

Ausschlaggebend ist schließlich, daß die Grundsätze vom „mittelbaren Arbeitsverhältnis“ einen Arbeitnehmer als Mittelsmann voraussetzen[17]. Arbeitnehmer eines selbständigen Unternehmers bedürfen keines zusätzlichen Schutzes[18]. Zu ihren Gunsten wurde bisher das Rechtsinstitut nicht angewendet[19]. Jedenfalls bestand insoweit keine einheitliche Rechtsüberzeugung[20], so daß es am gewohnheitsrechtlich begründeten Rechtssatz fehlt. Wegen der Personengebundenheit der abhängigen Arbeit kann nur eine natürliche Person Arbeitnehmer sein[21]. Abhängige Aktiengesellschaften und Gesellschaften mit beschränkter Haftung sind hingegen juristische Personen. Sie können nicht Arbeitnehmer und daher auch nicht Mittelsmann im Sinne des gewohnheitsrechtlich verfestigten Instituts vom „mittelbaren Arbeitsverhältnis“ sein.

Man könnte allenfalls eine Ausweitung des Anwendungsbereichs erwägen. Da es sich um ein gewohnheitsrechtlich begründetes Institut handelt, würde man Rechtsfortbildung betreiben. Diese bedarf der Legitimation.

---

[16] BAG v. 20.7.1982, NJW 1983, 645 (646); mit zustimmender Anm. von Zeiss, SAE 1985, 49; KR-M. Wolf, Grunds. Rn. 391 a).

[17] BAG v. 9.4.1957, AP Nr. 2 zu § 611 BGB, Mittelbares Arbeitsverhältnis; mit zustimmender Anm. von A. Hueck; BAG v. 8.8.1958, AP Nr. 3 zu § 611 BGB, Mittelbares Arbeitsverhältnis; BSGE 18, 190 (198); LAG Berlin v. 3.6.1981, (5 Sa 98/80), unter III 5. (unveröffentlicht); Staudinger / Nipperdey / Mohnen, 11. Auflage, Vorb. vor § 611 Rn. 276; Nikisch, § 24 III 6.; Hueck / Nipperdey, Band 1, § 78 V 1; Schwerdtner, ZIP 1982, 900 (901); Seiter, VSSR Band 4 (1976), 179 (204); Schaub § 184 I; Karamarias, RdA 1983, 353 (356); Müllner, S. 26 f.; Becker / Wulfgramm, Art. 1 § 1 Rn. 36; bereits Hofrichter (1939), S. 194 f.; a.A. Kaufmann, RdA 1951, 176 ff.

[18] BAG v. 9.4.1957, AP Nr. 2 zu § 611 BGB, Mittelbares Arbeitsverhältnis; mit zustimmender Anm. von A. Hueck; BAG v. 8.8.1958, AP Nr. 3 zu § 611 BGB, Mittelbares Arbeitsverhältnis.

[19] Nikisch, § 24 III 6; RAG ARS 12, 369 (371).

[20] A.A. lediglich Kauffmann, RdA 1951, 176 ff.

[21] Schwerdtner, ZIP 1982, 900 (901); Söllner, § 3 I 1, S. 16;

Hierfür reicht nicht die Feststellung, eine Regelung sei wegen der wirtschaftlichen Abhängigkeit des Vertragsarbeitgebers unzweckmäßig oder ungerecht. Vielmehr ist ein unerträglicher Widerspruch zur Gerechtigkeit notwendig[22]. Rechtsfortbildung erfordert ein dringendes Bedürfnis des Rechtsverkehrs[23]. Arbeitnehmer konzernierter Arbeitgeber haben im Regelfall einen leistungsfähigen Vertragspartner. Durch die Konzernierung ihres Vertragsarbeitgebers sind ihre Arbeitsverhältnisse zwar besonderen Gefahren ausgesetzt. Dem stehen aber zum Ausgleich auch die Chancen gegenüber, die in der vergrößerten Leistungsfähigkeit des gesamten Konzernes begründet sind[24]. Es besteht also kein dringendes Bedürfnis, die Grundsätze vom „mittelbaren Arbeitsverhältnis" fortzuentwickeln.

Mit der h. M. scheidet ein „mittelbares Arbeitsverhältnis" aus, wenn der Mittelsmann i. S. dieses Instituts eine juristische Person ist.

Zusammenfassung

Das Rechtsinstitut des „mittelbaren Arbeitgebers" begründet ebenfalls keine konzerndimensionale Erweiterung des Kündigungsschutzes. Juristische Personen können nicht im Sinne dieses Instituts als Mittelsmann Arbeitnehmer sein, da die wirtschaftliche Abhängigkeit konzernierter Unternehmen einerseits von der persönlichen Abhängigkeit der Arbeitnehmer andererseits zu unterscheiden ist. Hinzu kommt, daß die Arbeitnehmer konzernierter Unternehmen außerhalb der Fälle des Rechtsmißbrauchs grundsätzlich einen ausreichend kompetenten Vertragspartner als Arbeitgeber im Rechtssinne haben.

---

[22] BVerfGE 3, 225 (2. LS, 237 ff.); 23, 98 ff.; BGH JZ 1954,, 152 ff.; Engisch, S. 175 f.

[23] Larenz, Methodenlehre, S. 411; im Grundsatz zustimmend Konzen, ZHR 151 (1987), 566 (596 f.).

[24] Siehe bereits unten § 3 B III 3 b) cc).

§ 8 Konzernumfassender Weiterbeschäftigungs-anspruch durch Sozialpläne?

A. Mitbestimmungsrechtliche Konzeption

Nach der mitbestimmungsrechtlichen Konzeption von Martens könnten Konzerne nicht für interne Unternehmensänderungen zu Lasten der in ihren Bestandsinteressen betroffenen Arbeitnehmer einen grenzenlosen Freiraum beanspruchen[1]. Eine Verpflichtung, stets einen geeigneten Arbeitsplatz im gesamten Konzern zu garantieren, scheide allerdings wegen der personalpolitischen Blockade des Konzernes aus. Es kommt also nach seiner Auffassung nur ein Anspruch auf Weiterbeschäftigung auf freien Arbeitsplätzen in Betracht. Der dafür zu ermittelnde konzerninterne Personalbedarf könne nicht wie im öffentlichen Dienst Stellenplänen entnommen werden. Es handele sich daher nicht um ein subsumptionsfähiges Rechts-, sondern um ein konzernpolitisches Regelungsproblem. Diese Aufgabe könne der individuelle Kündigungsschutzprozeß nicht bewältigen. Geeignet seien dafür vielmehr Regelungen durch Betriebsvereinbarungen und Sozialpläne[2]. Da Arbeitnehmer das allgemeine Beschäftigungsrisiko zu tragen hätten, schränkt Martens die Regelungskompetenz der Betriebspartner auf Fälle konzernbedingten Wegfalles von Arbeitsplätzen ein[3].

B. Stellungnahme

Einerseits widerspricht Martens einer analogen Anwendung des § 1 II 2 Nr. 1b) KSchG, weil der individuelle Kündigungsschutz nicht auf konzernumfassende Regelungsstreitigkeiten zugeschnitten sei. Hierzu wurde bereits oben Stellung genommen[4]. Damit ist aber andererseits noch nicht beantwortet, ob das betriebsverfassungsrechtliche Instrument des Sozialplanes den Kündigungsschutz konzerndimensional erweitert.

---

1 Martens, ZGR 1984, 417 (452 f.).

2 Martens, ZGR 1984, 417 (454 f.).

3 Martens, ZGR 1984, 417 (457 f.).

4 Siehe oben § 3 B I.

I. Zuständigkeit

Zuständiges Organ für die Vertretung der Arbeitnehmer ist grundsätzlich der Betriebsrat[5]. Unter den Voraussetzungen des § 50 BetrVG wechselt die Zuständigkeit zum Gesamtbetriebsrat. Innerhalb von Konzernen kommt darüber hinaus gemäß § 58 BetrVG die Zuständigkeit des Konzernbetriebsrates in Betracht, sofern er errichtet wurde.

1. Aufgrund Delegation gemäß § 58 II BetrVG

Unproblematisch ist dessen Zuständigkeit nach § 58 II BetrVG. Erforderlich ist hierfür ein Beschluß des oder der Gesamtbetriebsräte, den Konzernbetriebsrat zu beauftragen.

2. Originär gemäß § 58 I 1 BetrVG

Eine originäre Zuständigkeit des Konzernbetriebsrates gemäß § 58 I 1 BetrVG setzt demgegenüber zweierlei voraus:

a) Konzernangelegenheit

Zum einen muß eine Angelegenheit den Konzern oder mehrere Konzernunternehmen betreffen. Innerhalb von Unternehmen besteht bei freien und geeigneten Arbeitsplätzen gemäß § 1 II 2 Nr. 1b) KSchG Kündigungsschutz. In Betracht zu ziehen ist daher eine Erweiterung allenfalls in den Fällen, in denen es um eine Weiterbeschäftigung außerhalb des Unternehmens, jedoch innerhalb desselben Konzernes geht. Unabhängig davon, ob dafür ebenfalls ein freier und geeigneter Arbeitsplatz erforderlich ist, sind stets zwei Unternehmen desselben Konzernes betroffen: Das eine Unternehmen gibt den Arbeitnehmer ab, während das andere ihn aufnimmt. Es handelt sich also immer um Angelegeheiten mehrerer Konzernunternehmen im Sinne des § 58 I 1 1. Halbsatz BetrVG.

b) Konzernspezifischer Regelungsbedarf

Zum anderen ist Voraussetzung, daß die Angelegenheit nicht durch die einzelnen Gesamtbetriebsräte geregelt werden kann (§ 58 I 1 2. Halbsatz BetrVG). Martens meint hierzu, daß der Konzernbetriebsrat wegen der offenen Gesetzeslage und der berechtigten Arbeitnehmerinteressen grund-

[5] Galperin / Löwisch, § 111 Rn. 11; Dietz / Richardi, § 111 Rn. 114.

sätzlich die Kompetenz zur rechtsformübergreifenden Verknüpfung von Arbeitsrechtsbeziehung habe[6].

aa) „Offene" Gesetzeslage und Arbeitnehmerinteressen?

Man mag in Bezug auf § 1 II 2 Nr. 1b) KSchG die Behauptung, der Gesetzgeber habe die Regelung von Konzernsachverhalten übersehen, nicht widerlegen können[7]. Hinsichtlich § 58 I 1 BetrVG gilt Entsprechendes jedenfalls nicht. Diese Norm regelt ausdrücklich die Zuständigkeit von Konzernbetriebsräten und bezieht sich damit notwendigerweise auf Konzernsachverhalte. Ihre Regelung ist nicht übersehen worden. Die Rechtslage ist also nicht „offen". Vielmehr ist in § 58 BetrVG abschließend die Zuständigkeit von Konzernbetriebsräten geregelt.

Des weiteren ist der Hinweis auf die berechtigten Interessen der Arbeitnehmer in dieser Allgemeinheit zweifelhaft. Aus deren Sicht ist die Verteilung der Zuständigkeiten unter den sie repräsentierenden Organen der Betriebsverfassung zwar nicht unbedeutend. Für die Wahrung ihrer Interessen ist indessen die inhaltliche Reichweite von Mitbestimmungsrechten wichtiger. Materielle Voraussetzungen von Mitbestimmungstatbeständen und Zuständigkeitsregeln sind voneinander zu unterscheiden[8]. Die Zuständigkeit eines Konzernbetriebsrates ändert den Inhalt eines Sozialplanes nicht[9]. Dies gilt in beide Richtungen. Weder kann man von der fehlenden Zuständigkeit des Konzernbetriebsrates auf die Verneinung eines Mitbestimmungsrechts in Konzernsachverhalten schließen noch umgekehrt. Arbeitnehmerinteressen sind demnach erst dann berührt, wenn die Zuständigkeitsverteilung unter den Repräsentativorganen Mitbestimmungstatbestände einschränkt. Aber auch dann begründen Arbeitnehmerinteressen für sich allein betrachtet noch nicht, die Kompetenz des Konzernbetriebsrates auszuweiten. Entscheidend bleiben vielmehr die im Gesetz genannten Voraussetzungen.

„Offene" Gesetzeslage und Arbeitnehmerinteressen an sich begründen mithin nicht die Zuständigkeit des Konzernbetriebsrates nach § 58 I 1 BetrVG.

bb) Regelbarkeit durch Einzelbetriebsräte?

Ausschlaggebend ist folglich, ob gemäß § 58 I 1 2. Halbsatz BetrVG die Angelegenheit durch die einzelnen Gesamtbetriebsräte innerhalb ihrer

---

6 Martens, ZGR 1984, 417 (456).
7 Martens, ZGR 1984, 417 (452). Vgl. oben § 3 B III 1.
8 Siehe oben § 3 A III 2 m. w. N.
9 Hanau, ZfA 1974, 89 (1O5); a. A. Ohl, S. 61.

Unternehmen geregelt werden kann. Bloße Erwägungen der Zweckmäßigkeit oder Vernunft reichen hierfür nicht. Vielmehr ergeben die beiden vom Gesetz kumulativ geforderten Voraussetzungen nur Sinn, wenn über § 58 I 1 1. Halbsatz BetrVG hinaus nicht nur Betriebe mehrerer Unternehmen eines Konzernes betroffen sein müssen[10]. § 58 I 1 2. Halbsatz BetrVG verlangt nicht, daß eine einheitliche Regelung durch die einzelnen Betriebsräte denkgesetzlich ausgeschlossen ist. Er setzt lediglich eine Übereinstimmung aus Rechtsgründen voraus[11]. Der Konzernbetriebsrat ist zuständig, wenn eine Regelung durch die einzelnen Betriebsräte zwar denkbar ist, durch die Entscheidung in dem einen Betrieb der Betriebsrat des anderen aber präjudiziert würde[12].

Eine konzerndimensionale Erweiterung des Kündigungsschutzes durch Sozialplan erfordert eine Betriebsänderung, die zum Wegfall von Arbeitsplätzen führt[13]. Es geht also einerseits um die Durchführung in diesem Betrieb. Die wirtschaftlichen Nachteile für die Arbeitnehmer dieses Betriebes sind auszugleichen und zu mildern. Diese Aufgabe könnte der Betriebsrat dieses Betriebes wahrnehmen. Aus diesem Grunde verneinen Dietz / Richardi in den Fällen, in denen lediglich ein Betrieb eines Konzernunternehmens betroffen ist, eine originäre Zuständigkeit des Konzernbetriebsrates[14]. Andererseits sind die aufgrund der Umstrukturierung entlassenen Arbeitnehmer, falls die materiellen Voraussetzungen eines konzernumfassenden Kündigungsschutzes kraft Sozialplan erfüllt sein sollten, auf Arbeitsplätzen in Betrieben anderer Unternehmen desselben Konzernes unterzubringen. Hierfür ist gemäß § 99 I BetrVG die Zustimmung des betriebsverfassungsrechtlich zuständigen Repräsentativorganes erforderlich. Aber auch insoweit könnte die zusätzliche Beteiligung des Einzelbetriebsrates des aufnehmenden Betriebes ausreichen. Man könnte daher meinen, daß die Zuständigkeiten von abgebenden und aufnehmenden Betriebsräten genügt, eine Einschaltung des Konzernbetriebsrates nicht zwingend im Sinne des § 58 I 1 2. Halbsatz BetrVG erforderlich ist[15].

Unberücksichtigt bliebe hingegen, daß die originäre Zuständigkeit von Konzernbetriebsräten unter der Annahme eines Mitbestimmungsrechtes zu

---

[10] Löwisch / Mikosch, Anm. zu BAG v. 6.4.1976, AP Nr. 1 und 2 zu § 5O BetrVG 1972, zu der insoweit fast wortgleichen auf Gesamtunternehmen bezogenen Parallelvorschrift des § 5O I BetrVG.

[11] BAG v. 6.4.1976, AP Nr. 1 und 2 zu § 5O BetrVG 1972; mit insoweit zustimmender Anm. von Löwisch / Mikosch.

[12] Löwisch / Mikosch, Anm. zu BAG, AP Nr. 1 und 2 zu § 5O BetrVG 1972.

[13] Erzwingbar ist ein Sozialplan bei Betriebsänderungen, die allein die Entlassung von Arbeitnehmern betreffen, nur, wenn die in § 112 a I BetrVG genannte Anzahl von Arbeitnehmern eines Betriebes eines konzernangehörigen Unternehmens entlassen wird. Insoweit wird die frühere Rechtsprechung des BAG zu § 111 Nr. 1 BetrVG bestätigt (vgl. Fitting / Auffarth / Kaiser / Heither, § 111 Rn.19).

[14] Dietz / Richardi, § 111 Rn. 116.

[15] Hess / Schlochauer / Glaubitz, § 58 Rn. 13, 15.

prüfen ist. Durch die Aufspaltung auf die Einzelbetriebsräte von abgebenden und aufnehmenden Betrieb hätte man zwar für jeden Regelungskomplex die Zuständigkeit eines Organes ermittelt. Das etwaige Mitbestimmungsrecht wäre jedoch eingeschränkt. Es ist nämlich nicht auszuschließen, daß sowohl die beteiligten Einzelbetriebsräte als auch die konzernangehörigen Unternehmen widersprüchlich entscheiden. Angesichts der im Regelfall einander widersprechenden Interessen sind unterschiedliche Entscheidungen sogar zu erwarten.

Die Leitung eines von einer Betriebsänderung betroffenen Unternehmens beispielsweise ist an einer Verringerung der Belastungen durch einen Sozialplan interessiert. Die Übernahme von Arbeitnehmern durch ein anderes Unternehmen des Konzerns könnte insoweit entlasten. Der Betriebsrat des abgebenden wird hiergegen häufig keine Einwände haben. Probleme der Verteilung knapper Arbeitsplätze in seinem Betrieb werden reduziert. Die möglicherweise gegenläufigen Interessen der Belegschaft des aufnehmenden Betriebes hat er nicht wahrzunehmen.

Selbst wenn er sie berücksichtigen wollte, so müßte er mit der Leitung des aufnehmenden Betriebes verhandeln und die Weiterbeschäftigung des Arbeitnehmers vereinbaren. Dafür wäre jedoch nicht der Betriebsrat des abgebenden, sondern der des aufnehmenden Betriebes zuständig. Die Zustimmung des dortigen Betriebsrates ist gemäß § 99 I BetrVG ebenfalls notwendig. Es würden also nicht einmal Verhandlungen und Vereinbarungen mit der Unternehmensleitung des aufnehmenden Betriebes genügen. Es besteht die Gefahr, daß ein Sozialplan die Übernahme von Arbeitnehmern von andererm Betrieben weiterer Unternehmen des Konzernes vorsieht, die erforderlichen Zustimmungen der Unternehmensleitung und des Betriebsrates des aufnehmenden Betriebes nicht vorliegt. Das Mitbestimmungsrecht wäre wegen der fehlenden Zuständigkeit des Konzernbetriebsrates eingeschränkt. Der Sinn des § 58 I 1 BetrVG ist, derartige Widersprüche zu vermeiden[16]. Widersprüche können nicht auftreten, wenn der aufnehmende Betriebsrat sich an der Entscheidung des abgebenden orientieren würde. Dann würde aber der Abgebende den Spielraum des Aufnehmenden präjudizieren. Auch dies ist mit dem Sinn und Zweck von § 58 I 1 BetrVG nicht zu vereinbaren. Die Interessen der Belegschaft des aufnehmenden Betriebes wären nämlich gefährdet. Für die Übernahme „freigesetzter" Arbeitnehmer in anderen Unternehmen des Konzernes durch Sozialplan ist daher die Kompetenz des Konzernbetriebsrates nicht nur zweckmäßig, sondern zudem für eine einheitliche und widerspruchsfreie Regelung erforderlich[17].

---

[16] Wetzling, S. 125.

[17] Im Ergebnis gleicher Ansicht, Martens, ZGR 1984, 417 (456); ders. bereits in ZfA 1973, 297 (307 f.); Konzen, RdA 1984, 65 (76); Tomicic, S. 117; Kammann / Hess / Schlochauer, § 58 Rn. 6; a. A. nunmehr Hess / Schlochauer / Glaubitz, § 58 Rn. 13, 15. Fuchs (S. 132) bejaht die Zuständigkeit des Konzernbetriebsrates, wenn sozialplan-

Ein Bedenken könnte diesem Ergebnis im Wege stehen. Nach der Rechtsprechung des BAG ist im einheitlichen Unternehmen hinsichtlich der Mitbestimmung gemäß § 102 BetrVG des abgebenden Betriebes und der des aufnehmenden nach § 99 I BetrVG zu unterscheiden. Die Zuständigkeit beider Organe ist gesondert zu untersuchen. Gemäß § 50 I BetrVG (der bis auf die Worte Gesamt- und Konzernbetriebsrat sowie Gesamtunternehmen und Konzern mit § 58 I BetrVG übereinstimmt) bestünde nur eine subsidäre Zuständigkeit. Bezüglich der Parallelnorm des § 58 I 1 BetrVG im einheitlichen Unternehmen (des § 50 I BetrVG) hat das BAG die Zuständigkeit des Gesamtbetriebsrates verneint[18]. Man könnte daher meinen, daß Entsprechendes auch für die Zuständigkeit des Konzernbetriebsrates gemäß § 58 I 1 BetrVG gelten muß[19].

Dem widerspricht jedoch zunächst, daß die Argumentation des BAG zu § 50 I und somit auch der Vergleich mit § 58 I BetrVG bedenklich ist. Diese Normen begründen keine subsidäre Zuständigkeiten. Vielmehr haben Gesamt- und Konzernbetriebsrat unter den dort genannten Voraussetzungen originäre Kompetenzen[20].

Des weiteren würde unabhängig davon und ausschlaggebend eine Übertragung dieser Rechtsprechung folgendes außer Acht lassen: Das BAG hatte hinsichtlich der Mitbestimmungstatbestände der §§ 99 I / 102 I BetrVG die Gefahr kaum lösbarer Konkurrenzprobleme gesehen[21]. In dem vom BAG zu entscheidenden Fall entfiel jedoch diese Schwierigkeit. Der betreffende Arbeitnehmer hatte freiwillig seinen Arbeitsplatz beim abgebenden Betrieb zugunsten des neuen aufgeben wollen. Es war keine Änderungskündigung erforderlich. Es bestand daher kein Mitbestimmungsrecht des Betriebsrates

---

pflichtige Entlassungen im Konzerninteresse erfolgen. Wetzling (S. 124) kommt zum gleichen Ergebnis, wenn die Konzernleitung die Beschäftigungsmöglichkeiten konzernweit sicherstellen will.

Dahingestellt bleiben kann, ob aus der Zuständigkeit des Konzernbetriebsrates bei Sozialplänen notwendigerweise die Anerkennung von vertikalen Konzernbetriebsvereinbarungen folgt (Martens (ZfA 1973, 297 (307 f.)), oder ob hierfür ein Vertragskonzern Voraussetzung ist (Dietz / Richardi, § 58 Rn. 31 ff. m. w. N. zum Meinungsstand). Auch für horizontale und gleichlautende Konzernvereinbarungen mit allen beteiligten Unternehmen würde nämlich der Konzernbetriebsrat zuständig sein. Rechtswirkungen einer Konzernbetriebsvereinbarung und Zuständigkeit des Konzernbetriebsrates sind also nicht notwendigerweise miteinander verknüpft (Konzen, RdA 1984, 65 (77)).

[18] BAG AP Nr. 12 zu § 99 BetrVG 1972, unter III 7.; mit insoweit zustimmender Anm. von Löwisch.

[19] Hanau, ZGR 1984, 468 (486).

[20] Kritisch auch beispielsweise Dietz / Richardi, § 99 Rn. 97 m.w.N. zum Meinungsstand.

[21] BAG AP Nr. 12 zu § 99 BetrVG 1972, unter III 7.; a. A. Löwisch, in der Anm. zu dieser BAG-Entscheidung, der in widersprechenden Entscheidungen der beteiligten Betriebsräte keine Gefahr sieht. Divergenzen seien seiner Ansicht nach gegebenenfalls eine selbstverständliche Folge der unterschiedlichen Interessen, die die Betriebsräte wahrzunehmen hätten.

des abgebenden Betriebes. Eine derartige Lösung der Konkurrenzproblematik scheidet hinsichtlich § 112 BetrVG aus. Für die Aufstellung eines Sozialplanes ist die Beteiligung des zuständigen Repräsentativorgans der Arbeitnehmerschaft erforderlich. Es entsteht also stets das Problem, ob entweder die Betriebsräte vom ab- und aufnehmenden Betrieb oder der Konzernbetriebsrat zuständig sind.

Hinzu kommt, daß für einen Weiterbeschäftigungsanspruch gemäß § 102 III Nr. 3 BetrVG in Verbindung mit § 1 II 2 Nr. 1b) KSchG nach h.M[22] auch im Falle der Kündigung ein Votum des Repräsentativorganes nicht Voraussetzung ist. Auch ohne Widerspruch durch das zuständige Organ steht bei individuellen Maßnahmen ein geeigneter und freier Arbeitsplatz der Wirksamkeit einer Kündigung entgegen. Auch in diesen Fällen muß indessen der Betriebsrat des aufnehmenden Betriebes gemäß § 99 I BetrVG beteiligt werden. Hieran kann sich nichts ändern, wenn der Betriebsrat des kündigenden Betriebes beteiligt wurde. Die Mitbestimmungstatbestände von § 102 III Nr. 3 BetrVG einerseits und § 112 IV BetrVG andererseits sind also nicht miteinander vergleichbar.

Soweit ein konzerndimensionaler Weiterbeschäftigungsanspruch kraft Sozialplanes in Betracht kommt, verbleibt es bei der originären Zuständigkeit des Konzernbetriebsrates gemäß § 58 I 1 BetrVG.

II. Materielle Voraussetzungen

Voraussetzung für einen Sozialplan ist, daß eine Betriebsänderung gemäß §§ 112, 112 a BetrVG geplant ist. Hier geht es um eine konzerndimensionale Erweiterung des Kündigungsschutzes durch Sozialpläne. Es müssen also durch die geplante Maßnahme Arbeitsplätze wegfallen. Die §§ 112, 112 a BetrVG stellen insoweit ausschließlich auf die Verhältnisse in dem konkreten Betrieb ab. Ein Sozialplan bezieht sich auf eine bestimmte Betriebsänderung[23]. Die materiellen Voraussetzungen sind betriebs-, nicht unternehmens- und keinesfalls konzernbezogen.

Zu erwägen ist allerdings, ob die gesetzliche Regelung im Hinblick auf Konzernsachverhalte lückenhaft ist. § 112 a II BetrVG regelt indessen ein konzernspezifisches Problem. Entsprechendes gilt für § 112 V Nr. 2 Satz 2 BetrVG. Die Regelung von Konzernsachverhalten wurde also nicht übersehen. Das Gesetz ist nicht unvollständig. Hinsichtlich der materiellen Voraussetzungen sind daher Konzernsachverhalte insoweit nicht relevant, als es auf die konkreten Auswirkungen in den einzelnen Betrieben ankommt.

---

[22] Siehe oben § 3 A III 1 mit weiteren Nachweisen.

[23] Willemsen, ZIP 1981, 1058 (1062).

III. Inhaltliche Grenzen

Konzernspezifische Besonderheiten können jedoch bezüglich der inhaltlichen Grenzen von Sozialplänen bestehen.

1. Wirtschaftliche Vertretbarkeit gemäß § 112 V BetrVG

Ob und unter welchen Voraussetzungen die wirtschaftliche Vertretbarkeit gemäß § 112 V 1 BetrVG auf den Konzern oder auf Teile von ihm zu beziehen ist, ist umstritten. Wie zu § 16 BetrAVG[24] wird die Ansicht vertreten, die wirtschaftliche Lage des gesamten Konzernes im Wege eines „Berechnungsdurchgriffes" zu berücksichtigen[25]. Gemeint sind damit die Fälle, in denen es einer Konzerntochter wirtschaftlich schlecht geht, eine bestimmte Belastung durch einen Sozialplan für sie wirtschaftlich im Sinne des § 112 V 1 BetrVG nicht, bei Berücksichtigung des wirtschaftlichen Erfolges des Konzernes aber vertretbar ist. Durch die Einbeziehung anderer Konzernunternehmen oder des Konzernes wird die Belastbarkeit der sozialplanpflichtigen Tochter rechnerisch erhöht. Ein „Berechnungsdurchgriff" begründet keine Berücksichtigung von Arbeitsplätzen außerhalb des verpflichteten Unternehmens. Berechnungsdurchgriffe sind also nicht geeignet, den Kündigungsschutz kraft Sozialplanes auf Konzerne in ihrer Gesamtheit zu erweitern. Der Streit, ob und unter welchen Voraussetzungen die wirtschaftliche Vertretbarkeit gemäß § 112 V 1 BetrVG auf den Konzern oder auf Teile von ihm zu beziehen ist, mag daher dahinstehen.

2. Einbeziehung unternehmensexterner Arbeitsplätze

Eine Einbeziehung von Arbeitsplätzen außerhalb des Unternehmens, aber innerhalb desselben Konzernes, könnte man aus § 112 V Nr. 2 Satz 2 BetrVG ableiten.

a) Freiwilliger Inhalt von Sozialplänen

Diese Vorschrift konkretisiert den Rahmen des billigen Ermessens, den Einigungsstellen bei Aufstellung von Sozialplänen und der Abwägung zwischen sozialer Erforderlichkeit zugunsten der betroffenen Arbeitnehmer und wirtschaftlicher Vertretbarkeit zu Lasten von Unternehmen zu beachten haben. Gemäß § 112 V Nr. 2 Satz 2 BetrVG sollen u. a. die Arbeitnehmer durch Sozialpläne keine Leistungen erhalten, die zumutbare Weiterbeschäftigungsmöglichkeiten in einem anderen Unternehmens ihres Konzernes

---

[24] Siehe oben § 2 A II 1.

[25] Konzen, RdA 1984, 65 (77); Hoyningen-Huene, RdA 1986, 1O2 (111 ff.); Hanau, ZGR 1984, 468 (489 ff.).

ablehnen. Wörtlich interpretiert enthält § 112 V Nr. 2 Satz 2 BetrVG also lediglich einen Ausschlußtatbestand. Eine Regelung, der positiv in Konzernen die Einbeziehung unternehmensexterner Arbeitsplätze in Sozialplänen zu entnehmen ist, fehlt. Man könnte daher meinen, daß sich die Bedeutung des § 112 V Nr. 2 Satz 2 BetrVG auf die Regelung eines Ausschlußtatbestandes beschränkt, eine auch freiwillige Einbeziehung unternehmensexterner Arbeitsplätze in Sozialplänen nicht möglich ist.

Gestützt wird diese Erwägung durch einen Vergleich mit der Rechtslage vor Inkrafttreten des § 112 V Nr. 2 Satz 2 BetrVG. Vor dem BSchFG 1985 fehlte eine entsprechende Bestimmung. Gleichwohl war anerkannt, daß Sozialpläne diejenigen Arbeitnehmer von Ansprüchen ausschließen können, die ein ihnen zuvor angebotenes und zumutbares Arbeitsverhältnis im Unternehmen oder Konzern ausschlugen[26]. Hierfür ist jedoch nicht Voraussetzung, daß diesen Arbeitnehmern der andere Arbeitsplatz durch Sozialplan angeboten wird[27]. Es reicht vielmehr, daß der Plan lediglich an ein anderweitiges Angebot anknüpft, um Ansprüche auszuschließen.

Nicht beachten würde man jedoch, daß auch vor Inkrafttreten des § 112 V Nr. 2 Satz 2 BetrVG die Ansicht vertreten wurde, in Sozialplänen könnte freiwillig vereinbart werden, Arbeitnehmer nicht zu entlassen, sondern nach Versetzung weiterzubeschäftigen[28]. Durch Inkrafttreten des § 112 V Nr. 2 Satz 2 BetrVG hat der Gesetzgeber demnach nicht eine enge Auffassung mit gegenteiligem Inhalt festgeschrieben. Ferner ist außer dem unzureichenden Wortlaut des Gesetzes kein Grund ersichtlich, die freiwillige Einbeziehung von Weiterbeschäftigungsmöglichkeiten zu verhindern. Die Sozialpartner sind einverstanden. Sonst hätten sie den Sozialplan nicht vereinbart. Auch für die betroffenen Arbeitnehmer sind lediglich Vorteile erkennbar. Zwar verlieren sie ihren ursprünglichen Arbeitsplatz. Auch erlangen sie keine Ansprüche aus dem Sozialplan, wenn sie die zumutbare Weiterbeschäftigung ausschlagen. Diese Nachteile hätten sie aber auch dann, falls man keine freiwillige Einbeziehung konzernumfassender Weiterbeschäftigungsmöglichkeiten in Sozialplänen zuläßt. Demgegenüber erlan-

---

[26] BAG v. 8.12.1976, AP Nr. 3 zu § 112 BetrVG 1972; v. 25.10.1983, DB 1984, 725; LAG Hamburg v. 8.7.1980, ZIP 1981, 82 (84); Willemsen, ZIP 1981, 1058 (1061); Ohl, S. 108; Dietzen, S. 51; Vogt, S. 128.

[27] Insoweit wohl widersprüchlich Wiedemann / Willemsem, Anm. zu BAG v. 8.12.1976, AP Nr. 3 zu § 112 BetrVG 1972, Bl. 8 R. Sie fordern einerseits für eine hinsichtlich des Sozialplanes relevante Weiterbeschäftigungsmöglichkeit ein Angebot durch „die Betriebspartner". Ein verbindliche Übernahmeerklärung ausschließlich des zur Weiterbeschäftigung bereiten Unternehmens entspricht diesen Anforderung nicht. Andererseits reicht nach ihrer Ansicht für Weiterbeschäftigungsmöglichkeiten außerhalb von Konzernen eine entsprechende Verpflichtungserklärung lediglich des fremden Unternehmens. Diese Differenzierung begründen sie nicht weiter.

[28] Dietz / Richardi, § 112 Rn. 57; Galperin / Löwisch, § 112 Rn. 28a; GK-Fabricius, § 112 Rn. 46; vgl. auch Tomicic, S. 26, der allerdings das Problem, ob freiwilliger oder erzwingbarer Inhalt nicht erörtert.

gen sie durch die im Sozialplan vereinbarte anderweitige Möglichkeit der Beschäftigung Vorteile.

Aufgrund freiwilliger Vereinbarung kann der Kündigungsschutz durch Sozialpläne mithin erweitert werden[29].

b) Erzwingbare Einbeziehung?

Fraglich ist, ob darüber hinaus die Einbeziehung freier und geeigneter Arbeitsplätze in Betrieben anderer Unternehmen desselben Konzernes gemäß § 112 IV BetrVG ein erzwingbares Mitbestimmungsrecht ist.

aa) Abgrenzung zum Interessenausgleich

Im einheitlichen Unternehmen wird diese Frage verneint. Es gehöre nicht zum erzwingbaren Inhalt von Sozialplänen, statt Arbeitnehmer zu entlassen, sie auf anderen geeigneten Arbeitsplätzen weiterzubeschäftigen[30]. Sozialpläne haben nach dieser Ansicht lediglich die wirtschaftlichen Nachteile von Betriebsänderungen, die den Arbeitnehmern entstehen, auszugleichen oder zu mildern. Demgegenüber würde die Erzwingbarkeit von Versetzungen die Betriebsänderung selbst betreffen. Der vorgesehene Personalabbau würde verzögert werden. Betriebsänderungen können danach ausschließlich Gegenstand eines Interessenausgleiches gemäß § 112 I bis III BetrVG sein[31]. Er ist aber im Gegensatz zum Sozialplan nicht erzwingbar.

Es mag sein, daß diese Begründung überzeugt, wenn eine Versetzung innerhalb eines von einer Betriebsänderung betroffenen Betriebes erzwungen werden soll. In derartigen Fällen würde die für diesen Betrieb geplante Änderung zumindest verzögert werden. Die unternehmerische Entscheidungsfreiheit wäre berührt. Entsprechendes gilt schon dann nicht mehr, wenn eine Weiterbeschäftigung außerhalb eines betroffenen Betriebes geplant ist. Die konkrete Betriebsänderung ist nicht betroffen. Häufig wird es sogar so sein, daß eine Weiterbeschäftigungsmöglichkeit außerhalb des konkreten Betriebes hilft, den dort geplanten Personalabbau zu beschleunigen. Die Begründung, mit der die Erzwingbarkeit von Sozialplänen mit Verpflichtungen zur Versetzung von Arbeitnehmern, die wegen einer Betriebsänderung entlassen werden sollen, abgelehnt wird, überzeugt folglich nicht stets. Sie ist widersprüchlich, da sie die befürchtete Beeinträchtigung nicht im Hinblick auf die Verhältnisse des konkreten Betriebes beurteilt. Allein

---

[29] Neben den eben genannten Nachweisen zu den Auffassungen vor Inkrafttreten von § 112 V Nr. 2 Satz 2 BetrVG; Windbichlicher, Anm. zu BAG v. 28.5.1986, SAE 1987, 133; Konzen, ZHR 151 (1987), 566 (599).

[30] Ohl, S. 106; Dietz / Richardi, § 112 Rn. 57; Galperin / Löwisch, § 112 Rn. 28.

[31] Galperin / Löwisch, § 112 Rn. 28.

diese sind entscheidend[32]. Sie mißachtet insoweit die Betriebsbezogenheit der §§ 111, 112, 112a BetrVG. Eine durch Sozialplan erzwingbare Regelung von Weiterbeschäftigungsverpflichtungen außerhalb eines von einer Änderung im Sinne des § 111 BetrVG betroffenen Betriebes widerspricht also nicht den Vorschriften über den Interessenausgleich (§ 112 I bis III BetrVG). Auf konzernumfassenden Kündigungsschutz trifft dies zu. Aus diesem Grunde und wegen der durch Inkrafttreten des § 112 V Nr. 2 Satz 2 BetrVG erfolgten Regelung eines Konzernsachverhalts könnte man meinen, daß Weiterbeschäftigungsmöglichkeiten in anderen Konzernunternehmen zum möglichen und erzwingbaren Inhalt von Sozialplänen gehört.

bb) Konzerndimensionale Teleologie des § 112 II BetrVG?

Zwar stützt der Wortlaut des § 112 V Nr. 2 Satz 2 BetrVG diese These nicht. Er regelt nur einen Ausschlußtatbestand[33]. Sinn und Zweck der Vorschriften über den Sozialplan kann jedoch eine konzernweite Anwendung des Mitbestimmungstatbestandes begründen. Sie sollen die wirtschaftlichen Nachteile, die den Arbeitnehmern durch Betriebsänderungen entstehen, ausgleichen oder mildern (§ 112 I 2 BetrVG). Nach billigem Ermessen sind dabei gemäß § 112 V BetrVG soziale Belange und wirtschaftliche Vertretbarkeit gegeneinander abzuwägen. Ausgleich oder Milderung können unzweifelhaft durch finanzielle Leistungen erfolgen[34]. Die einhellige Praxis und die Nennung des Begriffes „Gesamtbetrag" in § 112 V Nr. 5 BetrVG n. F. bestätigen dies. Welche Inhalte in Sozialplänen darüber hinaus zulässig sind, läßt sich dem Gesetz unmittelbar allerdings nicht entnehmen. Konzernweite Versetzungen mildern zumindest für die betroffenen Arbeitnehmer die mit dem Arbeitsplatzverlust verbundenen Nachteile. Aus diesem Grunde könnten Weiterbeschäftigungsmöglichkeiten außerhalb des Unternehmens des Vertragsarbeitgebers, aber innerhalb desselben Konzernes zulässiger und erzwingbarer Inhalt von Sozialplänen sein. Bestätigt wird diese Annahme dadurch, daß grundsätzlich anerkannt ist, in Sozialplänen erzwingbar neben finanziellen Fragen auch andere materielle Arbeitsbedingungen zu regeln[35].

---

32 Siehe oben § 8 B II.

33 Siehe oben § 8 B III 2 a).

34 Vgl. Galperin / Löwisch, § 112 Rn. 24 ff. m.w.N.

35 Galperin / Löwisch, § 112 Rn. 27 m.w.N.

cc) Systematische Auslegung von § 112 II BetrVG

α) Im Verhältnis zu den allgemeinen Mitbestimmungstatbeständen

Demgegenüber ist hingegen zunächst zu beachten, daß das BetrVG in den §§ 87 I Nr. 8 und 88 Nr. 2 in zwei Einzelfällen ausdrücklich konzernumfassende Mitbestimmung angeordnet hat. Methodisch ist zwar der Gegenschluß zu gesetzlich geregelten Fällen nicht zwingend[36]. Hier ist er aber naheliegend. Aus der ausdrücklichen Anordnung von konzernweiten Mitbestimmungstatbeständen in Einzelfällen ist zu schließen, daß sie ansonsten sich lediglich auf Unternehmen beziehen.

β) Speziell zu den Regelungen über Sozialpläne

Ferner stellen die Vorschriften über Sozialpläne in bezug auf die materiellen Voraussetzungen auf die betrieblichen Verhältnisse (§ 111 BetrVG) und hinsichtlich des möglichen Inhalts auf die wirtschaftliche Vertretbarkeit auf die Unternehmen (§ 112 V BetrVG) ab. Insoweit sind die Regelungen über die Sozialpläne mit § 1 II 2 KSchG vergleichbar[37]. Sie sind betriebs-, allenfalls unternehmens- und nicht konzernbezogen[38]. Mit dieser Systematik ist eine Konzerndimension nicht zu vereinbaren. Vielmehr wäre dafür eine eindeutige Regelung im Gesetz erforderlich.

γ) Einfluß der Lehre vom Berechnungsdurchgriff?

Dem kann man nicht den oben erörterten konzernspezifischen Berechnungsdurchgriff entgegenhalten. Auch wenn zur Beurteilung der wirtschaftlichen Vertretbarkeit im Wege eines Berechnungsdurchgriffes auf die Finanzkraft des Konzernes abgestellt wird, wird im Ergebnis inhaltlich durch den Sozialplan lediglich das konzernangehörige Unternehmen verpflichtet, das die Betriebsänderung durchführt[39]. Die Einbeziehung des Konzernes erfolgt lediglich zur Berechnung. Ob die inhaltliche Erstreckung von Sozialplänen auf unternehmensexterne Arbeitsplätze erzwungen werden kann, ist die zu entscheidende Frage. Für sie ist somit nicht präjudizierend, ob man den oben dargestellten Auffassungen zum Berechnungsdurchgriff folgt. Auch widerspricht der unternehmensbezogenen Begrenzung aus

---

[36] Larenz, Methodenlehre, S. 374.

[37] Hanau, ZGR 1984, 468 (488).

[38] Siehe oben § 3. Lediglich unter der Voraussetzung, daß ein Betrieb von mehreren Unternehmens eines Konzernes geführt wird, schließen sich Betriebs- und Konzernbezogenheit einander nicht aus (§ 3 A I).

[39] Siehe oben § 8 B III 1.

systematischen Gründen nicht § 112 V Nr. 2 Satz 2 BetrVG, da dort gerade nicht der mögliche Inhalt konzernumfassender Sozialpläne geregelt ist.

dd) Aufgrund historischer Auslegung?

Bestätigt wird die Verneinung der Konzerndimension des weiteren durch die Materialien zu § 112 V Nr. 2 Satz 2 BetrVG. Zwar erwähnt die amtliche Begründung zu § 112 V Nr. 2 Satz 2 BetrVG eine Entscheidungskompetenz der Einigungsstelle. Diese soll über die Zumutbarkeit anderweitiger Beschäftigungsmöglichkeiten verbindlich entscheiden können[40]. Damit ist hingegen nicht gemeint, daß die Einigungsstelle über die zuvor zu beantwortende Frage, welche und ob überhaupt unternehmensexterne Arbeitsplätze angeboten werden sollen, ebenfalls die Entscheidungskompetenz hat. Die amtliche Begründung beschränkt sich auf die Erörterung der Konsequenzen nach Angebot entsprechender Weiterbeschäftigungsmöglichkeiten.

ee) Konzernbedingte Entlassungen?

Hiervon könnten mit Martens[41] dann Ausnahmen geboten sein, wenn die die Entlassungen verursachenden Betriebsänderungen konzernbedingt sind. Eine derartige Differenzierung hat im Gesetz jedoch keinerlei Anhalt. Man würde also einen Mitbestimmungstatbestand entgegen systematischer und historischer Auslegung erweitern und damit Rechtsfortbildung betreiben. Für diese besteht in Konzernsachverhalten keine Notwendigkeit[42].

ff) Eingliederungskonzerne

Fernerhin könnte in Eingliederungskonzernen eine Abweichung von der allgemeinen Regel erforderlich sein. Arbeitnehmer eingegliederter Unternehmen haben gemäß § 322 I AktG einen kündigungsschutzrechtlich relevanten Anspruch auf Beschäftigung gegen die Konzernmutter[43]. Diesen Anspruch haben alle Arbeitnehmer der eingegliederten Konzerntochter. Aus diesem Grunde könnten die geeigneten und freien Arbeitsplätze der Konzernmutter in den erzwingbaren Bereich der Mitbestimmung bei Sozialplänen einbezogen werden.

Dem widerspricht einerseits die systematische und historische Auslegung der Vorschriften über die Sozialpläne. Insoweit ist eine Ausweitung der

---

[40] BR-Drucksache 393/84, S. 28.

[41] Martens, ZGR 1984, 417 (452 ff.); siehe oben § 8 A.

[42] Siehe oben § 3 B III 3 b) cc).

[43] Siehe oben § 5 C zu den Voraussetzungen und individualrechtlichen Rechtsfolgen im einzelnen.

betrieblichen Mitbestimmung parallel zum individuellen Kündigungsschutz problematisch.

Andererseits unterscheidet sich die Rechtslage zugunsten der Arbeitnehmer eingegliederter Arbeitgeber im Rechtssinne von den übrigen Arbeitnehmern genau in diesem Umstand: Als Gläubiger sind sie durch die gesamtschuldnerische Haftung des § 322 I AktG in ihrem Anspruch auf Beschäftigung auch ohne Sozialplan geschützt. Für sie würde die erzwingbare Einbeziehung unternehmensexterner Arbeitsplätze konzernumfassenden Kündigungsschutz nicht erst begründen. Hinzu kommt, daß dem eine fehlende zusätzliche Belastung der Konzernmütter eingegliederter Töchter entspricht. Die bei ihr freien und geeigneten Arbeitsplätze sind unabhängig vom Sozialplan durch die individuellen Ansprüche der Arbeitnehmer betroffen. Darüber hinaus haben die Arbeitnehmer der eingegliederten Tochter nicht nur ein individuelles Recht im Einzelfall auf geeignete Arbeitsplätze. Durch § 322 I AktG steht sämtlichen Arbeitnehmern dieser Anspruch zu[44]. Weiterhin haben Konzernmütter in Eingliederungskonzernen auch keine zusätzlichen betriebsverfassungsrechtlichen Belastungen zu befürchten. Da die Arbeitnehmer ihrer eingegliederten Töchter bereits individualrechtlich aus § 322 I AktG einen Anspruch auf Weiterbeschäftigung auf freien und geeigneten Arbeitsplätze haben, besteht auf jeden Fall ein Mitbestimmungsrecht gemäß § 99 I BetrVG[45]. Aus der Sicht der Konzernmütter geht es also lediglich darum, ob über den wirtschaftlichen Ausgleich für die Entlassungen der Konzerntochter und über den daraus folgenden Anspruch auf Einstellung getrennt oder einheitlich durch Sozialplan entschieden wird.

Die Zusammenfassung im Sozialplan ist schließlich im Interesse der Vermeidung widersprüchlicher Entscheidungen und aus praktischen Gründen zu bevorzugen. Probleme der Verteilung knapper Arbeitsplätze in Konzernen sind organisatorisch angemessen zu lösen. Ihr kann man letztlich in Eingliederungskonzernen nicht entgegenhalten, daß das Bedürfnis zur Rechtsfortbildung fehle. Zwar gilt auch hier, daß die Belegschaft eines eingegliederten Unternehmens an sich bereits einen Arbeitgeber im Rechtssinne hat und damit eine konzerndimensionale Erweiterung ihrer betriebsverfassungsrechtlichen Mitbestimmungstatbestände nicht erforderlich ist[46]. Durch die Erweiterung der erzwingbaren Mitbestimmung bei Aufstellung von Sozialplänen auf die freien und geeigneten Arbeitsplätze der Mutter im Eingliederungskonzern wird jedoch nicht dem Grunde nach ein Mitbestimmungstatbestand extendiert. Vielmehr werden lediglich die individuellen

---

[44] Auch Hanau (ZGR 1984, 468 (489)) unterscheidet danach, ob kollektiv ein Anspruch auf Ersatzarbeitsplätze besteht oder nicht.

[45] Siehe oben § 8 B I 2.

[46] Siehe oben § 3 B III 3 b) cc) zu dem Parallelproblem aus individualrechtlicher Sicht.

Rechte der Arbeitnehmer aus § 322 I AktG und die Beteiligungsrechte gemäß §§ 112 IV und 99 I BetrVG sachgemäß zusammengefaßt.

Sozialplanpflichtige Entlassungen eingegliederter Unternehmen begründen mithin, daß freie und geeignete Arbeitsplätze der Konzernmutter gemäß § 112 IV BetrVG in den Sozialplan aufzunehmen sind.

IV. Rechtsfolgen und Zusammenfassung

Sozialpläne können nach alledem zugunsten von Arbeitnehmern, deren Arbeitsplätze aufgrund von Betriebsänderungen wegfallen, Regelungen zur unternehmensexternen und konzerninternen Weiterbeschäftigung enthalten. Wenn Arbeitnehmer eingegliederter Unternehmen von Entlassungen bedroht sind, gehört die Einbeziehung vakanter und geeigneter Arbeitsplätze bei der Konzernmutter zum erzwingbaren Mitbestimmungsbereich. Ansonsten beginnt das Mitbestimmungsrecht, wenn freie Arbeitsplätze des Konzernes freiwillig zur Verfügung gestellt werden[47]. Soweit unternehmensexterne und konzerninterne Weiterbeschäftigungsmöglichkeiten in Sozialplänen freiwillig oder erzwingbar geregelt werden, sind die Konzernbetriebsräte originär gemäß § 58 I 1 BetrVG zuständig. Unter diesen Voraussetzungen besteht ein Recht „auf" Mitbestimmung.

Sozialpläne begründen zugunsten der begünstigten Arbeitnehmer unmittelbare Rechtsansprüche[48]. Sie können also „aus" dem Sozialplan direkt die verpflichteten Unternehmen in Anspruch nehmen. In diesem Umfange besteht kraft Sozialplan konzernumfassender Kündigungsschutz.

---

[47] Windbichler, Anm. zu BAG v. 28.5.1986, SAE 1987, 133; Konzen, ZHR 151 (1987), 566 (599).

[48] BAG v. 13.12.1978, AP Nr. 6 zu § 112 BetrVG 1972; v. 8.12.1976, AP Nr. 3 zu § 112 BetrVG 1972; Galperin / Löwisch, § 112 Rn. 6O f.; Fitting / Auffarth / Kaiser / Heither, § 112 Rn. 13a, 28 f.; Dietz / Richardi, § 112 Rn. 8O.

§ 9 Konzerndimensionaler Kündigungsschutz kraft Vertrauensschutzes

Es bleibt nach alledem, außerhalb des Anwendungsbereiches von § 322 I AktG[1] zur Begründung konzerndimensionalen Kündigungsschutzes auf den Aspekt des Vertrauensschutzes abzustellen. Soweit sich Rechtsprechung und Literatur im Arbeitsrecht zu konzernrechtlichen Problemen im allgemeinen oder speziell zum Kündigungsschutz äußern, sind sie sich über die grundsätzliche Anwendung dieses Prinzips einig[2]. Es ist innerhalb und außerhalb von Vertragsbeziehungen von Bedeutung[3]. Vertragsimmanent ist das Prinzip insoweit einschlägig, als die von Rechtsprechung und Lehre zur Auslegung empfangsbedürftiger Willenserklärungen entwickelten Grundsätze nicht unmittelbar aus den §§ 133, 157 BGB ableitbar sind. Sie ergeben sich vielmehr aus dem Gedanken des Vertrauensschutzes[4]. Auch die Auslegung von Arbeitsverträgen konzernangehöriger Arbeitgeber im Rechtssinne hat sich demnach an diesen Grundsätzen zu orientieren. Außerhalb vertraglicher Beziehungen wirkt das Prinzip Vertrauensschutz haftungsbegründend. Es ist zwischen Rechtsgeschäft und Delikt angesiedelt[5] und konstituierend für vertragsähnliche Sonderrechtsbeziehungen. Voraussetzung ist die Werbung um und die Inanspruchnahme von Vertrauen[6]. Insofern können die Grundsätze Bedeutung erlangen, wenn konzernangehörige Unternehmen andere Gesellschaften desselben Konzernes bei der Einstellung von

---

1 Siehe oben § 5 C.

2 *Zum allgemeinen Arbeitsrecht:* BAG v. 29.11.1979, AP Nr. 10 zu § 242 BGB, Ruhegehalt-VBL; mit zustimmender Anm. von Brox; BAG v. 23.2.1978, AP Nr. 2 zu § 13 GmbHG; mit zustimmender Anm. von Kraft; G. Hueck, AR-Blattei, D Betriebsübung I, Blatt 3 f.; Canaris, Vertrauenshaftung S. 403 ff.; Seiter, Die Betriebsübung, S. 88 f., 135; Säcker, Gruppenautonomie und Übermachtkontrolle im Arbeitsrecht, S. 486 f.; *zu § 16 BetrAVG:* BAG v. 19.5.1981, AP Nr. 13 zu § 16 BetrAVG; mit insoweit zustimmenden Anm. von Gitter (SAE 1982, 182 f.), Schulin (EzA § 16 BetrAVG Nr. 11) und Timm (AR-Blattei, D Betriebliche Altersversorgung, Entscheidung Nr. 86); Hanau, E 48; *zum KSchG:* BAG v. 22.5.1986, SAE 1987, 129 (132); mit zustimmender Anm. von Windbichler; Konzen, RdA 1984, 65 (82); Martens, ZGR 1984, 417 (446 ff.); Wiedemann, Anm. zu BAG v. 14.10.1982, AP Nr. 1 zu § 1 KSchG 1972, Konzern; Windbichler, SAE 1984, 145 (147 f.); Henssler, S. 50 f.; KR-Hillebrecht, § 620 BGB Rn. 220 ff. zur Korrektur befristeter Arbeitsverträge aufgrund Vertrauensschutzes.

3 Larenz, Allgemeiner Teil des BGB, § 33 am Anfang.

4 Flume, AcP 161 (1962), 52 (64); Staudinger / Dilcher, Vorbm. zu §§ 116-144 Rn. 44 ff.; Palandt / Heinrichs, § 133 Anm. 4c).

5 MüKo-Kramer, Einleitung vor § 241 Rn. 82.

6 Ballerstedt, AcP 151 (1950), 501; Eichler, S. 15 ff., 49 ff.; Esser, Schuldrecht, § 31.

Arbeitnehmern rechtsgeschäftlich vertreten. Die Reichweite der eigenständigen Vertreterhaftung ist mithin zu untersuchen[7]. Die Bedeutung des Vertrauensschutzes beschränkt sich aber nicht nur auf diese Fälle der Konkretisierung und Begründung. Er ist darüberhinaus geeignet, die am Vertragsschluß weder als Partei noch als deren Vertreter Beteiligten zu verpflichten. Denn spätestens seit der Entwicklung der Prospekthaftung ist die Verpflichtung Dritter kraft Vertrauensschutzes anerkannt[8]. Konkret ist bei der Beurteilung der kündigungsschutzrechtlichen Relevanz des Instituts wie folgt zu differenzieren:

A. Vertrauensschutz gegenüber Konzernmüttern als Vertragsarbeitgeberinnen

Der Inhalt der Arbeitsverträge mit ihren Arbeitnehmern sowie die Durchführung dieser Verträge ist den Konzernmüttern als Arbeitgebern im Rechtssinne zuzurechnen. Fraglich ist insoweit also nur, wann durch Vertrag oder Vertragsdurchführung zu ihren Lasten und zugunsten ihrer Arbeitnehmer ein wirksamer und für den Kündigungsschutz relevanter Vertrauenstatbestand entsteht.

I. Entstehen konzernweiter Beschäftigungsansprüche

1. Durch ausdrückliche Vereinbarungen

Eine ausdrückliche vertragliche Regelung des Inhalts, daß eine Konzernmutter sich zur Beschäftigung eines Arbeitnehmers in einigen oder sämtlichen Konzerntöchtern verpflichtet, wird selten sein. Gänzlich auszuschließen sind derartige Verträge allerdings nicht. Denkbar sind sie insbesondere zugunsten leitender Angestellter oder gesuchter Arbeitnehmer mit Fachkenntnissen aus Revisions- oder ähnlichen Abteilungen mit vergleichbaren Funktionen. Wegen der ausdrücklichen vertraglichen Regelung handelt es sich in diesen Fällen nicht um eine Anwendung des selbständigen Instituts der Vertrauenshaftung. Vielmehr sind die Arbeitsverträge und damit Willenserklärungen auszulegen.

2. Aufgrund konkludenter Vereinbarungen

Von größerer praktischer Bedeutung werden die Fälle sein, in denen zwar ausdrücklich keine konzernumfassenden Beschäftigungsansprüche verein-

---

[7] Siehe unten § 9 C I 2 m. w. N. zu den Voraussetzungen und Grenzen.

[8] BGHZ 72, 382 (387); 74, 103 (109); 77, 172 (175); 79, 337 (339 ff.); Canaris, Festschrift Larenz, S. 27 (102 ff.); v. Bar, ZGR 1983, 476 (485 ff.).

bart wurden, stillschweigend entstandene Verpflichtungen von Konzernmüttern jedoch zu erwägen sind. Eine Vielzahl von Sachverhaltsgestaltungen kommen hierfür in Betracht. Sie können nur exemplarisch erörtert werden.

a) Auslegung von Arbeitsverträgen

Zum Beispiel können konzernweite Beschäftigungsansprüche aus sonstigen Klauseln aus mit Konzernobergesellschaften geschlossenen Arbeitsverträgen abzuleiten sein.

aa) Arbeitsplatzbezogene Vereinbarungen

Arbeitsverträge enthalten teilweise Bestimmungen, mit denen sich Konzernmütter die Beschäftigung der Arbeitnehmer in abhängigen Unternehmen vorbehalten[9]. Erforderlich sind derartige Vertragsbestimmungen, wenn Konzernspitzen die Funktion von Personalführungsgesellschaften für ihre Unternehmen ausüben[10]. Denn ohne vertraglich vereinbartes Recht wären Arbeitnehmer nur zur Arbeit in Betrieben ihrer Vertragsarbeitgeberin verpflichtet.

Der Wortlaut dieser Vertragsklausel bezieht sich auf die Vertragsarbeitgeberin. Ihre Weisungsbefugnis, einen konkreten Arbeitsplatz zu bestimmen, ist erweitert. Sie ist nicht nur auf ihr eigenes Unternehmen beschränkt. Sie allein kann aus ihr Ansprüche ableiten. Ansprüche des Arbeitnehmers sind nicht erwähnt. Aufgrund wörtlicher Auslegung entsteht somit kein konzernbezogener Beschäftigungsanspruch. Willenserklärungen und Verträge sind jedoch nicht nur aufgrund ihres Wortlautes auszulegen. Vielmehr ist entscheidend, wie ein objektiver Empfänger sie hätte verstehen können. Die Grundsätze des Vertrauensschutzes sind zu beachten[11]. Danach hat die vertragschließende Konzernmutter zwar formal zwischen den wirtschaftlich verbundenen, rechtlich selbständigen differenziert. Denn die Klausel sieht die Beschäftigung in abhängigen Unternehmen vor. Materiell betrach-

---

[9] Dem Verfasser wurde ein Arbeitsvertrag der Agfa-Gevaert AG mit einem akademisch gebildeten Berufsanfänger zur Verfügung gestellt, der folgende Klausel enthält: „Agfa-Gevaert behält sich vor, ihm innerhalb des Unternehmens Agfa-Gevaert oder in einem anderen Unternehmen im In- und Ausland, das an ihm oder an dem es direkt oder indirekt mit wenigstens 50% beteiligt ist, eine andere gleichwertige Tätigkeit zu übertragen." Henssler (S. 48 Fn. 67) berichtet über ähnliche Vertragsklauseln, die in Arbeitsverträgen mit Unternehmen des Salzgitter-Konzernes verwendet werden. Ferner teilt Weimann (ZGR 1984, 460 (462)) mit, daß sich die Unternehmen des Konzernes der Hoechst AG in Arbeitsverträgen mit Angestellten die konzerninterne Versetzung vorbehielten. Derartige Vertragsklauseln scheinen mithin häufig vorzukommen.

[10] Vgl. Schaub, Beilage Nr. 3 zur NZA 1985, 3; Birk, ZGR 1984, 23 (44 ff.); Fabricius, Arbeitsverhältnisse im Konzern, S. 49 ff. und öfter zu ähnlichen Beschäftigungsformen in der Ruhrkohle-AG.

[11] Siehe eben die Nachweise in § 9 Fn. 4

tet hat die arbeitsvertragliche Regelung jedoch aus der Sicht der Arbeitnehmer eine weitergehende Bedeutung.

Einmal ist für sie der Klausel zu entnehmen, daß ihr Vertragsarbeitgeber sich vorbehält, sie nicht nur im eigenen, sondern darüber hinaus auch in konzernabhängigen Unternehmen zu beschäftigen. Eine unternehmensexterne Beschäftigung kommt mithin grundsätzlich in Betracht. Insofern erweckt die Klausel konzerndimensionale Erwartungen. Zum anderen beschränkt sich ihre Bedeutung nicht auf den Vorbehalt, die Arbeitnehmer konzernweit beschäftigen zu können. Vielmehr wird die Erwartung erweckt, daß der vertraglich eingeräumten Befugnis die Personalplanung der Konzernmutter entspricht. Sie hat die Planung des Beschäftigungsortes des Arbeitnehmers, mit denen sie diese Klauseln vereinbart, nicht auf ihr Unternehmen beschränkt. Deren Einsatz plant sie konzernweit. In diesem Sinn wird jedenfalls auch ein unbeteiligter Dritter die Klausel verstehen. Insoweit begründet das Vertrauen auf eine konzerndimensionale Personalplanung einen Kündigungsschutz im gleichen Umfang. Sollten Anschein und tatsächliche Personalplanung nicht übereinstimmen, so wird eine Konzernmutter durch das zu verantwortende Vertrauen verpflichtet. Zum dritten ist diese Auslegung interessengerecht. Sie erweitert zwar zum Vorteil der Arbeitnehmer den Wortlaut der Vertragsklausel. Dem steht aber deren Nachteil gegenüber, daß die Vertragsarbeitgeberin konzernweit den Beschäftigungsort bestimmen kann. Sie müssen stets mit einem unternehmensüberschreitenden Wechsel mit all den damit verbundenen Unannehmlichkeiten rechnen.

Bestätigt wird diese Auslegung durch die Rechtsprechung des BAG zum KSchG in der bis 1972 geltenden Fassung. Damals fehlte der heute in § 1 II 2 Nr. 1b) KSchG vorgesehene unternehmensbezogene Weiterbeschäftigungsanspruch. Die h. M. beschränkte daher den Kündigungsschutz auf den konkreten Betrieb. Hiervon machte das BAG eine Ausnahme, wenn ein Arbeitgeber sich die unternehmensweite Beschäftigung eines Arbeitnehmers arbeitsvertraglich vorbehalten hatte. Denn in diesen Fällen sei der Kündigungsschutz kraft Vertrages auf das Unternehmen zu erweitern[12]. Heute fehlt die gesetzliche Regelung eines konzerndimensionalen Kündigungsschutzes. Dies steht einer vertraglichen Ausweitung jedoch nicht im Wege. Vergleichbar mit der damaligen Rechtslage erweitert ein konzernweites Versetzungsrecht den Kündigungsschutz nunmehr über das Unternehmen hinaus auf die in dem Versetzungsbereich einbezogenen Arbeitsplätze des Konzernes.

Aufgrund derartiger Vereinbarungen entstehen mithin konzernbezogene Beschäftigungspflichten von Konzernmüttern[13].

---

[12] BAG v. 22.11.1973, AP Nr. 22 zu § 1 KSchG Betriebsbedingte Kündigung, unter I 3 a); mit insoweit zustimmender Anm. von Meisel.

bb) Sonstige arbeitsvertragliche Konzernbezüge

Konkludent erweiterter Kündigungsschutz zugunsten der Arbeitnehmer von Obergesellschaften ist ferner zu erwägen, wenn hinsichtlich konzernweiter Beschäftigungsmöglichkeiten arbeitsvertraglich weder ausdrücklich noch konkludent etwas vereinbart wurde.

α) Marketing und Werbung im Widerspruch zu Arbeitsverträgen

Beispielsweise ist auf Sachverhalte zu verweisen, die in den Grundzügen dem Fall 6 der Einleitung entsprechen. Eine Konzernmutter stellt bei sämtlichen Stellenanzeigen und Marketingmaßnahmen auf die Größe und Leistungsfähigkeit sowie die Vielzahl der Beschäftigungs- und Aufstiegsmöglichkeiten im gesamten Konzern ab[14]. Eine Differenzierung nach den rechtlichen Grenzen der Unternehmen des Konzernes erfolgt nicht. Im Widerspruch hierzu werden die Arbeitnehmer der Konzernmutter durch Abschluß eines ohne jede Ausnahme unternehmensbezogenen Arbeitsvertrages eingestellt.

Dessen am Wortlaut orientierte Auslegung ergibt daher keinen Anhalt für einen konzernbezogenen Kündigungsschutz. In Anwendung des Vertrauensgrundsatzes kann man sich indessen nicht auf den bloßen Wortsinn beschränken. Man kann Arbeitnehmer nicht darauf verweisen, sie hätten unterlassen, auf einer klaren und für sie günstigen vertraglichen Regelung zu bestehen, weshalb es bei der wörtlichen Auslegung bleiben müsse. Im allgemeinen Konzernrecht ist anerkannt, daß „kleine" Lieferanten nach den Grundsätzen der Vertrauenshaftung Ansprüche gegen andere Unternehmen desselben Konzernes erlangen können, obwohl sie mit diesen Unternehmen keine entsprechenden Verträge abgeschlossen haben[15]. Wegen der Überlegenheit des Konzernes in seiner Gesamtheit ist die Privatautonomie gestört, was durch die Grundsätze der Vertrauenshaftung auszugleichen ist. Vollzeitbeschäftigte Arbeitnehmer „liefern" ihre gesamte Arbeitskraft, so das Entsprechendes zu ihren Gunsten gilt. Auch außerhalb von Erklärungsakten liegende Begleitumstände sind demnach zu berücksichtigen[16]. In den Stellenanzeigen und Marketingmaßnahmen hatte die Konzernmutter des Falles 6 auf die Aufstiegs- und Beschäftigungsmöglichkeiten im gesamten Konzern abgestellt. Dadurch erweckt sie zum einen Vertrauen dahingehend, daß für die Beschäftigungschancen ihrer Arbeitnehmer nicht nur die

---

13 A. A. Henssler, S. 48.

14 Unerheblich ist im übrigen, ob diese Maßnahme unmittelbar von der Konzernmutter durchgeführt wird. Wegen der öffentlichen Wirkung müßte sie sich nämlich konzernbezogene Werbung und Marketingmaßnahmen stets zurechnen lassen.

15 Canaris, Vertrauenshaftung, § 30.

16 MüKo-Mayer-Maly, § 133 Rn. 44; Palandt / Heinrichs, § 133 Anm. 5) b).

Betriebe ihres Unternehmens entscheidend sind[17]. Zum zweiten wird wiederum der Eindruck einer konzernumfassenden Personalplanung erzeugt. Hieran ist eine Konzernmutter auch dann gebunden, wenn sie die Verträge mit ihren Arbeitnehmern strikt auf ihr Unternehmen beschränkt, sich in ihren sonstigen Erklärungen und Handlungen aber gegenteilig verhält.

Zweifelhaft ist, ob dies auch dann gilt, wenn die Stellenanzeigen in Übereinstimmung mit anschließend abgeschlossenen Arbeitsverträgen, jedoch im deutlichen Gegensatz zu den sonstigen allgemeinen Marketingmaßnahmen sich konsequent auf das Unternehmen der Konzernobergesellschaft beziehen. Marketing dient der Förderung des Absatzes der konzernangehörigen Unternehmen. Es richtet sich nicht an die Arbeitnehmer. Da die Vertragsarbeitgeberin ihre konzernbezogenen Erklärungen nicht an ihre Arbeitnehmer adressiert, könnte es am erforderlichen Willen mangeln, Erklärungen gegenüber den Arbeitnehmern abzugeben. Der für Willenserklärungen notwendige Rechtsfolgewillen würde fehlen. Bereits aus diesem Grund könnte man daher annehmen, daß zu Gunsten der Arbeitnehmer kein rechtlich zu schützendes Vertrauen entstanden ist.

Damit würde man hingegen zu eng auf die Regeln der Rechtsgeschäftslehre abstellen. Für das Entstehen von Vertrauenstatbeständen ist regelmäßig gleichgültig, an wen sich Erklärungen richten[18]. Erforderlich ist also nicht, daß konkludente Verhaltensweisen von Konzernmüttern ihren Kundgabesinn gerade gegenüber den Arbeitnehmern entfalten. Notwendig ist vielmehr, daß durch die allgemeinen Marketingmaßnahmen bei den Arbeitnehmern Vertrauen hinsichtlich konzernweiter Beschäftigung entsteht. Bloße Beschäftigungschancen sind von verbindlichen Vertrauenstatbeständen abzugrenzen. Verpflichtungen entstehen eher, wenn sich Erklärungen von Konzernobergesellschaften an Arbeitnehmer richten und der ausdrückliche Bezug zu konzernumfassenden Beschäftigungsmöglichkeiten größer ist. Beides sind hingegen nicht unabdingbare Voraussetzungen. Grundsätzlich kann zu schützendes Vertrauen auf konzernumfassende Arbeitsplatzchancen auch entstehen, wenn es sich um lediglich allgemeine Werbemaßnahmen handelt. Zwar widerspricht dem indiziell in diesen Fällen die ausschließlich unternehmensbezogene Suche und Einstellung von Arbeitnehmern. Wenn aber Konzernmütter ansonsten die Werbung konsequent auf den Konzern als Einheit abstellen, kann ein weitergehender Vertrauenstatbestand entstehen. Sämtliche hierfür in Betracht kommenden Sachverhalts-

---

[17] Henssler, S. 47. Vgl. auch Flume, Die juristische Person, § 3 III 3, und Wiedemann, Festschrift für Bärmann, S. 1038 (1055) die ebenfalls auf gemeinsame Werbung zur Begründung gemeinsamer Haftung verschiedener Unternehmens eines Konzernes abstellen. Zur Bedeutung von Werbung und Marketing in modernen Industriegesellschaften sowie zu den durch sie erzeugten Verbindlichkeiten, Köndgen, S. 284 ff.

[18] Canaris, Vertrauenshaftung, S. 493.

gestaltungen können nicht dargestellt werden. In der Tendenz wird Vertrauen auf konzernumfassende Beschäftigungschancen insbesondere dann entstehen, wenn die konzerneinheitliche Werbung sich auch dadurch auszeichnet, daß Mutter- und Tochtergesellschaften im Hauptnamensbestandteil übereinstimmen und sich lediglich durch Zusätze im Namen unterscheiden[19].

β) Sozialeinrichtungen im Konzern

Problematisch ist ferner, ob konzerndimensionale Sozialeinrichtungen eine Ausweitung des Kündigungsschutzes zugunsten der Arbeitnehmer von Konzernmüttern begründen.

Allein der Umstand, daß eine Konzernobergesellschaft die vom Gesetz gemäß §§ 87 I Nr. 8, 88 Nr. 2 BetrVG eingeräumte Möglichkeit einer konzernumfassenden Sozialeinrichtung genutzt hat, sagt über die Beschäftigungschancen ihrer Arbeitnehmer nichts aus. Unternehmensüberschreitende Sozialeinrichtungen können jedoch auch ein Mittel konzerneinheitlicher Personalpolitik sein. Zu denken ist beispielsweise an Werkswohnungen und Erholungseinrichtungen. Wenn diese Vorteile deswegen konzernweit vergeben werden und daher bei den Arbeitnehmern Vertrauen auf konzerndimensionale Beschäftigungschancen entsteht, werden insoweit Verpflichtungstatbestände zu Lasten von Obergesellschaften entstehen können. Dies wird nur in Ausnahmefälle zutreffen. Entscheidend ist wiederum, ob Vertrauen auf konzernumfassende Personalplanung entstanden ist. Alle Konstellationen, die hierfür in Erwägung zu ziehen sind, lassen sich wiederum nicht abstrakt beschreiben.

b) Vertragsvollzug mit Erklärungswirkung

Schließlich ist in Betracht zu ziehen, ob und unter welchen Voraussetzungen wegen der Durchführung von Arbeitsverträgen mit Obergesellschaften konzernweite Beschäftigungsansprüche aufgrund Vertrauenshaftung entstehen.

aa) Durch konzerninterne Aufgabenteilung?

Zunächst ist zu erwägen, ob durch die Aufgabenverteilung zwischen Unternehmen eines Konzernes den Arbeitsverträgen konzerndimensionale Erklärungswirkungen zu entnehmen sind.

---

[19] Vgl. zu diesem Aspekt, Wiedemann, Festschrift Bärmann, S. 1038 (1055 f.); ders, Gesellschaftsrecht I, § 4 IV 1.

α) Horizontal?

Horizontale Konzernierungen nennt man Zusammenschlüsse, in denen bei unveränderter Leistungstiefe die Leistungsbreite erweitert wird[20]. Die Menge und nicht die Art der Marktbeteiligung wird verändert. Im wesentlichen erfolgen horizontale Zusammenschlüsse, um im Beschaffungs- und Absatzbereich die Marktmacht zu Lasten der Wettbewerber zu erhöhen sowie in der Produktion Degressionseffekte zu erzielen[21]. Insbesondere diese Effekte sind für Arbeitnehmer nicht ohne Gefahren. Kostenreduzierungen bei gleichen Produktionsmengen werden häufig von Rationalisierungen und dem Abbau von Arbeitsplätzen begleitet. Wegen dieser Gefährdungen der Bestandsinteressen der Arbeitnehmer erzeugen horizontale Konzernierungen für sich genommen jedoch kein Vertrauen. Hierzu sind vielmehr weitere Umstände erforderlich, die mit dieser konzerninternen Aufgabenverteilung nichts zu tun haben. Allein horizontale Konzernierungen erwecken mithin kein für die Beschäftigungsmöglichkeiten relevantes Vertrauen.

β) Vertikal?

Etwas anderes gilt möglicherweise für vertikale Zusammenschlüsse. Sie sind gekennzeichnet durch Erweiterungen der Leistungstiefe[22]. Beispielsweise werden Lieferanten von Ausgangsprodukten und Vertriebsfirmen konzerniert. Insoweit könnte man im Vergleich zu horizontalen Zusammenschlüssen in einer Beziehung eher das Entstehen von Vertrauenstatbeständen annehmen: Die Produkte der Unternehmen eines vertikalen Konzernes beziehen sich aufeinander. Die eine Gesellschaft ist Zulieferer des anderen zum selben Konzern gehörenden Unternehmens. Für die Arbeitnehmer der beteiligten Gesellschaften ist diese produktionsbezogene Zusammenarbeit im Regelfall deutlich erkennbar. Aus diesem Grunde könnten konzernspezifische Vertrauenstatbestände durch vertikale Zusammenschlüsse entstehen. Aber auch insofern handelt es sich um eine normale Funktionsaufteilung zwischen Firmen in einer arbeitsteiligen Wirtschaft[23]. Zulieferer uund Abnehmer sind nicht notwendigerweise miteinander konzerniert. Lediglich der Umstand einer vertikalen Konzernierung begründet daher ebenfalls keinen beschäftigungsrelevanten Vertrauenstatbestand.

---

[20] Schubert / Küting, § 3 B I.

[21] Schubert / Küting, § 3 B II; Wöhe, S. 316 ff.

[22] Schubert / Küting, § 3 A I; Wöhe, S. 316 ff.

[23] BAG v. 23.2.1978, AP Nr. 2 zu § 13 GmbHG, mit zustimmender Anm. von Kraft.

bb) Aufgrund örtlicher Nähe?

Im Ergebnis gilt Entsprechendes für Konzernunternehmen, die in unmittelbarer örtlicher Nähe zueinander wirtschaften. Allein der räumliche Zusammenhang, der auch bei nicht konzernierten Unternehmen bestehen kann, läßt kein besonderes Vertrauen entstehen. Soweit Unternehmen desselben Konzernes einen gemeinsamen Betrieb unterhalten, entsteht gemäß § 1 II 2 Nr. 1b) KSchG im unmittelbaren Anwendungsbereich dieser Norm konzerndimensionaler Kündigungsschutz[24]. Voraussetzung ist eine einheitliche Leitung auf rechtlicher Grundlage des gemeinsamen Betriebes. Fehlt die rechtliche Vereinbarung, so scheidet Kündigungsschutz gemäß und entsprechend § 1 II 2 Nr. 1b) KSchG aus. Sollte in diesen Fällen zugunsten der Arbeitnehmer aufgrund der einheitlichen tatsächlichen Organisation Vertrauen auf einen gemeinsamen Betrieb entstanden sein, so haftet die Konzernobergesellschaft als Vertragsarbeitgeberin nach den Grundsätzen der Vertrauenshaftung[25].

cc) Konzernweite Beschäftigung

Problematisch ist demgegenüber, unter welchen Voraussetzungen konzernumfassende Versetzungen[26] von Arbeitnehmern Erwartungen auf Erweiterungen des Kündigungsschutzes erzeugen.

α) Ohne Eingliederung in die Betriebsorganisation?

Eine Abgrenzung ist zunächst zu den Sachverhalten erforderlich, in denen Arbeitnehmer von Konzernmüttern zwar in Betrieben von Töchtern tätig sind, dort aber nicht in deren Organisation eingegliedert werden. Zum Beispiel kommen hierfür Gesellschaften in Betracht, die gegebenenfalls neben anderen handwerksähnliche oder dienstleistungsorientierte Unternehmensziele verfolgen. Diese Firmen erfüllen Werk- und Dienstverträge für andere. Obwohl ihre Arbeitnehmer im Bereich fremder Unternehmen arbeiten, verbleiben Organisationsgewalt und arbeitsrechtliche Weisungsbefugnisse bei ihnen. Es handelt sich regelmäßig um projektbezogene Einsätze. Sie tragen die Vergütungsgefahr, stellen regelmäßig nicht nur die Arbeitnehmer, son-

---

[24] Siehe oben § 3 A I.

[25] Ähnlich Lutter, ZGR 1982, 244 (251 f.) zur Rechtsscheinshaftung im Gesellschaftsrecht.

[26] Die Begriffe Versetzung, Abordnung, Umsetzung und Überweisung sind im Individualarbeitsrecht im Gegensatz zum BetrVG (§ 95 III) und zum Beamtenrecht (§§ 26 f. BBG) nicht definiert. Versetzung bedeutet im weiten Sinne die Zuweisung eines neuen Tätigkeitsbereichs. Mit dieser weiten Bedeutung wird der Begriff im folgenden gebraucht (wie hier Schaub, § 45 IV 4; Fitting / Auffarth / Kaiser / Heither, § 99 Rn. 21 f.).

dern auch Material und Werkzeug. Schließlich haften sie nach den Regeln des bürgerlichen Rechts ihren Vertragspartnern auf Gewährleistung. Anhand dieser Kriterien werden erlaubnispflichtige Arbeitnehmerüberlassungen im Sinne des Art. 1 § 1 I AÜG von sonstigen bürgerlich-rechtlichen Vertragsgestaltungen unterschieden[27]. Sie sind auch hier insofern einschlägig, als das Entstehen von Vertrauenstatbeständen zu beurteilen ist. Wenn konzernrechtlich verbundene Unternehmen sich einander durch Werk- und Dienstverträge verpflichten, wie sie üblicherweise auch zwischen unabhängigen Firmen geschlossen werden, entsteht bei den davon betroffenen Arbeitnehmern kein besonderes konzernspezifisches Vertrauen. Sie sind dort tätig wie Arbeitnehmer beliebiger Fremdfirmen. Der ausschließliche Umstand, im Unternehmensbereich von Konzerntöchtern ohne Eingliederung in deren Arbeitsorganisation beschäftigt zu werden, erweckt mithin grundsätzlich kein besonderes Vertrauen hinsichtlich ihrer Beschäftigungschancen.

Dieser Grundsatz erfordert Ausnahmen. Er trifft bezüglich der Arbeitnehmer zu, die gelegentlich in Betrieben von Konzerntöchtern ihres Arbeitgebers im Rechtssinne tätig werden. Vertrauen auf konzernumfassende Beschäftigungsmöglichkeiten wird jedoch erzeugt, wenn Arbeitnehmer ausschließlich oder jedenfalls überwiegend in Unternehmen des Konzernes ihrer Vertragsarbeitgeberin beschäftigt werden und zudem für sie der Konzernzusammenhang der beteiligten Unternehmen erkennbar ist[28]. Aus Sicht der betroffenen Arbeitnehmer erfolgt in diesen Fällen die Beschäftigung bei den Konzerntöchtern nicht zufällig. Die Erkennbarkeit des Konzernzusammenhangs und die ständige unternehmensexterne, aber konzerninterne Beschäftigung stehen der Annahme entgegen, dort wie Arbeitnehmer normaler Fremdfirmen tätig zu werden. In diesen Fällen ist die Kündigung einer Konzernmutter mit der Begründung, Rationalisierungen seien erforderlich, dann widersprüchlich, wenn gleichzeitig die Konzerntöchter zu genau den gleichen Aufgaben Arbeitnehmer mit gleicher Qualifikation suchen. Auch ohne Eingliederung in die Arbeitsorganisation von Konzerntöchtern entsteht folglich Vertrauen auf konzernumfassende Beschäftigungschancen.

β) Konzerninterne Leihe und Versetzung von Arbeitnehmern

Ein Konzern in seiner Gesamtheit kann sich Vorteile davon versprechen, die Arbeitnehmer sämtlicher Gesellschaften auf den jeweiligen, ihren Lei-

---

[27] v. Hoyningen-Huene, BB 1985, 1669 (1671 ff.); Marschall, NZA 1984, 150 ff.; Bundesanstalt für Arbeit, NZA 1986, 778 f.; Becker / Wulfgramm, Art. 1 § 1 Rn. 39 ff.; BAG v. 15.6.1983, BlStSozArbR 1984, 19; Gick, S. 164 ff.

[28] Vertrauenshaftung setzt Vertrauen und somit die Kenntnis der sie begründenden tatsächlichen Umstände und das Fehlen von Mißtrauen voraus (Canaris, Vertrauenshaftung, § 40; Henssler, S. 47).

stungsfähigkeiten am besten entsprechenden Plätzen und unabhängig von den Unternehmensgrenzen zu beschäftigen. Auch entstehen Arbeitgebern nach Wegfall eines Arbeitsplatzes durch Kündigung und die dagegen gegebenen Rechtsschutzmöglichkeiten Kosten. Diese lassen sich dadurch minimieren, daß man die betroffenen Arbeitnehmer anderweitig beschäftigt. Die dafür erforderlichen Möglichkeiten erweitern sich, wenn auch die Arbeitsplätze anderer Unternehmen eines Konzernes einbezogen werden können. Konzernumfassende Weiterbeschäftigung[29] kann somit auch aus betriebswirtschaftlichen Gründen sinnvoll sein. Die wirtschaftliche Verflechtung von Unternehmen kann sich daher unter anderem auch durch einen speziellen konzerninternen Arbeitsmarkt und eine unterschiedlich aufeinander abgestimmte Personalpolitik auszeichnen.

(1) Kurzfristig und einmalig

Konzerntöchter können einen vorübergehenden und kurzfristigen Personalbedarf haben. Dieser kann unter Umständen durch Arbeitnehmer der Konzernobergesellschaft gedeckt werden. Soweit die Arbeitnehmer sich arbeitsvertraglich zur konzernumfassenden Beschäftigung verpflichtet haben, ist eine weitere Erörterung hier nicht erforderlich. Bereits aufgrund der Vertragsklausel entsteht ein Vertrauenstatbestand auf konzernweite Beschäftigung[30]. Fraglich ist, ob Entsprechendes gilt, wenn die Arbeitnehmer arbeitsvertraglich nicht zur konzerndimensionalen Beschäftigung verpflichtet sind.

Mangels Vertragsklausel scheidet eine am Grundsatz des Vertrauensschutzes orientierte Auslegung des Arbeitsvertrages aus. In Betracht kommt nur, dem Vollzug des Vertrages Bindungswirkung beizumessen. Durch die Beschäftigung außerhalb des Unternehmens der Vertragsarbeitgeberin, aber innerhalb des Konzernes könnte man meinen, daß bei den betroffenen Arbeitnehmern Vertrauen auf eine Erweiterung der Beschäftigungschancen geweckt wird. Unberücksichtigt bliebe dabei, daß es nur um eine einmalige und kurzfristige unternehmensexterne Beschäftigung geht. Derartige Hilfeleistungen bei vorübergehenden Personalengpässen sind nicht konzernspezifisch. Sie kommen auch zwischen unabhängigen Unternehmen vor. Sie sind daher kein Umstand, der geeignet wäre, bei den betroffenen Arbeitnehmern konzernspezifisches Vertrauen zu wecken.

---

[29] Siehe oben § 3 zu den Voraussetzungen, wann kraft Gesetzes gemäß § 1 II 2 Nr. 1b) KSchG ein Anspruch auf konzerndimensionale Weiterbeschäftigung besteht.

[30] Siehe oben § 9 A I 2 a) aa).

(2) Kurzfristig und mehrmalig

Eine hiervon abweichende Beurteilung könnte zugunsten der Arbeitnehmer geboten sein, die mehrmals zur Behebung vorübergehender Personalengpässe bei Töchtern ihrer Vertragsarbeitgeberin eingesprungen sind. Zwar könnte man abermals einwenden, daß derartige Hilfeleistungen auch zwischen einander unabhängigen Unternehmen vorkommen. Hinzu kommt, daß ein Gegenschluß zum Arbeitsvertrag naheliegt. Da in diesem die Regelung eines Konzernbezuges fehlt, könnte man meinen, daß die Vertragsparteien ausdrücklich ihre Rechte und Pflichten auf das Unternehmen der Konzernmutter beschränkt haben. Außer Betracht bliebe dabei die gegensätzliche Vertragspraxis. Auch ohne jede ausdrückliche arbeitsvertragliche Regelung wurde der betreffende Arbeitnehmer unternehmensextern beschäftigt. Ferner läßt der mehrmalige Einsatz bei Konzerntöchtern erkennen, daß die Vertragsarbeitgeberin jedenfalls die Verwendung der Arbeitskraft dieses Arbeitnehmers konzernumfassend plant. Sie hat des weiteren mehrmals seine Fähigkeiten dahingehend beurteilt, daß er in der Lage sei, bei ihren Töchtern auszuhelfen. Sie hat mithin durch mehrmalige vorübergehende konzernweite Beschäftigung einen dementsprechenden Vertrauenstatbestand geschaffen.

Zweifelhaft ist, wann genau die Voraussetzungen einer mehrmaligen unternehmensexternen und konzerninternen Beschäftigung vorliegen. Wegen der Ähnlichkeit in der dogmatischen Begründung und im Interesse der Rechtssicherheit ist hierzu auf die Rechtslage zur Entstehung von Betriebsübungen zu verweisen[31]. Bei dreimaliger Beschäftigung außerhalb des Unternehmens der Vertragsarbeitgeberin entsteht somit eine dementsprechende Vertrauenshaftung.

(3) Langfristig

Anders sind möglicherweise die Sachverhalte zu beurteilen, in denen Arbeitnehmer von Konzernmüttern nicht mehrmals, sondern nur einmalig, dafür aber für einen längeren Zeitraum bei abhängigen Unternehmen ihrer Vertragsarbeitgeberin beschäftigt wurden. Die konkreten Gestaltungen dieser Arbeitsplatzwechsel unterscheiden sich. Teilweise werden ausdrücklich jeweils Arbeitsverträge entsprechend der rechtlichen Selbständigkeit der Unternehmen, von denen der betreffende Arbeitnehmer konkret beschäftigt wird, geschlossen. Folglich wird das ursprüngliche Arbeitsverhältnis zur Konzernmutter durch Kündigung oder Aufhebungsvertrag beendet, ein neuer mit der betreffenden Konzerntochter geschlossen, welches

---

[31] G. Hueck, AR-Blattei, D Betriebsübung I, B I 1 a) m. w. N.; Hanau, AcP 165 (1965), 220 (260 f.).

nach Behebung des dortigen Personalengpasses wiederum gekündigt oder vertraglich aufgehoben wird, und dem sich ein erneuter Vertragsschluß mit der Konzernmutter anschließt. Teilweise wird aber auch vorkommen, daß die Beteiligten auf die ausdrückliche Beendigung und den Abschluß gesonderter Arbeitsverträge verzichten und betreffende Arbeitnehmer lediglich tatsächlich längerfristig unter Eingliederung in die Arbeitsorganisation bei Konzerntöchtern beschäftigen.

Im Vergleich zu den eben erörterten Sachverhalten fehlt ein den Vertrauensschutz begründender Umstand: Der konzerninterne Arbeitsplatzwechsel erfolgt nicht mehrmals. Ferner widerspricht dem Entstehen von konzerndimensionalen Vertrauenstatbeständen, wenn die beteiligten Unternehmen und Arbeitnehmer unter Beachtung und in Übereinstimmung die rechtliche Selbständigkeit der Arbeitgeber durch gesonderte Arbeitsverträge beachtet haben.

Überzeugend ist dieser Einwand, wenn es beim einmaligen Wechsel von der Konzernmutter zur -tochter als Vertragsarbeitgeberin verbleibt. Die die rechtliche Selbständigkeit beachtenden Arbeitsverträge zerstören das Entstehen von konzernumfassenden Vertrauenstatbständen bereits im Ansatz. Hingegen erscheint aus der Sicht der betroffenen Arbeitnehmer das Verhalten der beteiligten Unternehmen dann widersprüchlich, wenn zwar die rechtliche Selbständigkeit beachtende gesonderte Arbeitsverträge geschlossen werden, dieser formale Aspekt einer Rückkehr zum ursprünglichen Vertragsarbeitgeber nicht im Wege steht. Die betroffenen Arbeitnehmer müssen den Eindruck gewinnen, daß die rechtliche Selbständigkeit für konzerninterne Personalplanung nebensächlich ist. Jedenfalls der Einsatz von Arbeitnehmern ihrer Qualifikation scheint konzernumfassend geplant zu werden. Insoweit entsteht bei Rückkehr zur ursprünglichen Vertragsarbeitgeberin ein dementsprechender konzerndimensionaler Vertrauenstatbestand hinsichtlich der Beschäftigungschancen. Dies gilt erst recht, wenn nicht einmal gesonderte Verträge dem Entstehen von Vertrauen entgegen wirken können.

II. Rechtliche Schranken für das Entstehen von Vertrauenstatbeständen

Auch wenn die Voraussetzungen für das Entstehen von Vertrauenstatbeständen vorliegen, können wirksame Verpflichtungen aufgrund anderweitiger Regelungen verhindert werden.

1. Sperrwirkung des Art. 1 § 9 Nr. 1 AÜG?

Bedenken bestehen im Hinblick auf Art. 1 § 9 Nr. 1 AÜG. Die eben dargestellten Vertrauenstatbestände knüpfen übereinstimmend daran an, daß sich Arbeitnehmer entweder vertraglich zur Beschäftigung bei Konzerntöchtern verpflichten oder sie tatsächlich dort tätig sind. Sollte insoweit eine Erlaubnispflicht nach dem AÜG bestehen, käme beim Fehlen eine Unwirksamkeit des mit der Konzernmutter geschlossenen Arbeitsvertrages in Betracht. Art. 1 § 9 Nr. 1 AÜG würde also eine Sperrwirkung entfalten. Arbeitsvertragliche Verpflichtungen von Konzernmüttern könnten unwirksam und stattdessen die „entleihenden" Konzerntöchter gemäß Art. 1 § 10 I 1 AÜG verpflichtet sein.

a) Schadensersatzanspruch gemäß Art. 1 § 10 II AÜG?

Problematisch ist, ob dieser Erwägung bereits im Ansatz der Schadensersatzanspruch aus Art. 1 § 10 II AÜG entgegensteht. Die Unwirksamkeit des Vertrages mit dem Entleiher aus Art. 1 § 9 Nr. 1 AÜG begründet den Schadensersatzanspruch. Man könnte daher meinen, daß, falls die Voraussetzungen von Art. 1 § 9 Nr. 1 AÜG erfüllt sind, zwar das Arbeitsverhältnis zur Konzernmutter unwirksam ist; sie jedoch gemäß Art. 1 § 10 II AÜG Schadensersatz mit dem Inhalt des unwirksamen Vertrages zu leisten hat. Somit wäre unerheblich, ob in Konzernsachverhalten die Voraussetzungen erlaubnispflichtiger Arbeitnehmerüberlassung im einzelnen gegeben sind.

Der Wortlaut des Art. 1 § 10 II 1 AÜG stützt insofern diese Erwägung, als der Verleiher Schadensersatz schuldet. Ersatz ist aber auch nach dem Wortlaut lediglich dafür zu leisten, daß der Leiharbeitnehmer zu Unrecht auf die Gültigkeit des Vertrages mit ihm vertraute. Auszugleichen ist somit der Vertrauensschaden. Der Leiharbeitnehmer kann nur verlangen, so gestellt zu werden, als sei der Vertrag nicht geschlossen worden. Ersatz des Vertrauensschadens begründet keinen Anspruch darauf, wahlweise die Erfüllung des fehlgeschlagenen Rechtsgeschäfts verlangen zu können[32]. Positives und negatives Interesse sind auch hinsichtlich Art. 1 § 10 II AÜG voneinander zu unterscheiden[33].

Ein gegenteiliges Ergebnis ließe sich zudem nicht mit dem Sinn und Zweck des Schadensersatzanspruches aus Art. 1 § 10 II AÜG vereinbaren. Der Anspruch knüpft an die in Art. 1 § 9 Nr. 1 AÜG angeordnete Unwirksamkeit des Vertrages mit dem Verleiher an, dem die erforderliche Erlaubnis fehlt. Zwar sollen die betroffenen Arbeitnehmer durch den Schadensersatzanspruch vor vermeidbaren Benachteiligungen geschützt werden. Die §§ 9 Nr. 1, 10 II des Art. 1 AÜG verfolgen aber darüber hinaus auch den Sinn, unseriöse Verleiher durch die Anordnung der Unwirksamkeit der mit ihnen abgeschlossenen Leiharbeitsverträge vom Markt zu drängen[34].

[32] MüKo-Grunsky, Vorb. § 249 Rn. 47.

[33] Bertram / Ockenfels, NZA 1985, 552.

[34] Gick, S. 160.

Diesem Ziel liefe zuwider, wenn im Wege des Schadensersatzes ein Leiharbeitnehmer so gestellt werden müßte, als ob der Vertrag wirksam wäre. Aus diesem Grunde besteht zwischen Verleiher und Leiharbeitnehmer bei fehlender und erforderlicher Erlaubnis lediglich ein faktisches Arbeitsverhältnis[35]. Es kann jederzeit von beiden Beteiligten einseitig beendet werden[36]. Hieran ändert der Schadensersatzanspruch nichts.

Einer etwaigen Sperrwirkung des Art. 1 § 9 Nr. 1 AÜG kann folglich der Schadensersatzanspruch aus Art. 1 § 10 II AÜG nicht im Wege stehen.

b) Anwendbarkeit des AÜG

Entscheidend ist mithin, ob das AÜG auf Konzernsachverhalte anzuwenden ist.

aa) Art. 1 § 1 III Nr. 2 AÜG n. F.

Gemäß Art. 1 § 1 III Nr. 2 AÜG in der Fassung des BeschFG 1985[37] ist die Anwendbarkeit ausgeschlossen, wenn ein Arbeitnehmer seine Arbeit „vorübergehend" nicht bei seinem konzernangehörigen Arbeitgeber „leistet". Die genauen Bedeutungsinhalte beider Begriffe sind zweifelhaft.

α) „Leisten" oder Verpflichtung zur unternehmensexternen Leistung?

Einerseits könnte „leisten" i. S. Art. 1 § 1 III Nr. 2 AÜG n. F. bedeuten, daß auf tatsächlich erfolgte unternehmensexterne Beschäftigungen abzustellen ist. Lediglich schuldrechtliche Verpflichtungen zur konzernumfassenden Tätigkeit wären nicht gemeint. Folglich würden die Konstellationen, in denen konzerndimensionale Beschäftigungspflichten und -ansprüche bereits aus den Arbeitsverträgen abzuleiten sind[38], noch nicht erfaßt. Zur Verpflichtung müßte vielmehr die unternehmensexterne und konzerninterne Überlassung hinzukommen. Die Konsequenz dieser Bedeutung ist, daß bei bloßen Verpflichtungen die Voraussetzungen von Art. 1 § 1 III Nr. 2 AÜG n. F. nicht gegeben sind. Die Vorschrift ordnet die Nichtanwendung des AÜG an. Da es bereits an einer ihrer Voraussetzungen mangelt, stünde unabhängig von den weiteren Art. 1 § 1 III Nr. 2 AÜG n. F. der Anwendung des AÜG nicht im Wege. Es käme folglich bei bloßen Verpflichtungen auch

---

[35] Gick, S. 159.

[36] Becker / Wulfgramm, Art. 1 § 9 Rn. 18 m. w. N.; Gick, S. 159; v. Hoyningen-Huene, BB 1985, 1669 (1675).

[37] BGBl. I S. 715.

[38] Siehe oben § 9 A I 1 und 2 a).

nicht mehr darauf an, ob eine „vorübergehende" Überlassung vereinbart wurde. Andererseits könnte „leisten" im Sinne von Art. 1 § 1 III Nr. 2 AÜG n. F. die Bedeutung haben, daß bereits die Verpflichtung zur konzerninternen Arbeitnehmerüberlassung gemeint ist. Abhängig von den weiteren Voraussetzungen der Vorschrift wäre die eben getroffene Unterscheidung unerheblich. Rechtsprechung und Literatur haben sich bisher zur Definition des Begriffes „leisten" im Sinne von Art. 1 § 1 III Nr. 2 AÜG n. F. nicht geäußert.

Stellt man auf den Wortlaut ab, so ist die Antwort eindeutig: Wörtlich interpretiert bedeutet „leisten", daß es nicht auf Vereinbarungen, sondern auf tatsächliches Bewirken ankommt. Dies bestätigt beispielsweise ein Vergleich mit § 362 I BGB. Dort ist die geschuldete „Leistung" entscheidend. Es wird also zwischen schuldrechtlicher Verpflichtung und tatsächlichen Leistungserfolg unterschieden.

Demgegenüber sind die Materialien zu Art. 1 § 1 III Nr. 2 AÜG n. F. mehrdeutig. Die Konzernklausel war in dem Entwurf der Bundesregierung nicht enthalten[39]. Sie ist auf einen Vorschlag des Bundestagsausschusses für Arbeit und Sozialordnung zurückzuführen[40]. Der Ausschuß stellt in seiner Begründung zwar zunächst auf den „Austausch" und die „Entsendung" von Arbeitnehmern zwischen Unternehmen desselben Konzernes ab[41]. Diese Begriffe beziehen sich nicht auf Verpflichtungen, sondern nur auf tatsächlich erfolgte Arbeitnehmerüberlassungen. Wenig später nimmt er jedoch ausdrücklich zum Problem der Einordnung reiner Personalführungsgesellschaften Stellung. Diese sollen nach seiner Ansicht, auch wenn deren einziger Zweck die „Einstellung und Beschäftigung" von zu anderen Unternehmen zu entsendenden Arbeitnehmern ist, weiterhin den Bestimmungen des AÜG unterliegen[42]. Folglich stellt er nicht nur auf eine unternehmensexterne tatsächliche Beschäftigung, sondern auch auf Einstellungen mit diesem Zweck ab. Unklar ist daher, ob nach Ansicht des federführenden Bundestagsausschusses bereits die Verpflichtung oder erst die Erfüllung konzernumfassender Tätigkeiten eine „Leistung" im Sinne von Art. 1 § 1 III Nr. 2 AÜG n. F. ist.

Aus systematischer Sicht ist eine am Wortlaut orientierte Auslegung, die bloße Verpflichtungen von konzernbezogenen Arbeitnehmerüberlassungen nicht erfaßt, bedenklich. Außerhalb der Konzernproblematik stellt Art. 1 § 1 I AÜG auf den Willen zur Arbeitnehmerüberlassung ab. Ein hierauf gerichteter Vertragsschluß bedarf also bereits der Erlaubnis. Überlassungsverträge, die Verleiher ohne Erlaubnis schließen, sind von Anfang an nichtig[43].

---

[39] Vgl. BR-Drucksache 393/84.
[40] BT-Drucksache 10/3206 S. 17 f. u. 33.
[41] BT-Drucksache 10/3206 S. 33.
[42] BT-Ausschuß für Arbeit und Sozialordnung, BT-Drucksache 10/3206 S. 33.
[43] Becker / Wulfgramm, Art. 1 § 9 Rn. 11.

Eine tatsächlich erfolgte Überlassung ist für die behördliche Kontrolle nicht erforderlich. Hiervon weicht zwar der Wortlaut des Art. 1 § 1 III Nr. 2 AÜG n. F. ab. Er unterscheidet sich insofern jedoch vom AÜG im übrigen. Die Systematik der Regeln im AÜG erfordert mithin, Art. 1 § 1 III Nr. 2 AÜG n. F. korrigierend auszulegen und anzupassen.

Dem könnte allerdings widersprechen, daß die eben dargestellte Rechtslage außerhalb des Anwendungsbereiches von Art. 1 § 1 III Nr. 2 AÜG n. F. auch Ausnahmen hat. Zwar stellt der Wortlaut des Art. 1 § 1 I AÜG auf den Willen zur Arbeitnehmerüberlassung ab. Gleichwohl ist jedoch nach einhelliger Auffassung in sog. gemischten Unternehmen, die nicht ausschließlich Arbeitnehmer überlassen, sondern zudem weitere Unternehmensziele verfolgen, eine Abweichung geboten. Die Unwirksamkeit verbotener Überlassungsverträge tritt dort erst mit Beschäftigung beim entleihenden Unternehmen ein[44]. Allein der Überlassungsvertrag begründet also in diesen Fällen noch nicht die Unwirksamkeit. In Konzernen handelt es sich nicht stets um sog. gemischte Unternehmen. Reine konzernangehörige Personalführungsgesellschaften belegen dies. Gleichwohl zeigt die Rechtslage hinsichtlich der Arbeitnehmer sog. gemischter Unternehmen, daß die systematische Argumentation zwar naheliegt, jedoch nicht zwingend ist.

Der Sinn und Zweck von Art. 1 § 1 III Nr. 2 AÜG n. F. ist indes, konzerninterne Arbeitnehmerüberlassungen von „bürokratischen Förmlichkeiten" freizustellen[45]. Art. 1 § 1 III Nr. 2 AÜG n. F. ordnet die Nichtanwendung des Gesetzes an. Folglich sind seine Voraussetzungen erweiternd zu definieren, um auf Konzernsachverhalte häufiger das AÜG nicht anzuwenden. Art. 1 § 1 III Nr. 2 AÜG n. F. kann dann seltener im Wege stehen. Sein Sinn und Zweck widerspricht daher der Annahme, sich ausschließlich am Wortlaut zu orientieren.

Hinsichtlich Art. 1 § 1 III Nr. 2 AÜG über den Wortlaut hinaus bereits an der vertraglichen Verpflichtung anzuknüpfen, vermeidet zudem Widersprüche. „Leisten" wörtlich ausgelegt führt dazu, daß bloße Verpflichtungen zur konzernumfassenden Beschäftigung den Voraussetzungen des Art. 1 § 1 III Nr. 2 AÜG nicht genügen und daher das AÜG uneingeschränkt anzuwenden ist. Sie können nicht mehr an den weiteren Merkmalen der konzernbezogenen Ausschlußklausel gemessen werden. Unerheblich bleibt insbesondere, ob lediglich im Sinne von Art. 1 § 1 III Nr. 2 AÜG „vorübergehende" unternehmensexterne Beschäftigung geschuldet wird. Widersprüche entstehen also in den Fällen, in denen Arbeitnehmer verpflichtet sind, „vorübergehend" außerhalb der Betriebe ihrer Vertragsarbeitgeberin tätig zu werden. Stellt man ausschließlich auf die vertragliche Verpflichtung ab, ist das AÜG

---

[44] Becker / Wulfgramm, Art. 1 § 10 Rn. 14; Sandmann / Marschall, Art. 1 § 10 Anm. 4.

[45] BT-Drucksache 10/3206, S. 33.

mangels Leistung uneingeschränkt anzuwenden. Bezüglich der nachfolgenden unternehmensexternen Tätigkeit gilt das nicht. Um diesen Widerspruch zu vermeiden, ist es geboten, Art. 1 § 1 III Nr. 2 AÜG bereits auf die vertragliche Verpflichtung zu beziehen. Da der Wortlaut insoweit entgegensteht, handelt es sich dabei um eine entsprechende Anwendung.

Über den Wortlaut von Art. 1 § 1 III Nr. 2 AÜG n. F. hinaus erfaßt „leisten" im Sinne dieser Bestimmung auch Verpflichtungen von Arbeitnehmern, außerhalb der Unternehmen ihrer Vertragsarbeitgeber tätig zu werden.

β) „Vorübergehend" i. S. Art. 1 § 1 III Nr. 2 AÜG n. F.?

Ferner setzt der Ausschluß der Anwendbarkeit des AÜG auf Konzernsachverhalte gemäß Art. 1 § 1 III Nr. 2 AÜG n. F. voraus, daß ein Arbeitnehmer „vorübergehend" seine Arbeit nicht bei seinem Vertragsarbeitgeber leistet.

Im allgemeinen Sprachgebrauch kann „vorübergehend" Unterschiedliches bedeuten. Zur Auslegung von Art. 1 § 1 III Nr. 2 AÜG n. F. sind zwei Möglichkeiten in Betracht zu ziehen: „Vorübergehend" könnte die Bedeutung von kurzfristig oder nicht endgültig haben. Hinsichtlich der Fälle, in denen durch langfristige, aber nicht endgültige unternehmensexterne Beschäftigung konzernbezogene Vertrauenstatbestände entstehen[46], ist die genaue Bedeutung erheblich. Mangels Kurzfristigkeit wäre diese Tätigkeit nicht vorübergehend. Das AÜG wäre gemäß Art. 1 § 1 III Nr. 2 n. F. anzuwenden.

Gemäß Art. 1 § 3 I Nr. 6 AÜG ist eine Erlaubnis nicht zu erteilen, wenn einem Entleiher ein Arbeitnehmer mehr als sechs Monate überlassen wird. Sollte „vorübergehend" im Sinne von Art. 1 § 1 III Nr. 2 AÜG die Bedeutung von nicht endgültig haben, so scheint daher ein Widerspruch aufzutreten: Endgültige Überlassungen dauern stets länger als ein halbes Jahr. Innerhalb von Konzernen wäre dann zwar gemäß Art. 1 § 1 III Nr. 2 das AÜG anzuwenden, die erforderliche Erlaubnis wäre jedoch immer gemäß Art. 1 § 3 I Nr. 6 AÜG zu versagen. Beide Vorschriften hätten die Bedeutung eines Verbotes der dauerhaften Konzernleihe. Der Sinn und Zweck der konzernspezifischen Anwendungsklausel scheint verletzt zu sein. Allerdings hat das Zusammenspiel der beiden Regeln nicht stets diese Auswirkungen. Art. 1 § 1 III Nr. 2 AÜG knüpft daran an, daß ein Arbeitnehmer vorübergehend nicht bei seinem Vertragsarbeitgeber beschäftigt wird. Art. 1 § 3 I Nr. 6 AÜG stellt demgegenüber nicht auf die Abwesenheit vom Verleiher, sondern auf die Dauer der Anwesenheit beim Entleiher ab. Konzerninterne Sachver-

---

[46] Siehe oben § 9 A I 2 b) cc) ß) (3).

halte, in denen Arbeitnehmer dauerhaft nicht beim Vertragsarbeitgeber und wechselnd bei verschiedenen Unternehmen tätig sind, sind demnach zwar erlaubnispflichtig, aber zulässig. Der Sinn und Zweck von Art. 1 § 1 III Nr. 2 AÜG ist somit nicht verletzt, wenn „vorübergehend" die Bedeutung von „nicht endgültig" hat.

Der Bundestagsausschuß für Arbeit und Sozialordnung, der Art. 1 § 1 III Nr. 2 AÜG formulierte, wollte eine „Beschränkung der Überlassungsdauer" in Konzernsachverhalten verhindern[47]. Die „dauernde Entsendung" zwischen Konzernunternehmen sollte nicht von der Anwendung des AÜG ausgenommen werden[48]. Hätte „vorübergehend" im Sinne von Art. 1 § 1 III Nr. 2 AÜG n. F. die Bedeutung von „kurzfristig", wäre wiederum auf die Überlassungsdauer abzustellen. Ein Widerspruch zu den Motiven des federführenden Bundestagsausschusses läge vor. Diese Auslegung läßt sich somit mit der Genese nicht vereinbaren.

Mit der Bedeutung „kurzfristig" würde zudem ein Merkmal zeitlicher Unbestimmtheit in das AÜG eingeführt werden[49]. Die Rechtssicherheit wäre betroffen. Unklar bliebe, wann genau das AÜG auf Konzernsachverhalte anzuwenden ist. Weiterhin hat der Gesetzgeber, soweit es im AÜG auf die Dauer von Zeitabläufen ankommt, diese im einzelnen bestimmt. Er hat die Konkretisierung im Interesse der Rechtssicherheit nicht der rechtsanwendenden Praxis überlassen. Verwiesen sei hierzu beispielsweise auf die §§ 1 II, 2 IV, 2 V, 3 I Nr. 4 und Nr. 6, 9 Nr. 3 des Art. 1 AÜG. Mit dieser Systematik ließe sich nicht vereinbaren, „vorübergehend" im Sinne von Art. 1 § 1 III Nr. 2 AÜG als kurzfristig zu definieren.

Letztlich verfolgt Art. 1 § 1 III Nr. 2 AÜG den Zweck, konzerninternen Personalaustausch von bürokratischen Förmlichkeiten freizustellen[50], wie bereits eben festgestellt wurde. Dementsprechend ist erforderlich, ihn in dem Sinne auszulegen, daß möglichst häufig Konzernsachverhalte vom AÜG nicht erfaßt werden[51]. Insoweit ist das AÜG nur ausnahmsweise anzuwenden[52]. Wenn „vorübergehend" nicht die Bedeutung von kurzfristig, sondern von nicht endgültig hat, wird dem Sinn und Zweck von Art. 1 § 1 III Nr. 2 AÜG entsprochen. Im Ergebnis fallen auch langfristige oder gar mehrjährige konzerninterne Arbeitnehmerüberlassungen nicht unter das AÜG[53].

---

[47] BT-Drucksache 10/3206, S. 33.
[48] BT-Drucksache 10/3206, S. 33.
[49] Vgl. Martens, DB 1985, 2144 (2149).
[50] BT-Drucksache 10/3206, S. 33.
[51] Martens, DB 1985, 2144 (2149).
[52] Sandmann / Marschall, Art. 1 § 1 Anm. 68.
[53] Martens, DB 1985, 2144 (2149); Becker, BlStSozArbR 1985, 195 (198); Becker / Wulfgramm, Art. 1 § 1 Rn. 120; Schubel, BB 1985, 1606 (1607 f.) unklar Sandmann / Marschall, Art. 1 § 1 Anm. 81.

bb) Gewerbsmäßigkeit von Arbeitnehmerüberlassungen

Übrig bleiben die Fälle, in denen Arbeitnehmer endgültig innerhalb der Unternehmen eines Konzernes überlassen werden oder werden sollen. Auf diese ist das AÜG anzuwenden, da die Voraussetzungen von Art. 1 § 1 III Nr. 2 AÜG nicht vorliegen. Im wesentlichen handelt es sich dabei um sog. Personalführungsgesellschaften, die im eigenen und nicht im fremden Namen die Arbeitsverträge abschließen[54]. Diese überlassen die von ihnen angestellten Arbeitnehmer auf Dauer konzernangehörigen Unternehmen. Es besteht von vornherein keine Absicht, meist auch nicht die Möglichkeit, die Arbeitnehmer beim Vertragsarbeitgeber zu beschäftigen[55]. Rechtstatsächlich werden aber nicht nur Personalführungsgesellschaften erfaßt werden. Vielmehr werden in Einzelfällen Arbeitnehmer auch von Unternehmen, die sich nicht auf Aufgaben der Personalführung beschränken, anderen konzernangehörigen Gesellschaften dauerhaft überlassen.

Erlaubnispflichtig sind gemäß Art. 1 § 1 I AÜG gewerbsmäßige Arbeitnehmerüberlassungen. Hierzu zählt der nicht nur gelegentliche, sondern auf eine gewisse Dauer angelegte und auf die Erzielung mittel- oder unmittelbarer wirtschaftlicher Vorteile ausgerichtete Personalaustausch[56]. Problematisch kann in Konzernsachverhalten das Merkmal der Gewinnerzielung sein. Martens meint, durch Verzicht auf eigenen Gewinn könne das überlassende Konzernunternehmen die Gewerbsmäßigkeit ausschließen. Würden lediglich die entstandenen Selbstkosten ausgeglichen oder gar Verluste erzielt werden, würde die Erlaubnispflicht entfallen[57].

Aus der Sicht der betroffenen Arbeitnehmer ist diese Ansicht bedenklich. Schutzzweck des AÜG ist, durch Erlaubnispflichten und behördliche Kontrollen unseriöse Verleiher[58] zu verdrängen sowie insbesondere einen Mindeststandard an sozial- und arbeitsrechtlichem Schutz zugunsten der Arbeitnehmer zu gewährleisten[59]. Erfolgversprechend ist arbeitsrechtlicher Schutz jedoch nur, wenn die mit Ansprüchen belasteten Arbeitgeber zur Erfüllung auch in der Lage sind. Ansonsten läuft er ins Leere. Folgerichtig verlangt das AÜG in Art. 1 § 3 I Nr. 1 für die Erteilung einer Erlaubnis unter anderem auch die Zuverlässigkeit hinsichtlich der Erfüllung der arbeitsrechtlichen Pflichten. Ungeordnete Vermögensverhältnisse begründen gemäß Art. 1 § 3 I Nr. 1 AÜG die Versagung einer Erlaubnis zur Arbeitneh-

---

[54] Personalführungsgesellschaften, die im Namen der „entleihenden" Unternehmen Arbeitnehmer einstellen, überlassen diese nicht im Sinne des AÜG (Becker / Wulfgramm, Art. 1 § 1 Rn. 32). Insoweit unklar die amtliche Begründung zu Art. 1 § 1 I AÜG, die diese Unterscheidung nicht trifft (BT-Drucksache VI/2303, S. 10).

[55] Vgl. Martens, DB 1985, 2144 (2149).

[56] BAG v. 10.2.1977, EZAÜG Nr. 32; Becker / Wulfgramm, Art. 1 § 1 Rn. 27 m. w. N.

[57] Martens, DB 1985, 2144 (2149); ähnlich Becker / Wulfgramm, Einl. Rn. 27.

[58] BAG v. 8.11.1978, EZAÜG Nr. 50.

[59] Becker / Wulfgramm, Art. 1 § 1 Rn. 26 m. w. N.

merüberlassung[60]. Damit ist die Auffassung von Martens nicht zu vereinbaren. Durch die Ausklammerung von Personalführungsgesellschaften, die auf Gewinnerzielung verzichten, werden die Verleiher der behördlichen Kontrolle entzogen, deren Arbeitnehmer im stärkeren Maße des Schutzes bedürfen. Martens argumentiert zudem allein begrifflich. Er leitet sein Ergebnis aus einer Deduktion aus dem mehr als 100 Jahre alten Begriff der Gewerbsmäßigkeit ab[61]. Er verfehlt den Sinn und Zweck der Erlaubnispflicht nach dem AÜG.

Demgegenüber könnte man allerdings einwenden, daß die Lücke im Arbeitnehmerschutz, die aufgrund des fehlenden Gewinns verleihender Konzernmütter festgestellt wurde, durch das konzernrechtliche Haftungssystem nicht entstehen kann. Hierbei würde man indes zum einen nicht beachten, daß wirtschaftlicher Erfolg von Konzerntöchtern zwar mittelbar auch die Haftungsmasse der Konzernobergesellschaften vergrößert. Deren Beteiligungen gewinnen an Wert. Gleichwohl erlangen die Arbeitnehmer der Konzernmütter dadurch keinerlei unmittelbare Ansprüche gegen die von ihrer Arbeitgeberin abhängigen Unternehmen[62]. Zum anderen bestätigt der Zusammenhang zwischen Gewinnverzicht verleihender Konzernmütter einerseits und wirtschaftlichem Erfolg von Töchtern und dem Wertzuwachs der Beteiligungen der Konzernmütter an ihren Unternehmen folgendes: Man mag zwar daran zweifeln, ob derart handelnde Konzernobergesellschaften durch die Arbeitnehmerüberlassungen eigene Gewinne unmittelbar erzielen wollen. Auf jeden Fall dient jedoch ihr Gewinnverzicht unmittelbar ihren Töchtern und damit mittelbar auch ihnen. Dies reicht aber, um den Voraussetzungen des Begriffes der Gewerbsmäßigkeit im Sinne des Art. 1 § 1 I AÜG zu genügen. Danach wird nämlich lediglich verlangt, daß ein Personalaustausch zumindest mittelbar dem wirtschaftlichen Vorteil des Verleihers dient[63]. Die Ansicht von Martens ist somit abzulehnen.

Eine Erlaubnispflicht nach dem AÜG besteht bei konzerninternem Personalaustausch, wenn Arbeitnehmer auf Dauer überlassen werden. Unerheblich ist, ob die entleihende Konzerngesellschaft durch die Überlassung einen Gewinn erzielt. Arbeitsverträge mit Konzernmüttern, die dem widersprechend ohne Erlaubnis dauerhaft Arbeitnehmer ihren Töchtern überlassen, sind gemäß Art. 1 § 9 Nr. 1 AÜG unwirksam. Im übrigen ist das AÜG nach Art. 1 § 1 III Nr. 2 auf Konzernsachverhalte nicht anzuwenden.

---

[60] Becker / Wulfgramm, Art. 1 § 3 Rn. 26.

[61] Kritisch zur Gewinnerzielungsabsicht als Merkmal des Gewerbebegriffes im Handelsrecht, Hopt ZGR 1987, 145 (177 f.).

[62] Siehe oben § 5 B.

[63] BAG v. 8.11.1978, Nr. 50; BVerwG v. 13.4.1962, E 14, 125 f.; Becker / Wulfgramm, Art. 1 Rn. 27, 29 m. w. N.
Insofern noch undeutlich die amtliche Begründung zu Art. 1 § 1 I AÜG (BT-Drucksache VI/2303, S. 10). Dort wird nicht zwischen mittel- und unmittelbarem wirtschaftlichen Vorteil unterschieden.

2. Konzerninterne Arbeitgeberwechsel gemäß § 613a I BGB?

Durch langfristige Versetzungen auf Arbeitsplätze bei Konzerntöchtern entstehen zu Lasten arbeitsvertraglich gebundener Konzernmütter beschäftigungsrelevante Vertrauenstatbestände[64]. Diesen Versetzungen werden vielfach nicht nur personalpolitische Motive zugrunde liegen. Vielmehr sind sie häufig mit Strukturveränderungen in Produktions- oder Dienstleistungsbereichen verbunden. Mit ihnen werden teilweise nicht nur die Funktionen, sondern auch Betriebsteile nebst Arbeitsmittel von der Konzernmutter zu einer der Töchter verlagert. Betriebe oder Betriebsteile im Sinne des § 613a BGB werden übertragen. Gemäß § 613a I 1 BGB tritt die übernehmende Konzerntochter in die bestehenden Arbeitsverträge mit den betroffenen Arbeitnehmern ein. Die bisherige Vertragsarbeitgeberin haftet gemäß § 613a II BGB für die bis zum Übergang entstandenen Ansprüche und für die später entstandenen nicht mehr. Hierfür kommt es allein auf die Voraussetzungen dieser Vorschrift[65] an. Der Konzernbezug ist somit unerheblich.

Kraft Gesetzes (§ 613a I 1 BGB) gehen die Arbeitsverhältnisse auf die Konzerntochter über, der der Betrieb oder Betriebsteil übertragen wurde. Allerdings haben nach h. M. Arbeitnehmer das Recht, dem ohne Begründung zu widersprechen[66]. Sie riskieren dadurch, vom bisherigen Arbeitgeber wegen Wegfall der Beschäftigungsmöglichkeiten betriebsbedingt gekündigt zu werden[67]. Zu erwägen ist, ob dieses Risiko hier entfällt. Die Obergesellschaft ist ihren Arbeitnehmern zur konzernweiten Beschäftigung verpflichtet. Man könnte daher meinen, daß, solange im Konzern diese Verpflichtungen erfüllbar sind, die Mutter nicht betriebsbedingt kündigen kann; Widersprüche gegen den Übergang des Arbeitsverhältnisses mithin für die Arbeitnehmer ohne Risiko sind.

Formal betrachtet nehmen Arbeitnehmer in diesen Fällen lediglich ihnen zustehende privatautonome Entscheidungsbefugnisse wahr. Rechtsmißbräuchlich ist aber widersprüchliches Verhalten[68]. Entsprechendes gilt, wenn keine schutzwürdigen Eigeninteressen zugrunde liegen[69]. Die Arbeitnehmer beharren auf ihrem Vertrag mit der Konzernmutter, obwohl diese sie im eigenen Unternehmen nicht beschäftigen kann. Sie lehnen den Über-

---

[64] Siehe oben § 9 A I 2 b) cc) ß) (3).

[65] Vgl. im einzelnen zu den Voraussetzungen eines Betriebsteiles im Sinne von § 613a BGB BAG v. 26.6.1985, NJW 1986, 450 f.; v. 22.5.1985, NJW 1986, 451 f.; Seiter, Betriebsinhaberwechsel, S. 51 ff.; Schaub, § 118 II 1; v. Hoyningen-Huene / Windbichler, RdA 1977, 329 (331); Palandt / Putzo, § 613a Anm. 2) a).

[66] BAG v. 15.2.1984, NZA 1984, 32 f.; Seiter, Betriebsinhaberwechsel, S. 66; Palandt / Heinrichs, § 613a Anm. 2) e).

[67] BAG v. 2.10.1974, NJW 1975, 1378 f.; Bauer, DB 1983, 713; Palandt / Heinrichs, § 613a Anm. 2) e).

[68] Palandt / Heinrichs, § 242 Anm. 4) C) e).

[69] Palandt / Heinrichs, § 242 Anm. 4) C) d) cc).

gang ihres Arbeitsverhältnisses zur Konzerntochter ab, obgleich dort ihre ursprünglichen Beschäftigungsmöglichkeiten weiterhin bestehen. Sie verhalten sich somit gegensätzlich, falls sie keine schutzwürdigen Interessen zu wahren haben. Sollte die Konzerntochter zum Beispiel im Hinblick auf Größe, finanzielle Leistungsfähigkeit und Beschäftigungsmöglichkeiten die gleiche Sicherheit bieten wie die Obergesellschaft, so ist das Verhalten der Arbeitnehmer rechtsmißbräuchlich. Ihr Widerspruch gegen den Übergang des Arbeitsverhältnisses ist zwar wirksam. Ihr arbeitsvertraglicher Beschäftigungsanspruch gegen die Konzernmutter kann jedoch gemäß § 242 BGB einer betriebsbedingten Kündigung wegen widersprüchlichen Verhaltens nicht mehr wirkam entgegengehalten werden.

Zu klären bleibt das Spannungsverhältnis von § 613a BGB zum AÜG, was gemäß Art. 1 § 1 III Nr. 2 anzuwenden ist, wenn Konzernmütter Arbeitnehmer auf Dauer abhängigen Unternehmen überlassen[70]. Ein Personalaustausch kann darüber hinaus mit dem Übergang eines Betriebes oder Betriebsteiles verbunden sein. Dann lägen die Voraussetzungen von § 613a BGB ebenfalls vor. Würden Konzernmütter in diesen Fällen die Arbeitnehmer ohne Erlaubnis überlassen, so könnte möglicherweise dahinstehen, ob die Regeln des AÜG oder § 613a BGB vorrangig sind. Denn unerheblich könnte sein, ob das Arbeitsverhältnis zur vertragsschließenden Konzernmutter gemäß Art. 1 §§ 9 Nr. 1 und 10 I AÜG oder gemäß § 613a BGB beendet wird. Dieser Weg scheidet aber auf jeden Fall aus, wenn Konzernmütter die nach dem AÜG erforderliche Erlaubnis zur Leiharbeit haben. Ein konzerninterner Arbeitgeberwechsel gemäß Art. 1 §§ 9 Nr. 1 und 10 I AÜG kommt wegen der vorhandenen Erlaubnis nicht in Betracht. Weder die Rechtsprechung noch die arbeitsrechtliche Literatur haben bisher, soweit ersichtlich, zu diesem Konkurrenzproblem Stellung genommen.

Arbeitnehmerüberlassung ist in Art. 1 § 1 I AÜG definiert. Danach werden die Fälle erfaßt, in denen Verleiher Arbeitnehmer Entleihern „zur Arbeitsleistung" überlassen wollen. In einer Vielzahl von Konstellationen erbringen fremde Arbeitnehmer für andere Arbeitgeber Arbeitsleistungen. Dies ist in einer arbeitsteiligen Gesellschaft eine Selbstverständlichkeit. Diese Fälle müssen von den nach dem AÜG erlaubnispflichtigen abgegrenzt werden. Art. 1 § 1 I AÜG erfaßt daher nicht jede Arbeitsleistung für Dritte. Vielmehr ist Voraussetzung, daß die Überlassung fremder Arbeitsleistung Hauptzweck ist. Dies ist letztlich der Maßstab, den Rechtsprechung und Literatur allgemein zur Bestimmung des Bereiches erlaubnispflichtiger Arbeitnehmerüberlassung und zur Abgrenzung verwandter Vertragsgestaltungen verwenden[71]. Anerkannt ist beispielsweise, daß die Überlassung von Maschinen mit Bedienungspersonal nicht erlaubnispflichtig nach dem AÜG

70 Siehe oben § 9 B I 2 a) bb).

71 Vgl. Becker / Wulfgramm, Art. 1 § 1 Rn. 25 ff.

ist[72]. Diese Ausnahme hatte bereits die amtliche Begründung zur Erstfassung des AÜG erwähnt[73]. Folglich ist hier entscheidend, ob beim Übergang von Betrieben oder Betriebsteilen die Überlassung fremder Arbeitsleistung Hauptzweck der Rechtsgeschäfte zwischen den beteiligten Unternehmen ist. Der Umstand, daß nicht nur ein Personalaustausch stattfindet, sondern darüber hinaus auch die sächlichen und immateriellen Betriebsmittel übertragen werden, belegt das Gegenteil. Diese Fälle fallen folglich nicht unter das AÜG. § 613a BGB ist vorrangig.

3. Analog § 613a I BGB?

Falls keine sächlichen und immateriellen Betriebsmittel übertragen werden, scheidet eine Beendigung des Arbeitsverhältnisses zur ursprünglich vertraglich gebundenen Konzernmutter gemäß § 613a BGB aus.

Zu erwägen ist eine entsprechende Anwendung. Außerhalb von Konzernsachverhalten genügt eine bloße Funktionsverlagerung den Anforderungen des § 613a BGB nicht[74]. Mithin kann eine Analogie nur damit begründet werden, daß Aufgaben zwischen wirtschaftlich miteinander verbundenen Unternehmen verlagert werden. Gegen diese Annahme spricht zunächst, daß die rechtliche Selbständigkeit konzernierter Unternehmen in der Rechtsordnung allgemein anerkannt ist[75]. Folglich ist eine besondere Begründung erforderlich, von diesem Grundsatz hier allein wegen des Konzernzusammenhanges abzuweichen. Ferner ist § 613a BGB durch § 122 BetrVG vom 15.1.1972 in das BGB eingeführt worden[76]. Das BetrVG regelt mehrmals ausdrücklich Konzernprobleme (§§ 8 I 2, 54 ff., 87 I Nr. 8, 88 Nr. 2). Es fehlt also jeder Anhalt für die Annahme, § 613a BGB sei aufgrund gesetzgeberischen Versehens lückenhaft. Entsprechendes gilt für den durch Gesetz vom 13.3.1980[77] in das BGB eingeführten § 613a IV. Die zu dieser Vorschrift veröffentlichten Materialien enthalten keinerlei Hinweise darauf, inwieweit die Regelung von Konzernproblemen gesehen wurde. 1980 gab es jedoch schon mehrere richterliche und rechtswissenschaftliche Äußerungen zu Aspekten von Arbeitsverhältnissen mit konzernierten Arbeitgebern[78]. Schließlich ließe sich eine auf Konzernsachverhalte beschränkte

---

[72] Becker / Wulfgramm, Art. 1 § 1 Rn. 30.

[73] BT-Drucksache VI/2303, S. 10.

[74] BAG v. 14.10.1982, AP Nr. 1 zu § 1 KSchG 1969, Konzern, unter B II 3 c); v. Hoyningen-Huene / Windbichler, RdA 1977, 329 (331 ff.); a. A. LAG Berlin, BB 1984, 472 f.

[75] Wiedemann / Strohn, Anm. zu BAG v. 18.10.1976, AP Nr. 3 zu § 1 KSchG 1969, Betriebsbedingte Kündigung.

[76] BGBl. I S. 13.

[77] BGBl. I S. 1308.

[78] BAG v. 18.10.1976, AP Nr. 3 zu § 1 KSchG 1969, Betriebsbedingte Kündigung; mit Anm. von Wiedemann / Strohn; Martens, „Festschrift 25 Jahre BAG" (1979), S. 367 ff.

Analogie nicht mit dem Sinn und Zweck des § 613a BGB vereinbaren. Zwar mag man meinen, daß er an rechtsgeschäftliche Übertragungen von Betrieben und Betriebsteilen anknüpft, Rechtsgeschäfte wegen der Konzernherrschaft nicht erforderlich und daher die Gefahren größer sind, vor denen die Arbeitnehmer geschützt werden sollen. Insoweit würde aber der Zweck der Norm gebieten, das Merkmal der Übertragung „durch Rechtsgeschäft" konzernspezifisch zu modifizieren. Obwohl Arbeitsverträge als schuldrechtliche Verträge zwischen Personen abgeschlossen werden, knüpft der Sinn und Zweck von § 613a BGB an die „sachliche Komponente" von Arbeitsplätzen an[79]. Die gegenständliche Identität von Arbeitsplätzen ist von derartigen Erwägungen nicht betroffen. Sie ist für den Anwendungsbereich des § 613a BGB entscheidend. Eine Analogie zu § 613a BGB scheidet mithin aus, wenn zwischen Konzernunternehmen keine Betriebe oder Betriebsteile übertragen werden[80]. Eine bloße konzerninterne Funktionsverlagerung genügt nicht.

4. Unwirksamkeit nach allgemeinem Schuldrecht?

Neben den spezialgesetzlichen Regelungen des AÜG und des § 613a BGB, die in bestimmten Fällen zum konzerninternen Auswechseln des Vertragsarbeitgebers führen, kommt des weiteren in Betracht, daß die kraft Vertrauensschutzes entstandenen konzerndimensionalen Verpflichtungen von Konzernmüttern aufgrund allgemeinen Schuldrechts unwirksam sind. Sie könnten gemäß § 306 BGB wegen anfänglicher Unmöglichkeit oder wegen des Verbots von Verträgen zu Lasten Dritter unwirksam sein.

a) Erfüllbarkeit aufgrund Weisungsbefugnis oder Vertrages

Wenn Konzernmütter sich arbeitsvertraglich auch zur unternehmensexternen Beschäftigung verpflichten, müssen sie die Erfüllung dieser Verpflichtung sicherstellen. Hierzu kommen zum einen vertragliche Vereinbarungen zwischen den konzernangehörigen Gesellschaften in Betracht. Zum anderen können Konzernmütter gegenüber eingegliederten Gesellschaften gemäß § 323 I 1 AktG, im Verhältnis zu vertraglich beherrschten Aktiengesellschaften gemäß § 308 AktG und zu Lasten von durch Vertrag abhängigen Gesellschaften mit beschränkter Haftung[81] ihr Weisungsrecht ausüben. Unter diesen Voraussetzungen sind Obergesellschaften in der Lage, ihre arbeitsvertraglichen konzernweiten Beschäftigungspflichten zu erfüllen.

---

[79] Loritz, SAE 1986, 138 (140).

[80] BAG v. 14.10.1982, AP Nr. 1 zu § 1 KSchG 1969, Konzern, unter B II 3 c); v. 22.5.1985, SAE 1986, 133 (136); mit zustimmender Anm. von Loritz.

[81] Ein Beherrschungsvertrag mit einer GmbH gibt ebenfalls der Konzernmutter das Recht, Weisungen zu erteilen (Scholz / Emmerich, Anh. II Rn 184; Koppensteiner in Rowedder, Anh. § 52 Rn. 63).

b) Nichterfüllbarkeit für Konzernmütter

Zweifelhaft sind demgegenüber die Fälle, in denen die Obergesellschaft nicht über den erforderlichen Einfluß verfügt, ihre arbeitsvertraglichen konzernumfassenden Beschäftigungsverpflichtungen zu erfüllen. So haben sie beispielsweise gegenüber faktisch konzernierten Töchtern kein Weisungsrecht[82]. Auch verlangt § 308 I 2 AktG eine Ausübung des Einflusses im Konzerninteresse, falls der Beherrschungsvertrag nichts anderes bestimmt. Wenn stattdessen ein besser geeigneter konzernexterner Arbeitnehmer eingestellt werden kann, könnte es daran fehlen[83]. Martens meint daher, daß derartige Verpflichtungen bei mangelndem Konzerneinfluß relativ bedeutungslos seien[84].

aa) Verträge zu Lasten Dritter

Einerseits könnten derartige Vereinbarungen dahingehend ausgelegt werden, daß Ansprüche auf Beschäftigung unmittelbar gegen die einbezogenen Konzerntöchter entstehen sollen. Indes würde dadurch mißachtet werden, daß die einzelnen konzernangehörigen Unternehmen rechtlich selbständig sind. Rechtsgeschäftlich verpflichtet werden sie also nur, wenn in ihrem Namen mit Vertretungsmacht gehandelt wird[85]. Konzernmütter, die im eigenen Namen ohne Vertretungsmacht ihre Töchter verpflichten wollten, schließen einen Vertrag zu Lasten Dritter ab. Derartige Verträge lassen sich mit den Grundsätzen der Privatautonomie nicht vereinbaren[86]. Sie sind unwirksam. Aus diesem Grunde scheidet eine Auslegung aus, die aus Arbeitsverträgen mit Konzernmüttern unmittelbar Beschäftigungsverpflichtungen von Konzerntöchtern ableitet.

Es ist daher andererseits zu erwägen, ob derartige Vertragsklauseln sich auf Verpflichtungen der Konzernmütter als Vertragsparteien beschränken. Nicht die Konzerntöchter sollen unmittelbar zur Beschäftigung verpflichtet werden, sondern die Obergesellschaften. Lediglich die Obergesellschaften

---

[82] H. M. Kropff in Geßler / Hefermehl / Eckardt / Kropff, § 311 Rn. 29; Scholz / Emmerich, Anh. II Rn. 214; Reuter, Ordo Bd. 33 (1982), 165 (176); a. A. Karsten Schmidt, Gesellschaftsrecht, § 31 IV 2 b).

[83] Dies ist allerdings nicht zwingend. Zur Beurteilung des Konzerninteresses sind nämlich die Vor- und Nachteile einer Maßnahme gegeneinander abzuwägen. Auf der einen Seite ist hierzu der Vorteil für die Unternehmen zu berücksichtigen, den sie sich von der besseren Qualifikation und Eignung des externen Bewerbers versprechen. Dem stehen andererseits mögliche Ansprüche des Internen gegenüber. Inwieweit dieser Ansprüche erlangt, wird erst im folgenden untersucht.

[84] Martens, ZGR 1984, 417 (458); bestätigt von BAG v. 22.5.1986, SAE 1987, 129 (132).

[85] Siehe unten § 9 C.

[86] Staudinger / Kaduk, Vor. §§ 328 ff. Rn. 51; Palandt / Heinrichs, Einf. vor § 328 Anm. 5) c) m. w. N.; Henssler, S. 48.

werden als Vertragsparteien aus diesem Vertrag berechtigt und verpflichtet. Sie schulden die Leistung eines Dritten. Insoweit wird nicht gegen das Verbot eines Vertrages zu Lasten Dritter verstoßen[87].

bb) Anfängliche Unmöglichkeit?

Bedenken entstehen, ob diese Vereinbarung gemäß § 306 BGB unwirksam ist. Die Konzernmutter verfügt nicht über den erforderlichen Konzerneinfluß. Sie könnte sich daher zu einer im Sinne dieser Vorschrift objektiv unmöglichen Leistung verpflichtet haben. Dem steht aber zum einen entgegen, daß lediglich ihr und nicht den Konzerntöchtern die Beschäftigung nicht möglich ist. Zum anderen ist § 306 BGB nach allgemeiner Auffassung restriktiv auszulegen[88]. Die konzernumfassende Beschäftigung ist somit Konzernmüttern, auch wenn sie nicht über den erforderlichen Einfluß verfügen, nicht objektiv unmöglich. Ihr Versprechen der konzernweiten Beschäftigung ist unabhängig davon wirksam.

III. Ansprüche auf Erfüllung und Schadensersatz

Soweit Vertragsarbeitgeber in der Lage sind, ihre konzernweiten Beschäftigungsverpflichtungen durchzusetzen, können die begünstigten Arbeitnehmer sie auf Erfüllung in Anspruch nehmen. Dies scheidet aus, wenn den verpflichteten Konzernmüttern der erforderliche Konzerneinfluß fehlt. In Betracht kommt, daß diese Arbeitnehmer gemäß § 325 I 1 BGB einen Anspruch auf Schadensersatz haben.

Voraussetzung ist eine synallagmatische Abhängigkeit der Leistungspflichten. Unzweifelhaft stehen die Verpflichtungen von Arbeitnehmern zur Arbeit mit ihrem Lohnanspruch in einem derartigen Gegenseitigkeitsverhältnis. Hier geht es jedoch nicht um die Verpflichtung, sondern um den Anspruch auf Beschäftigung. Dieser ist in §§ 611 ff. BGB nicht einmal ausdrücklich normiert. Ihn zu erfüllen, könnte daher eine bloße nicht synallagmatische Nebenpflicht von Arbeitgebern sein. Entscheidend ist indes, welche Bedeutung die Erfüllung eines Anspruches für die Vertragsparteien hat[89]. Nach den Umständen des konkreten Falles ist zu ermitteln, ob es sich nach dem Willen der Vertragsparteien um eine wesentliche Vertragspflicht handelt[90]. Beschäftigt zu werden ist ein Ausfluß des Persönlichkeitsrechts von Arbeitnehmern[91]. Dieser beidseitig bekannten Bedeutung würde wider-

---

[87] Vgl. Staudinger / Kaduk, Vorbm. §§ 328 ff. Rn. 46.
[88] Palandt / Heinrichs, § 306 Anm. 1) a).
[89] BGH NJW 1977, 36.
[90] Palandt / Heinrichs, Einf. v. § 320 Anm. 3).
[91] Siehe oben § 5 C II 1.

sprechen, wenn man eine Hauptpflicht im Sinne der §§ 320 ff. BGB verneinen würde. So ist im Arbeitsrecht nach h. M. beispielsweise auch anerkannt, daß die Erfüllung einer Fürsorgepflicht im Gegenseitigkeitsverhältnis steht[92]. Konzernmütter haften mithin gemäß § 325 I BGB auf Schadensersatz wegen Nichterfüllung[93].

IV. Rechtsfolgen und kündigungsschutzrechtliche Relevanz

1. Naturalrestitution gemäß § 249 BGB

Sie haben gemäß § 249 BGB Naturalrestitution zu leisten. Der konkrete Inhalt ist fraglich. Stellt man auf die geschuldete Beschäftigung bei Konzerntöchtern ab, so ist Unmöglichkeit im Sinne § 251 II BGB zu erwägen. Der Konzernmutter ist es nicht möglich, diesen Anspruch zu erfüllen. Naturalrestitution beschränkt sich aber nicht nur auf die Wiederherstellung des exakt gleichen Zustandes. Entscheidend ist vielmehr, daß der gleiche wirtschaftliche Zustand, der ohne schädigendes Ereignis eingetreten wäre, herzustellen ist[94]. Sie müssen daher die Arbeitnehmer so stellen, als ob sie ihre vertragliche Beschäftigungspflichten bei den Konzerntöchtern erfüllen könnten. Solange demnach in den einbezogenen konzernangehörigen Unternehmen objektiv geeignete Beschäftigungmöglichkeiten bestehen, widersprechen betriebsbedingte Kündigungen dem § 1 II 2 Nr. 1b) KSchG. Sollte darüber hinaus wegen nicht gleichwertiger Beschäftigungsmöglichkeiten ein Schaden entstehen, wird gemäß § 251 I BGB insoweit Ausgleich in Geld geschuldet.

2. Erfüllungsinteresse aufgrund Vertrauenshaftung

Ein Einwand könnte dieser Rechtsfolge teilweise entgegenstehen. Die dargestellte schadensersatzrechtliche Lösung beruht darauf, daß Konzernmütter Ersatz für die Nichterfüllung ihrer Verpflichtungen zu leisten haben. Sie haften für das Erfüllungsinteresse. Soweit beschäftigungsrelevante Ansprüche aus ausdrücklichen vertraglichen Vereinbarungen abgeleitet wurden[95], bestehen dagegen keine Bedenken. Problematisch ist dies aber in den Konstellationen, in denen die Grundsätze des Vertrauensschutzes die Haftung begründen. In Rechtsprechung und Lehre ist nämlich umstritten, ob kraft Rechtsscheinhaftung, einer Fallgruppe der Vertrauenshaftung,

---

[92] BAG v. 20.12.1963, NJW 1964, 883; MüKo-Emmerich, § 320 Rn. 8; Staudinger / Otto, § 320 Rn. 11; Palandt / Heinrichs, § 320 Anm. 2a).

[93] Bei Verneinung einer synallagmatischen Verknüpfung ist der Schadensersatzanspruch aus § 280 I BGB abzuleiten.

[94] BGH NJW 1985, 793 f.; Palandt / Heinrichs, § 249 Anm. 1) a).

[95] Siehe oben § 9 A I 1.

Erfüllungsansprüche begründet werden können. Die Stellungnahmen beziehen sich auf die Rechtsfolgen einer Haftung nach den Grundsätzen der Anscheinsvollmacht. Entgegen der Rechtsprechung[96] beschränkt dort ein Teil der Literatur[97] den Anspruch auf Ersatz des negativen Interesses. Sie verweisen zur Begründung auf die im BGB gesetzlich geregelten Fälle der Vertrauenshaftung (§§ 118, 122).

Hier geht es nicht um die Rechtsfolge des Instituts der Anscheinsvollmacht. Nicht ein durch Anschein Vertretener, sondern der ausdrückliche Vertragspartner soll für das Erfüllungsinteresse haften. Gleichwohl sind mit dieser Erwägung die Bedenken gegen eine Haftung auf das Erfüllungsinteresse nicht behoben. Denn in mehreren Fällen wurden oben konzernbezogene Vertrauenstatbestände aufgrund Vertragsvollzuges mit Erklärungswirkungen begründet[98]. Zumindest in diesen Fallgruppen ist der erzeugte Rechtsschein der tragende Grund für das Entstehen von Vertrauenstatbeständen. Zu erwägen ist daher, mit der dargestellten Auffassung in der Literatur entsprechend den §§ 118, 122 BGB die Rechtsfolge auf das negative Interesse zu begrenzen.

Einerseits steht dem entgegen, daß Arbeitsverhältnisse dogmatisch zwar normale Dauerschuldverhältnisse im Sinne der Regeln des BGB sind. Sie unterscheiden sich aber von diesen durch die starke Bindung der Vertragspartner jedenfalls aus der Sicht der Arbeitnehmer und ihrer daraus folgenden besonderen Schutzbedürftigkeit[99]. Aus diesem Grunde bedarf die Übernahme allgemeiner Grundsätze des BGB stets besonderer Begründung. Im Arbeitsrecht ist daher die Haftung für das Erfüllungsinteresse kraft Vertrauensschutzes anerkannt[100]. Andererseits begrenzen die oben zitierten Autoren ihre Kritik an der Rechtsprechung zur Anscheinsvollmacht überwiegend auf die Bereiche außerhalb des Handelsrechts[101]. Kaufmännische

---

[96] RGZ 170, 281 (284); BGHZ 65, 13 (14 f.); BGHZ 86, 273 (275 f.); Herrmann, NJW 1984, 471 f.; Peters, AcP 179 (1979), 214 (220 ff.); Fikentscher, AcP 154 (1955), 1 (8 f.); Hübner, Allgemeiner Teil des BGB, Rn. 338; Palandt / Heinrichs, §§ 170-173 Anm. 4c) ee); differenzierend, Canaris, Vertrauenshaftung, einerseits hinsichtlich der Anscheinsvollmacht negatives Interesse (§ 5 IV) und andererseits positiven Vertrauensschutz aufgrund widersprüchlichen Verhaltens in Konzernsachverhalten (§ 30 III 2).

[97] Medicus, Bürgerliches Recht, Rn 101 f.; Canaris, Vertrauenshaftung, S. 48 ff.; Flume, Das Rechtsgeschäft, § 49, 4; Larenz, Allgemeiner Teil des BGB, § 33 I a); Hopt, AcP 183 (1983), 608 (695 ff.).

[98] Siehe oben § 9 A I 2 b).

[99] Vgl. Seiter, Die Betriebsübung, S. 95. Mit den gleichen Erwägungen begründet er, wieso abweichend von normalen zivilrechtlichen Dogmatik das Vertrauen von Arbeitnehmern auf wiederholte Leistungen schutzwürdig ist und Ansprüche kraft betrieblicher Übung entstehen läßt. Ähnlich auch Canaris, Vertrauenshaftung, S. 386 f.; Säcker, Gruppenautonomie und Übermachtkontrolle im Arbeitsrecht, S. 486 f.; Henssler, S. 44 f.

[100] Brox, Anm. zu BAG v. 29.11.1979, AP Nr. 10 zu § 242 BGB, Ruhegehalt-VBL, der zutreffend darauf hinweist, daß das BAG in dieser Entscheidung ohne nähere Begründung zum Schadensersatz auf das Erfüllungsinteresse verurteilte.

Betriebsführung und das Bedürfnis der Rechtssicherheit im Handelsverkehr erfordern, daß Handelsgesellschaften kraft Anscheinsvollmacht für das Erfüllungs- und nicht nur für das negative Interesse haften[102]. Diese Arbeit beschränkt sich darauf, den Kündigungsschutz der Arbeitnehmer von Gesellschaften mit beschränkter Haftung und von Aktiengesellschaften zu untersuchen. Beide Unternehmensarten sind Handelsgesellschaften kraft Gesetzes (§ 13 III GmbHG und § 3 AktG). Mithin treffen fehlende Schutzbedürftigkeit aus Gründen des Handelsrechts zu Lasten der Arbeitgeber mit der besonderen Schutzwürdigkeit der Arbeitnehmer zusammen. Eine Beschränkung der Haftung auf das negative Interesse scheidet daher aus. Unabhängig von den einzelnen Vertrauenstatbeständen haften konzernangehörige Unternehmen stets für das Erfüllungsinteresse.

3. Anwendbarkeit der übrigen Vorschriften des KSchG entgegen § 13 III?

Nach alledem ist unerheblich, ob Konzernmütter über den notwendigen Einfluß zur Durchsetzung konzernbezogener, kraft Vertrauensschutzes entstandender Beschäftigungsverpflichtungen verfügen. Soweit sie die Ansprüche ihrer Arbeitnehmer durch Weisungsbefugnis oder aufgrund Vertrages durchsetzen können, müssen sie erfüllen[103]. Im übrigen haften sie auf Schadensersatz. In beiden Fällen widersprechen Kündigungen, solange geeignete Weiterbeschäftigungsmöglichkeiten in den einbezogenen Unternehmen des Konzernes bestehen, dem Rechtsgedanken des § 1 II 2 Nr. 1b) KSchG. Entgegen Martens[104] sind somit derartige Ansprüche nicht bedeutungslos. Vielmehr erweitern sie den Kündigungsschutz konzernspezifisch.

Hierbei handelt es sich jedoch nicht um eine direkte Anwendung dieser Vorschrift. Ihre Voraussetzungen sind nicht erfüllt[105]. § 1 II 2 Nr. 1b) KSchG ist auch nicht im engeren Sinne analog anzuwenden, da dies seiner Normteleologie widersprechen würde[106]. Vielmehr ist sein Rechtsgedanke kraft Vertrages oder aufgrund vertragsähnlicher Grundsätze des Vertrauensschutzes zu beachten. Damit stellt sich die Frage, ob auch die übrigen Vorschriften des Kündigungsschutzgesetzes und somit insbesondere die Dreiwochenfrist des § 4 Satz 1 KSchG einzuhalten sind[107].

---

[101] A. A. Rehbinder, Konzernaußenrecht, S. 329, der ausdrücklich in Konzernsachverhalten die Ansprüche auf den Ersatz des Vertrauensschadens analog § 122 BGB begrenzt.

[102] Canaris, Vertrauenshaftung, S. 191 ff.; Medicus, Rn. 1O1 f.; Flume, Das Rechtsgeschäft, § 49, 4.

[103] Siehe oben § 9 A III.

[104] Martens, ZGR 1984, 417 (458).

[105] Siehe oben § 3 A.

[106] Siehe oben § 3 B.

[107] Vgl. Windbichler, Anm. zu BAG v. 22.5.1986, SAE 1987, 133 (134).

Gemäß § 13 II KSchG sind bestimmte Vorschriften des Gesetzes dann anzuwenden, wenn gegen sittenwidrige Kündigungen innerhalb der Frist des § 4 KSchG Klage erhoben wird. In den übrigen Fällen scheidet gemäß dem Wortlaut des § 13 III KSchG eine entsprechende Anwendung aus. Wortlaut und Systematik beider Absätze des § 13 KSchG legen also den Schluß nahe, das Gesetz nicht anzuwenden. Begünstigte Arbeitnehmer hätten folglich beispielsweise die Dreiwochenfrist nicht einzuhalten. Vertrauenshaftung darf indes nicht dazu führen, daß der Vertrauende besser steht, als wenn die von ihm angenommene Rechtslage wirklich bestünde[108]. Er darf nicht bevorzugt und der Verpflichtete nicht benachteiligt werden. Entgegen Wortlaut und Systematik sind daher auch die übrigen Vorschriften des KSchG entsprechend anzuwenden.

B. Vertrauensschutz gegenüber Konzerntöchtern als ausdrückliche Vertragsarbeitgeberinnen

Abweichend ist möglicherweise das Entstehen, die Wirksamkeit und die Rechtsfolge von Vertrauenstatbeständen zu beurteilen, wenn Konzerntöchter Vertragsarbeitgeberinnen sind.

I. Entstehen konzernumfassender Beschäftigungsansprüche gegen abhängige Vertragsarbeitgeberinnen

Auch gegenüber abhängigen Unternehmen können durch ausdrückliche Vereinbarungen Ansprüche auf konzernumfassende Beschäftigung entstehen[109]. Konzernbezogene Versetzungsklauseln kommen in Arbeitsverträgen mit Konzerntöchtern ebenfalls vor[110]. Sie erzeugen zu Lasten der Vertragsarbeitgeber gleichfalls dementsprechende Vertrauenstatbestände[111]. Entsprechendes gilt für die Fälle, in denen Marketing und Werbung von Konzerntöchtern sich auf den Konzern als Gesamtheit beziehen[112], konzerndimensionale Sozialeinrichtungen bestehen[113] sowie Versetzungen innerhalb

---

[108] Canaris, Vertrauenshaftung, S. 520.

[109] Siehe oben § 9 A I 1. hinsichtlich der vergleichbaren Rechtslage von Arbeitnehmern von Konzernmüttern.

[110] Beispielsweise sei hierzu auf den bereits erwähnten Arbeitsvertrag mit der Agfa-Gevaert AG (siehe oben § 9 A I 2 a) aa)) verwiesen. In diesem hatte sich der Vertragsarbeitgeber nicht nur die Versetzung zu Unternehmen vorbehalten, an denen er beteiligt ist. Vielmehr hat er darüber hinaus sich auch das Recht einräumen lassen, den Arbeitnehmer zu Unternehmen zu versetzen, welche „an ihm“ mit mindestens 50% direkt oder indirekt beteiligt sind.

[111] Siehe oben § 9 A I 2 a) aa).

[112] Siehe oben § 9 A I 2 a) bb) α).

[113] Siehe oben § 9 A I 2 a) bb) β).

der Unternehmen eines Konzernes tatsächlich erfolgen[114]. Auf die oben erörterten Beispiele ist zu verweisen.

Im Vergleich zur Rechtslage zugunsten der Arbeitnehmer von Konzernmüttern könnten abweichende Beurteilungen allenfalls aus folgendem Grunde in Betracht kommen: Dort wurde u. a. auf den Eindruck einer einheitlichen Personalplanung abgestellt. Hier sind abhängige Unternehmen die Vertragsarbeitgeber. Man könnte daher einwenden, daß wegen der Abhängigkeit nicht zu ihren Lasten der Eindruck einer von ihnen zu verantwortenden einheitlichen Personalplanung entstehen kann. Nicht berücksichtigt würde dabei, daß die Strukturen konzerninterner Aufgabenverteilung vielfältig sind. Eine einheitliche Personalplanung ist zwar eines der Kriterien, die wirtschaftliche Abhängigkeit und damit konzernspezifische Leitungsmacht im Sinne der §§ 17, 18 AktG kennzeichnen[115]. Erforderlich ist jedoch nicht, daß Konzernmütter unmittelbar Aufgaben der Personalplanung wahrnehmen. Sie können vielmehr insoweit Funktionen auf ihre Töchter delegieren. Folglich steht die wirtschaftliche Abhängigkeit eines Unternehmens dem Entstehen des Eindrucks konzerneinheitlicher Personalplanung durch dieses Unternehmen nicht entgegen. Auch insoweit können also zu Lasten von Konzerntöchtern Vertrauenstatbestände entstehen.

II. Rechtliche Schranken für das Entstehen von Vertrauenstatbeständen

Wenn Arbeitnehmer von Konzerntöchtern auf Dauer nicht bei ihrer Vertragsarbeitgeberin tätig sind oder darauf gerichtete Verpflichtungen eingehen, ist gemäß Art. 1 § 1 III Nr. 2 AÜG das AÜG anzuwenden. Für kurzfristige Überlassungen gilt dies nicht. Insoweit ist auf oben zu verweisen[116]. Sollten Arbeitnehmer endgültig von einem konzernangehörigen Unternehmen beschäftigt werden, das nicht ihre Vertragsarbeitgeberin ist, so ist die erforderliche Erlaubnis gemäß Art. 1 § 3 I Nr. 6 AÜG zu versagen. Derartige Beschäftigungsverhältnisse sind also unzulässig[117].

Problematisch ist allerdings, ob es für die Erlaubnispflicht auf die Gewinnerzielungsabsicht der verleihenden Vertragsarbeitgeberin ankommt. Hinsichtlich der Anwendbarkeit des AÜG zu Lasten von Konzernmüttern, die ihren Töchtern Arbeitnehmer überlassen, ist dies unerheblich, wie oben festgestellt wurde[118]. Entscheidendes Argument ist, daß Gewinne der Töchter mittelbar den Konzernmüttern dienen. Hieran könnte man nun im Ver-

---

[114] Siehe oben § 9 A I 2 b) cc) ß).

[115] Scholz / Emmerich, Anh. II Rn. 46; Baumbach / Hueck, AktG, § 18 Rn. 6.

[116] § 9 A II 1 b) aa).

[117] Siehe oben § 9 A II 1 b) aa) ß).

[118] Siehe oben § 9 A II 1 b) bb).

hältnis zu verleihenden Konzerntöchtern, die auf die Erzielung eigener Gewinne verzichteten, zweifeln. Denn diese haben an dem wirtschaftlichen Erfolg ihrer Konzernobergesellschaft keinen Anteil. Eine damit begründete Einschränkung der Anwendbarkeit des AÜG auf Konzernsachverhalte würde sich jedoch allein auf eine Auslegung des Begriffes der „Gewerbsmäßigkeit" stützen können. Der Sinn der Erlaubnispflicht nach dem AÜG würde verfehlt werden. Die Interessen von Arbeitnehmern, deren Arbeitgeber sie zwar verleihen, aber auf Gewinnerzielung verzichten, sind im besonderen Maße gefährdet. Gerade derartige Arbeitsverhältnisse dürfen von der Anwendbarkeit des AÜG nicht ausgenommen werden. Letztlich dient der Gewinnverzicht der Tochter auch dem Konzern als Ganzes. Insoweit reicht hier ebenfalls die Arbeitnehmerüberlassung zur mittelbaren Gewinnerzielung.

Des weiteren entstehen zwar aufgrund von Versetzungen zu anderen Unternehmen eines Konzernes beschäftigungsrelevante Vertrauenstatbestände[119]. Soweit jedoch mit den Arbeitnehmern, die versetzt werden, Betriebe oder Betriebsteile übertragen werden, wird gemäß § 613a BGB der Vertragsarbeitgeber ausgewechselt[120]. Diese gesetzliche Regelung verdrängt die Grundsätze der Vertrauenshaftung.

Schließlich sind die durch Anwendung des Prinzips des Vertrauensschutzes entstandenen Verpflichtungen von Konzerntöchtern mit den allgemeinen Regeln des Schuldrechts zu vereinbaren. Zwar können abhängige Unternehmen nicht kraft Konzernrechts Beschäftigungsverpflichtungen außerhalb ihres Unternehmens erfüllen. Sie sind daher auf vertragliche Absicherungen mit den anderen Unternehmen ihres Konzernes angewiesen. Selbst wenn sie derartige Verträge nicht geschlossen haben, ist davon aber die schuldrechtliche Wirksamkeit der Verpflichtungen nicht betroffen. Gegen das Verbot eines Vertrages zu Lasten der einbezogenen Konzernunternehmen wurde nicht verstoßen, da die begünstigten Arbeitnehmer allein aufgrund der Verpflichtung ihrer Vertragsarbeitgeberin noch keine unmittelbaren Ansprüche gegen andere Unternehmen erlangen[121]. Vertragsarbeitgeber sind daher lediglich tatsächlich zur unternehmensexternen Beschäftigung verpflichtet. Da dies jedoch den anderen Unternehmen des Konzernes möglich ist, scheidet eine Unwirksamkeit derartiger Verpflichtungen gemäß § 306 BGB ebenfalls aus[122].

---

[119] Siehe oben § 9 A I 2 b) cc) ß) und B I.

[120] Siehe oben § 9 A II 2.

[121] Siehe oben § 9 A II 4 b) aa) zur Rechtslage hinsichtlich der Arbeitnehmer von Konzernmüttern.

[122] Siehe oben § 9 A II 4 b) bb).

III. Rechtsfolgen

Einerseits können abhängige Vertragsarbeitgeber durch Verträge mit Unternehmen ihres Konzernes die Erfüllbarkeit der kraft Vertrauensschutzes entstandenen Beschäftigungsverpflichtungen sicherstellen. Andererseits wird dies häufig nicht geschehen. Sie haften dann ihren Arbeitnehmern gemäß § 325 I BGB auf Schadensersatz[123]. Sie haben den gleichen wirtschaftlichen Zustand herzustellen, der ohne Unterlassen der vertraglichen Absicherung der Beschäftigungsansprüche eingetreten wäre. Sie können daher solange nicht wegen Wegfalles eines Arbeitsplatzes betriebsbedingt kündigen, solange bei kraft Vertrauensschutzes einbezogenen Konzernunternehmen für die betreffenden Arbeitnehmer geeignete Beschäftigungsmöglichkeiten zur Verfügung stehen[124]. Entgegen Martens[125] sind daher auch hier derartige Verpflichtungen für die Arbeitnehmer von Bedeutung, selbst wenn dem abhängigen Vertragsarbeitgeber der erforderliche Konzerneinfluß fehlt.

C. Unmittelbare Ansprüche gegen mehrere Konzerngesellschaften

I. Gesamtschuldnerische Verpflichtung

Arbeitnehmer können mehreren Arbeitgebern vertraglich verpflichtet sein. Verwiesen sei auf die §§ 92a II HGB und 12a II TVG. Sie fassen zugunsten von Handelsvertretern und arbeitnehmerähnlichen Personen Vertragspartner zusammen, die konzernrechtlich miteinander verbunden sind. Ansonsten fehlen im Arbeitsrecht und seinen Nebengebieten Vorschriften, die ähnliches anordnen. Daraus kann zu Lasten von Arbeitnehmern indes nicht geschlossen werden, daß mehrere eingegangene gleichzeitige Arbeitsverhältnisse notwendigerweise getrennt zu beurteilen sind.

1. Aufgrund ausdrücklicher Vereinbarung

Vielmehr kann ein rechtlicher Zusammenhang zwischen den arbeitsvertraglichen Verpflichtungen bestehen[126]. Die beteiligten Arbeitgeber können dem einen Arbeitnehmer gesamtschuldnerisch oder gemeinschaftlich die Beschäftigung schulden[127]. In diesen Fällen ist eine ordentliche Kündigung

---

[123] Siehe oben § 9 A III.

[124] Siehe oben § 9 A IV hinsichtlich der vergleichbaren Rechtslage, wenn Obergesellschaften mangels Konzerneinflusses die aufgrund Vertrauensschutzes entstandenen Ansprüche nicht erfüllen können.

[125] Martens, ZGR 1984, 417 (458); siehe bereits oben § 9 A III und IV.

[126] BAG v. 27.3.1981, ZIP 1982, 984 (986); Konzen, RdA 1984, 65 (69).

sozialwidrig, solange auch nur einer der Arbeitgeber voll beschäftigen kann und im Verhältnis zu ihm kein Kündigungsgrund vorliegt[128]. Voraussetzung ist, daß die unterschiedlichen vertraglichen Beziehungen voneinander abhängen. Sie müssen miteinander „stehen und fallen"[129]. Der rechtliche Zusammenhang kann sich aus der Art und Weise der einvernehmlichen tatsächlichen Durchführung der Arbeitsverträge ergeben. Er ist in erster Linie durch Auslegung der Arbeitsverträge zu ermitteln[130]. Folglich sind empfangsbedürftige Willenserklärungen auszulegen. Die von Rechtsprechung und Lehre hierzu entwickelten Grundsätze lassen sich nicht unmittelbar den §§ 133, 157 BGB entnehmen. Sie ergeben sich ihrerseits aus dem Gedanken des Vertrauensschutzes[131]. Die üblichen zivilrechtlichen Grundsätze der Auslegung von Willenserklärungen sind anzuwenden. Insoweit ist mithin nicht notwendig, das selbständige Institut der „Vertrauenshaftung" heranzuziehen.

Nicht erforderlich ist ferner, daß die mehreren Arbeitgeber des einen Arbeitnehmers konzernrechtlich miteinander verbunden sind[132]. Allein die wirtschafliche Identität der Arbeitgeber ist noch kein Grund, die Verträge zu einem einheitlichen Arbeitsverhältnis zu verschmelzen[133]. Ein Konzernzusammenhang steht der rechtlichen Verknüpfung indessen auch nicht im Wege. Arbeitnehmer, die in diesem Sinne mehreren Unternehmen eines Konzernes berechtigt und verpflichtet sind, sind folglich teilweise konzernumfassend vor betriebsbedingten Kündigungen geschützt. Eine Teilkündigung nur des einen Arbeitsverhältnisses zu einem konzernangehörigen Vertragsarbeitgeber ist unzulässig[134]. Die Arbeitnehmer haben mithin gegen ihre rechtlich zwar selbständigen, wirtschaftlich aber miteinander verbundenen mehreren Arbeitgeber einen kündigungsschutzrechtlich relevanten Beschäftigungsanspruch.

---

127 BAG, ZIP 1982, 984 (990). Dahingestellt bleiben kann, ob man mit dem BAG derartige vertragliche Beziehungen als „einheitliches Arbeitsverhältnis" bezeichnet oder mit der Kritik von Schwerdtner (ZIP 1982, 900 ff.) zu gleichen Ergebnissen durch Anwendung der allgemeinen schuldrechtlichen Grundsätze über die Mehrheit von Schuldnern und Gläubigern kommt.

128 Siehe oben § 5 C II 3) b).

129 BAG v. 27.3.1981, ZIP 1982, 984 (988).

130 BAG v. 27.3.1981, ZIP 1982, 984 (986).

131 Flume, AcP 161 (1962), 52 (64); Staudinger / Dilcher, Vorbm. zu §§ 116-144 Rn. 44 ff.; Palandt / Heinrichs, § 133 Anm. 4c).

132 BAG v. 27.3.1981, ZIP 1982, 984 (986).

133 Heckelmann, Anm. zu BAG v. 24.8.1972, AP Nr. 2 zu § 611 BGB, Gemischter Vertrag.

134 Siehe oben § 5 C II 3 b) zu dem Parallelproblem, wenn nicht wie hier kraft Vereinbarung, sondern durch Gesetz (§ 322 I AktG) eine gesamtschuldnerische Beschäftigungspflicht besteht.

2. Durch konkludentes Verhalten bei Vertragsverhandlungen

Wenn konzernangehörige Unternehmen Arbeitnehmer einstellen, dürfen wie im allgemeinen Gesellschaftsrecht die Haftungssubjekte nicht vermischt werden. Wer die gesonderte Haftung verschiedener Vermögensträger sichern will, muß ihre Identität unterscheidbar halten[135]. Auch hier gilt der Grundsatz des Vertrauensschutzes[136]. Unklarheiten gehen daher nicht zu Lasten vertrauender Dritter[137], sondern der an den Vertragsverhandlungen beteiligten Unternehmen. Sie werden Arbeitgeber und sind arbeitsvertraglich zur Beschäftigung verpflichtet. Erfaßt werden dadurch die Fälle, in denen Unternehmen eines Konzernes leicht zu verwechselnde Namen haben[138]. Die unmittelbare Beteiligung von Vertretern des einen Unternehmens an den Vertragsverhandlungen zur Einstellung von Arbeitnehmern der anderen konzernangehörigen Gesellschaft ist aus der Sicht der Bewerber ebenfalls unklar[139]. Im Zweifel werden beide Unternehmen arbeitsvertraglich gebunden[140]. Entsprechendes gilt, wenn Unternehmen eines Konzernes gemeinsam in Medien um Arbeitnehmer werben.

Zu klären bleibt, wenn in dem eben beschriebenen Sinne über die rechtliche Selbständigkeit der beteiligten Unternehmen zwar Unklarheiten entstehen, diese aber durch eine eindeutige und unmißverständliche Vertragsgestaltung beseitigt werden. Der Wortlaut dieser Arbeitsverträge steht einer rechtsgeschäftlichen Verpflichtung der dort nicht genannten Konzernunternehmen im Wege. Allerdings ist im normalen Zivilrecht anerkannt, daß sich Vertragsbeziehungen nicht notwendigerweise auf die ausdrücklich genannten Parteien beschränken müssen. Vielmehr werden Sachwalter von Vertragsparteien dann verpflichtet, wenn sie in ihrer Person besonderes Vertrauen erzeugen und sie am Vertragsschluß ein eigenes wirtschaftliches Interesse haben[141]. Nicht erforderlich ist, daß die Sachwalter als Vertreter anderer auftreten[142]. Entsprechend den Grundsätzen zur Prospekthaftung

[135] Karsten Schmidt, BB 1985, 2074 (2075).

[136] Vgl. Karsten Schmidt, Handelsrecht, § 5 III 1 b) zur Vertrauenshaftung im Gesellschaftsrecht; BGH WM 1985, 54 (55).

[137] Vgl. Karsten Schmidt, Handelsrecht, § 5 III 2 b).

[138] Vgl. Wiedemann, Gesellschaftsrecht, § 4 IV 1, 4 III 1 a). Er bejaht eine Durchgriffshaftung wegen Sphärenvermischung, verweist aber darauf, daß die Grenzen zur Rechtsscheinshaftung fließend sind; in § 4 IV 1 stellt er unmittelbar auf die Grundsätze der Vertrauenshaftung ab; vgl. auch ders. Festschrift für Bärmann, S. 1038 (1055 f.).

[139] Wiedemann, Festschrift für Bärmann, S. 1038 (1055 f.).

[140] Henssler, S. 48 f.; Rehbinder, Konzernaußenrecht, S. 336 ff. bejaht in vergleichbaren Fällen eine „Haftung aus Verhandlungsführung".

[141] RGZ 102, 68 (73 f.); BGHZ 63, 382 ff.; 70, 337 (344); 88, 67 ff; BGH NJW 1984, 865 f.; Ballerstedt, AcP 151 (1950), 501 (502, 517 ff.); Stoll, Festschrift für Flume, S. 741 (764 ff.); Hohloch, NJW 1979, 2369 f.; Crezelius, JuS 1977, 796 (797).

[142] BGHZ 56, 81 ff.; 71, 284 ff.; 72, 382 ff.; 77, 172 ff.; Köndgen, S. 405 ff. m. w. N.; MüKo-Kramer, Einl. Band II Rn. 77; Palandt / Heinrichs, § 276 Anm. 6 C c); Medicus, Bürgerliches Recht, Rn. 200a; Hohloch, NJW 1979, 2369 f.

ist darauf abzustellen, wem typischerweise das Vertrauen gilt[143]. Das Vertrauen auf Einfluß und Entscheidungsmöglichkeiten ist relevant. Wer wissentlich und willentlich geschehen läßt, daß aufgrund seiner Leistungsfähigkeit andere Vermögensdispositionen treffen, haftet nach diesen Grundsätzen[144]. Er hat beispielsweise für die Richtigkeit und Vollständigkeit der mit seinem Wissen in Verkehr gebrachten Werbeprospekte einzustehen[145]. Gründe, die dafür sprechen, diese Grundsätze auf Konzernsachverhalte nicht anzuwenden, sind nicht ersichtlich. Der Rechtsprechung des Bundesgerichtshofs zur Prospekthaftung liegen allgemeine Rechtsgedanken zugrunde[146]. Entgegen dem Wortlaut von Arbeitsverträgen werden somit konzernangehörige Unternehmen, die durch Werbung oder unmittelbar an Verhandlungen bei Einstellung von Arbeitnehmern sich beteiligen, unter folgenden Voraussetzungen verpflichtet[147]:

Im Rahmen ihrer Beteiligung an den Vertragsverhandlungen müssen sie einerseits zu ihren Lasten besonderes Vertrauen erwecken. Im Regelfall wird hierfür das Werben mit der eigenen Leistungsfähigkeit oder mit der ihres Konzernes in Betracht kommen. Zwar wird mit dem Hervorheben des Konzernes besonderes Vertrauen unmittelbar nur zugunsten von Konzernobergesellschaften erzeugt. Denn deren wirtschaftliche Einnahmen oder der Wert ihrer Beteiligungen kann lediglich betroffen sein. Hierauf beschränkt sich jedoch das Herausstellen der wirtschaftlichen Leistungsfähigkeit des Gesamtkonzernes nicht. Im Rechtsverkehr wird die Prosperität konzernangehöriger Unternehmen regelmäßig einheitlich beurteilt, falls nicht besondere Umstände dem widersprechen. Auch verhindert wirtschaftlicher Erfolg des Gesamtkonzernes den Kapitalabfluß zugunsten notleidender anderer Konzernunternehmen. Durch Werben mit der Leistungsfähigkeit eines Konzernes kann also auch zugunsten der abhängigen Unternehmen besonderes Vertrauen erweckt werden.

Andererseits müssen die beteiligten Konzerngesellschaften als Sachwalter eigene wirtschaftliche Interessen durch die Einstellung von Arbeitnehmern durch das anderer Unternehmen des Konzernes verfolgen. Für Konzernobergesellschaften besteht dieses Interesse in aller Regel. Ihre Töchter stellen Arbeitnehmer in weitaus den meisten Fällen zur Erzielung wirtschaftlicher Erfolge ein. Gewinne sollen gesteigert oder Verluste verringert werden. Wirtschaftlicher Erfolg von Töchtern dient den Obergesellschaften. Auch wenn sie wegen fehlender Gewinnabführungsverträge oder Eingliederungen die Gewinne nicht unmittelbar abschöpfen können, steigt auf jeden

[143] BGHZ 72, 382 (387).

[144] BGHZ 74, 103 (109 f.).

[145] BGH, 74, 103 (109).

[146] BGHZ 74, 103 (109 f.); 77, 172 (175 f.).

[147] Grundsätzlich ist Henssler, S. 49, gleicher Ansicht. Er verlangt aber eine „Einzelfallbeurteilung“ und stellt nicht wie hier auf die Grundsätze der Sachwalterhaftung ab.

Fall der Wert ihrer Beteiligung an der betreffenden Tochter. Dies reicht für das wirtschaftliche Interesse eines konzernangehörigen Sachwalters im Sinne der obigen Grundsätze[148]. Für die sich an Vertragsverhandlungen zur Einstellung von Arbeitnehmern anderer Unternehmen des Konzernes beteiligenden Tochtergesellschaften sehen die Interessen anders aus. Da sie nicht an dem einstellenden Unternehmen beteiligt sind, ist auf diese Weise ihr wirtschaftliches Interesse nicht zu begründen. Hierzu bedarf es vielmehr spezieller Darlegungen im Einzelfall, die sich an den Grundsätzen der Sachwalterhaftung im Zivilrecht zu orientieren haben.

Konzernmütter, die sich vor oder im Rahmen von Einstellung von Mitarbeitern an den Vertragsverhandlungen beteiligen und dabei besonderes Vertrauen durch Hervorhebung der wirtschaftlichen Leistungsfähigkeit des Konzernes erzeugen, haften mithin stets nach den Grundsätzen der Sachwalterhaftung. Zur Verpflichtung von abhängigen Unternehmen, die sich ebenfalls in diesem Sinne an der Einstellung von Arbeitnehmern anderer Konzerngesellschaften beteiligen, bedarf es hingegen eines besonderen Interessses am Abschluß des Vertrages.

II. Konzerninterne Vertretung

Arbeitsvertragliche Beschäftigungspflichten können ferner dadurch begründet werden, daß das eine Unternehmen durch das andere demselben Konzern angehörige vertreten wird.

1. Durch Vollmacht

Soweit für die beteiligten Konzerngesellschaften mit rechtsgeschäftlich erteilter Vertretungsmacht gehandelt wird, entstehen keine Probleme. Erforderlich ist nicht, daß sich die konzernangehörigen Unternehmen jeweils durch einen ihrer zum Abschluß von Arbeitsverträgen befugten Mitarbeiter vertreten lassen. Möglich ist auch, daß das eine Unternehmen durch das andere bei Abschluß von Arbeitsverträgen vertreten wird.

---

[148] BGH BB 1986, 1042 (1044) mit Anm. von Steininger; BGH DB 1986, 1328; Lutter, ZGR 1982, 244 (256 f.); differenzierend Rehbinder, Konzernaußenrecht, S. 337 f.; Mertens, Anm. zu BAG v. 24.9.1974, AP Nr. 1 zu § 13 GmbHG; a. A. Medicus, Bürgerliches Recht, Rn. 200b. Die Entscheidung des BAG v. 24.9.1974, widerspricht dem nicht. Dort wurde die persönliche Haftung eines Gesellschafters einer Komplementär-GmbH für Verbindlichkeiten der GmbH & Co. KG verneint. Die Haftung der die KG beherrschenden Komplementär-GmbH war nicht betroffen.

2. Kraft Vertrauensschutzes

Problematisch ist jedoch, wenn eine Gesellschaft auch im Namen anderer Unternehmen des Konzernes die gesamtschuldnerische Beschäftigungspflicht begründet, hierfür aber nicht bevollmächtigt ist. Aus der rechtlichen Trennung der einzelnen Unternehmen folgt, daß sie grundsätzlich nicht befugt sind, wirksam zu Lasten von Gesellschaften ihres Konzernes Verträge abzuschließen[149]. Ohne Vertretungsmacht wird mithin ein anderes Konzernunternehmen nicht wirksam verpflichtet. Es gelten die normalen Regeln des Zivilrechts. Wer im fremden Namen ohne Vertretungsmacht handelt, haftet gemäß § 179 I BGB.

Damit wird indes nicht ausgeschlossen, daß andere Konzernunternehmen durch Vertragsarbeitgeber nach den Regeln der Anscheins- und Duldungsvollmacht verpflichtet werden. Beide Institute gewährleisten im Recht der Stellvertretung Vertrauensschutz[150]. Sie setzen übereinstimmend voraus, daß jemand im Rechtsverkehr als Vertreter eines anderen auftritt[151]. Sie begründen, jedenfalls soweit es hier von Belang ist, Ansprüche auf das positive und nicht nur auf das negative Interesse[152]. Sie unterscheiden sich im Grad der Sorgfaltswidrigkeit des scheinbar „Vertretenen". Bei der Duldungsvollmacht hat er positive Kenntnis vom Rechtsschein, während bei der Anscheinsvollmacht es ausreicht, daß er den Anschein bei pflichtgemäßer Sorgfalt erkennen kann. Vertragsarbeitgeber verpflichten mithin Unternehmen ihres Konzernes, wenn sie auch in deren Namen auftreten und es zumindest sorgfaltswidrig unterlassen, diesen Anschein zu zerstören. Fraglich ist, wann diese Voraussetzungen erfüllt sind.

a) Zu Lasten von Konzernmüttern

Konzerntöchter als Vertragsarbeitgeberinnen verpflichten sich in einer Reihe von Sachverhalten ausdrücklich oder konkludent zur unternehmensexternen und konzernbezogenen Beschäftigung[153]. Teilweise treten sie gegenüber ihren Arbeitnehmern wie konzernfreie Unternehmen auf, die Arbeitnehmer verleihen. Verleiher im Sinne des AÜG schließen nicht im Namen der Entleiher die Arbeitsverträge. Der Rechtsschein, daß über die Vertragsarbeitgeberin hinaus auch die Konzernmutter verpflichtet werden soll, entsteht in diesen Fällen folglich nicht. In den übrigen Konstellationen

149 Henssler, S. 48.

150 Beide Institute sind Anwendungsfälle der Vertrauenshaftung; Canaris, Vertrauenshaftung, S. 32 ff., 191 ff. und öfter; Hübner, Allgemeiner Teil des BGB, Rn. 338;

151 BAGE 15, 300 (305 f.); Palandt / Heinrichs, §§ 170-173 Anm. 4 b) und c).

152 Siehe oben § 9 A IV 3 zum Problem, ob kraft Anscheinsvollmacht auf das positive oder negative Interesse und somit lediglich auf Schadensersatz gehaftet wird.

153 Siehe oben § 9 B I.

ist deswegen eine Ausweitung von Beschäftungsansprüchen und Kündigungsschutz begründet, weil Vertrauen auf konzernbezogenen Beschäftigungschancen erzeugt wird. Zweifelhaft ist, ob diese Vertrauenstatbestände nur den abhängigen Vertragsarbeitgeberinnen oder zudem auch einbezogenen Konzernmüttern zuzurechnen sind.

Die Arbeitsverträge benennen als Vertragspartner nicht die Konzernobergesellschaften. Vielmehr schließt lediglich eine ihrer Konzerntöchter den Vertrag. Stellt man auf die ausschließlich und ausdrücklich mit den Konzerntöchtern geschlossenen Arbeitsverträge ab, so scheint daher eine Zurechnung auch den Müttern gegenüber bereits im Ansatz auszuscheiden. Der formale Aspekt des Wortlauts von Arbeitsverträgen wäre entscheidend. Wie bei Bestimmung der Reichweite des Vertrauensschutzes im Verhältnis zur Vertragsarbeitgeberin würde man die materielle Bedeutung vertraglicher Erklärungen und ihrer Durchführungen verkennen[154].

Konzernbezogene Versetzungsklauseln beschränken sich nicht darauf, daß lediglich Vertragsarbeitgeber zu Versetzungen berechtigt sind. Sie sind dazu auch verpflichtet. Die Vertragsklausel erweckt Vertrauen dahingehend, daß die betreffenden Arbeitnehmer zur konzerninternen Versetzung geeignet sind und dementsprechend der Personaleinsatz geplant wird[155]. Der Vertragsarbeitgeberin ist dies wegen des Arbeitsvertrages zuzurechnen. Materiell betrachtet beschränkt sich das erweckte Vertrauen jedoch nicht nur auf das Verhältnis zu ihr, da der Eindruck auf Beschäftigungschancen gerade außerhalb des Bereiches ihres Unternehmens geweckt wird. Es entsteht mithin der Anschein, daß nicht nur die Vertragsarbeitgeberin, sondern darüber hinaus auch das konzernangehörige Unternehmen, von dem der Arbeitnehmer im Bedarfsfalle beschäftigt werden soll, verpflichtet wird.

Wenn Werbung und Marketing einer Konzerntochter auf die Zugehörigkeit zum Gesamtkonzern abstellen, wird der Anschein hervorgerufen, daß rechtsgeschäftliche Erklärungen auch die Obergesellschaft verpflichten sollen. Dies gilt im normalen Zivilrecht[156] und daher auch zugunsten von Arbeitnehmern. Unerheblich ist, ob es sich um an Arbeitnehmer adressierte Werbung handelt. Für das Entstehen von Vertrauenstatbeständen ist es nämlich unerheblich, an wen die Erklärung gerichtet ist, aus der der Anschein abgeleitet wird[157]. Im Ergebnis gilt Entsprechendes für das Vertrauen, das durch konzernbezogene Sozialeinrichtungen[158] sowie durch den Vollzug von Arbeitsverträgen[159] erzeugt werden kann. Hinsichtlich der Vor-

---

[154] Siehe oben § 9 B I i. V. m. A I 2.

[155] Siehe oben § 9 A I 2 a) aa).

[156] Flume, Die juristische Person, § 3 III 3.

[157] Siehe oben § 9 A I 2 a) bb) α) m. w. N.

[158] Siehe oben § 9 A I 2 a) bb) β) m. w. N. zu den Voraussetzungen, wann durch Sozialeinrichtungen Vertrauen hinsichtlich der Beschäftigungschancen entstehen kann.

aussetzungen im einzelnen ist auf oben zu verweisen, wo das Entstehen von Vertrauenstatbeständen zu Lasten der Vertragsarbeitgeber untersucht und dargestellt wurde.

Konzerne sind in unserer Rechtsordnung im allgemeinen und speziell im Arbeitsrecht anerkannt. Allein eine Konzernierung reicht somit nicht aus, den von Konzerntöchtern verursachten Anschein den Obergesellschaften zuzurechnen. Mehrere der eben dargestellten Rechtsscheinstatbestände entstehen jedoch öffentlich. Marketing und Werbung nehmen nicht nur die Kunden und Arbeitnehmer, sondern auch Obergesellschaften im Rahmen ihrer Konzernleitung wahr. Sie müssen daher diesen Rechtsschein durch geeignete Maßnahmen zerstören, wenn sie nicht nach den Regeln der Anscheins- oder Duldungsvollmacht den Arbeitnehmern unmittelbar verpflichtet werden wollen.

Soweit durch konzernbezogene Sozialeinrichtungen beschäftigungsrelevante Rechtsscheinstatbestände erzeugt werden, wird in der Regel Entsprechendes gelten. Voraussetzung ist, daß eine größere Anzahl von Arbeitnehmern begünstigt wird, so daß die Konzernmutter die Sozialeinrichtung zur Kenntnis nehmen muß. Problematisch ist die Zurechnung der Rechtsscheinstatbestände, die durch Arbeitsvertrag oder gar erst durch Vollzug desselben entstehen. Nicht auszuschließen ist nämlich, daß Konzernmütter in diesen Fällen von dem Entstehen konzernbezogener Beschäftigungsverpflichtungen nichts bekannt wird. Sollten aber Unternehmen stets Rechtsscheinstatbestände auch zu Lasten anderer Unternehmen ihres Konzernes verursachen, so spricht eine tatsächliche Vermutung dafür, daß diese schuldhaft unterlassen haben, einen sie verpflichtenden Rechtsschein zu zerstören. Konzernmütter werden die Vermutung nur in Ausnahmefällen widerlegen können. Einer Konzernherrschaft entspricht nämlich im Regelfall auch ein Herrschaftswissen. Je intensiver eine Konzernmutter herrscht, desto größer ist die Wahrscheinlichkeit, daß sie im einzelnen über das rechtsgeschäftliche Verhalten ihrer Tochter informiert ist. In qualifiziert geführten Konzernen ist die tatsächliche Vermutung daher nicht zu widerlegen.

b) Verpflichtungen von Konzerntöchtern

Die Regeln von Anscheins- und Duldungsvollmacht wirken auch zu Lasten von Konzerntöchtern. Ihre Mutter- und Schwesterunternehmen werden als Vertragsarbeitgeber aufgrund konzernbezogener Vertragsklauseln und Durchführungen von Arbeitsverträgen zur dementsprechenden Beschäftigung verpflichtet. Wiederum ist hierzu der Rechtsschein von Beschäftigungschancen in Betrieben außerhalb der Unternehmen der Vertragsarbeitgeber

[159] Siehe oben § 9 A I 2 b) m. w. N.

entscheidend. Soweit Betriebe von Konzerntöchtern betroffen sind, entsteht zu ihren Lasten der Anschein, daß nicht nur im Namen der Vertragsarbeitgeber, sondern auch in ihrem gehandelt wurde. Insoweit besteht kein Unterschied zu den Rechtsscheinstatbeständen, die Konzernmütter verpflichten.

Problematisch ist jedoch, wann diese, durch Handlungen von Konzernmüttern und -schwestern entstandenen Anscheinstatbestände den abhängigen Unternehmen zuzurechnen sind. Im Gegensatz zu Obergesellschaften fehlt ihnen die wirtschaftliche Beeinflussung anderer Unternehmen. Auf einen zu ihren Lasten von Konzernmüttern oder -schwestern erzeugten Rechtsschein haben sie keinen Einfluß. Anscheins- und Duldungsvollmacht gehen indes von dem Vorwurf aus, einen Rechtsscheinstatbestand pflichtwidrig nicht verhindert zu haben[160]. Mangels Konzerneinflusses könnte der Vorwurf der Pflichtwidrigkeit und somit die Zurechenbarkeit der von anderen Unternehmen desselben Konzernes erzeugten Rechtsscheinstatbeständen entfallen.

Im Ergebnis würden aufgrund dieser Erwägung Konzerntöchter im Vergleich zu unabhängigen Unternehmen bevorzugt werden. Verkennen würde man zum einen damit, daß die rechtliche Selbständigkeit konzernierter Unternehmen von der Rechtsordnung zwar anerkannt ist. Das Zusammenspiel von rechtlicher Trennung und wirtschaftlicher Abhängigkeit darf hingegen nicht dazu führen, daß bereits bei der Begründung von Verbindlichkeiten konzernierte Unternehmen Vorteile erlangen. Die rechtliche Selbständigkeit müssen sie sich daher stets entgegenhalten lassen, ohne sich auf ihre wirtschaftliche Abhängigkeit berufen zu können. Am konzernexternen Rechtsverkehr nehmen sie wie rechtlich und wirtschaftlich autonome Unternehmen teil. Zum anderen dienen die Institute der Anscheins- und Duldungsvollmacht u. a. den Interessen der Verkehrssicherheit. Mit diesen ließe sich nicht vereinbaren, im Verhältnis zu abhängigen Unternehmen beide Institute nur eingeschränkt anzuwenden.

D. Selbständiger Vertrauensschutz gegen arbeitsvertraglich nicht gebundene Konzernunternehmen

Bisher wurde die Reichweite des Schutzes von Arbeitnehmern durch die Grundsätze des Vertrauensschutzes im Verhältnis zu ihren jeweiligen Vertragsarbeitgebern[161] untersucht. Des weiteren wurde dargestellt, inwieweit durch Erklärungen und Handlungen der bereits zum konzernbezogenen Kündigungsschutz verpflichteten Vertragsarbeitgeber andere Konzernun-

---

160 Vgl. BAGE 15, 300 (305 f.); Palandt / Heinrichs, §§ 170-173 Anm. 4b) und c), zu den einzelnen Voraussetzungen.

161 Siehe oben § 9 A, B und C I.

ternehmen vertreten und damit ebenfalls verpflichtet werden[162]. Auf diese Sachverhaltsgestaltungen beschränkt sich indes die Bedeutung des Grundsatzes des Vertrauensschutzes nicht. Zu erwägen ist nämlich ferner, ob er eine Ausweitung des Kündigungsschutzes zu Lasten von Konzernunternehmen begründet, die nicht Vertragsarbeitgeber im Rechtssinne sind, und ohne daß das Vertragsverhältnis zu diesem betroffen ist.

I. Durch Vereinbarung

Zu denken ist insofern an Sachverhalte, in denen ein Konzernunternehmen mit einem Arbeitnehmer ausdrückliche Vereinbarungen über dessen Absicherung im Falle der wirksamen Kündigung durch den Vertragsarbeitgeber trifft, ohne das dieser davon weiß. Derartige Abmachungen werden selten vorkommen. Sie sind aber insbesondere dann vorstellbar, wenn eine Konzernobergesellschaft einen besonders vertrauenswürdigen Arbeitnehmer bewegt, sich bei einer Tochter zu bewerben und dieser gegenüber der Anschein von Kontrolle vermieden werden soll. Mangels Wissens von den Absicherungen der Konzernmutter wird die Tochter in diesen Fällen nicht zum unternehmensexternen Kündigungsschutz verpflichtet. Die Obergesellschaft wird zwar von dem Arbeitnehmer in Anspruch genommen werden können. Einer Ausweitung des Kündigungsschutzes im juristisch-technischen Sinne liegt jedoch nicht vor. Denn die Verpflichtung der Mutter setzt im Gegenteil eine wirksame Kündigung der Tochter voraus und begründet somit lediglich einen vertraglichen Beschäftigungsanspruch gegen die Konzernobergesellschaft.

Im übrigen können derartige Konstellationen nicht nur durch ausdrückliche Vereinbarung, sondern auch konkludent entstehen. Beispielsweise ist hierzu auf Fälle zu verweisen, in denen ein Arbeitnehmer von einem Unternehmen des Konzernes zu einem anderen „weggelobt" wird. Geschieht dies nur einmal, so scheidet eine konzernbezogene Ausweitung des Kündigungsschutzes mangels vertrauensbegründender Umstände aus[163]. Allein der einmalige konzerninterne Arbeitgeberwechsel erzeugt kein Vertrauen. Sollte aber das abgebende Unternehmen den Arbeitnehmer durch Hinweise auf die Absicherung durch den Konzern als Gesamtheit oder der wirtschaftlichen Verbundenheit beider Unternehmen zum Arbeitgeberwechsel bewogen haben, so wird es durch das erzeugte Vertrauen verpflichtet[164].

---

[162] Siehe oben § 9 C II.

[163] Siehe oben § 9 A I 2 b) cc) ß) (3).

[164] Vgl. BAG v. 23.2.1978, AP Nr. 2 zu § 13 GmbHG, mit zustimmender Anm. von Kraft.

II. Sonstige Fälle, insbesondere aufgrund Kreditsicherheiten zugunsten von Gläubigern der Konzerntöchter

Weiterhin kommt eine selbständige, nicht von einer konzernbezogenen Verpflichtung der Vertragsarbeitgeberin begleitete, Ausweitung des Kündigungsschutzes auch außerhalb ausdrücklich und stillschweigend geschlossener Vereinbarungen in Betracht.

Unabhängig von der rechtlichen Selbständigkeit der einzelnen Konzernunternehmen wird der wirtschaftliche Zusammenhang häufig in folgenden Situationen hervorgehoben: Eine neugegründete oder eine bereits bestehende Tochter benötigt Kapital oder Sicherheiten für größere Lieferungen. Die Sicherheiten, die sie aus ihrem Vermögen zur Verfügung stellen kann, reichen nicht. Aus diesem Grunde gibt die Konzernmutter gegenüber den Kapitalgebern oder Lieferanten Bürgschafts-, Garantie-, Schuldbeitritts- oder Patronatserklärungen[165] ab. Soweit diese Rechtsgeschäfte mit der Konzernmutter den Arbeitnehmern nicht bekannt werden, scheidet eine Vertrauenshaftung bereits im Ansatz aus. Vertrauen zu Lasten der Obergesellschaft können sie mangels Kenntnis der Umstände nicht bilden. Fraglich ist, ob dies auch dann gilt, wenn die Erklärungen der Mutter gegenüber den Kapitalgebern und Lieferanten publiziert und damit allgemein bekannt werden.

Die Konzerntochter benötigt Kapital. Sie hat hierfür nicht die erforderlichen Sicherheiten. Ihre wirtschaftliche Leistungsfähigkeit erweckt kein Vertrauen, sondern Mißtrauen. Ihre Pflichten als Vertragsarbeitgeberin werden mithin nicht kraft Vertrauensschutzes erweitert. Für die Konzernmutter überzeugt diese Argumentation nicht. Da sie gegenüber den Kreditgebern zugunsten ihrer Tochter Sicherheiten verspricht, vertrauen diese auf ihre Leistungsfähigkeit. Ihre Prosperität wird betont. Dieser Anschein könnte ihre Haftungserweiterung begründen. Gegenüber ihren eigenen Arbeitnehmern scheidet eine Ausweitung aus. Ihrer Tochter geht es wirtschaftlich schlecht. Erwartungen von Arbeitnehmern der Mutter auf bessere Beschäftigungschancen bei dem abhängigen Unternehmen sind daher ohne realen Bezug.

1. Bürgschaft, Garantie und Schuldbeitritt

Lediglich die Arbeitnehmer der Tochter könnten wegen der wirtschaftlichen Leistungsfähigkeit der Konzernobergesellschaft Hoffnung schöpfen. Allerdings sind die Erklärungen der Obergesellschaft an die Kapitalgeber sowie Lieferanten und nicht an sie gerichtet. Für das Entstehen von Vertrauenstatbeständen ist es jedoch unerheblich, wer Adressat der Erklärun-

---

165 Vgl. zu den unterschiedlichen Sicherungsformen Lwowski, S. 48 ff.

gen ist, die den Vertrauenstatbestand begründen[166]. Schwerer wiegen die Bedenken, die an die konkreten schuldrechtlichen Inhalte der sichernden Rechtsgeschäfte der Konzernmutter anknüpfen. Bürgschaft, Garantie und Schuldbeitritt beziehen sich auf bestimmte Schulden. Nur die rechtsgeschäftlich benannten Verpflichtungen werden gesichert. Bürge, Garantierender und Beitretender haften nicht schlechterdings für das wirtschaftliche Wohlergehen des Hauptschuldners. Allein aus dem Umstand, daß eine Konzernmutter derartige schuldrechtliche Sicherungsgeschäfte mit Gläubigern ihrer Tochter abschließt und dies deren Arbeitnehmern bekannt wird, erzeugt mithin keinen Vertrauenstatbestand.

2. Patronatserklärungen

Hinsichtlich der Haftung aus Patronatserklärungen ist demgegenüber zu differenzieren.

a) Sog. weiche Patronatserklärungen

Teilweise beschränken sich Konzernmütter darauf, gegenüber den Gläubigern der betroffenen Tochter lediglich zu erklären, sie hätten von dem Rechtsgeschäft „Kenntnis genommen", sie seien „einverstanden" oder sie „kontrollierten" ihre Tochter. Dabei handelt es sich um sog. weiche Patronatserklärungen. Sie sind bewußt unverbindlich formuliert. Ihnen ist nicht wesentlich mehr zu entnehmen, als daß der Hauptschuldner wirtschaftlich von der Erklärenden abhängig ist. Es ist grundsätzlich Sache eines jeden Gläubiger sich ausreichend und eindeutig zu sichern. Sie begründen daher nach h. M. keinerlei Verbindlichkeiten zu Lasten der Konzernmutter[167]. Da sie nicht einmal den Erklärungsempfängern haftet, könnte erst recht ein Vertrauenstatbestand zugunsten der Arbeitnehmer der Tochter ausscheiden.

Die h. M. zur fehlenden Verbindlichkeit von sog. weichen Patronatserklärungen macht jedoch eine Ausnahme: Konzernmütter haften den Kreditgebern, die wirtschaftlich auf den Vertragsabschluß mit der Tochter angewiesen seien[168]. Obwohl Arbeitnehmer nicht Adressaten weicher Patronatserklärungen sind, trifft das Argument der wirtschaftlichen Überlegenheit auch auf das Verhältnis zu ihnen zu. Gleichwohl mag dahinstehen, ob hier der h. M. aus dem Recht der Kreditsicherheiten zu folgen ist. Der Bedeu-

---

[166] Canaris, Vertrauenshaftung, S. 493; siehe auch oben § 9 A I 2 a) bb) α).

[167] Lwowski, S. 51; Bordt, Die Wirtschaftsprüfung 1975, 285 (293 f.); Köhler, WM 1978, 1338 (1343 f.); Hoffmann, S. 15 ff.; a. A. Rehbinder, Konzernaußenrecht, S. 322 f.

[168] Bordt, Die Wirtschaftsprüfung 1975, 285 (293 f.); Köhler, WM 1978, 1338 (1343 f.); Rehbinder, Konzernaußenrecht, S. 322 f.; Canaris, Vertrauenshaftung, S. 369 f.

tungsinhalt sog. weicher Patronatserklärungen beschränkt sich im wesentlichen darauf, daß die wirtschaftliche Abhängigkeit der Konzerntochter betont wird. Dies ist zum einen ein bekannter Umstand. Es bestehen Mitteilungspflichten gemäß §§ 20 f. AktG. Gemäß §§ 290 ff. HGB[169] sind Konzernabschluß und -anlagebericht zu erstellen und gemäß § 328 HGB zu veröffentlichen. Die bloße Wiederholung der Mitteilung über die Konzernierung ist folglich nicht geeignet, besonderes Vertrauen zugunsten der Arbeitnehmer zu wecken. Vielmehr beschränkt sich zum anderen der erzeugte Rechtsschein materiell darauf, durch die Betonung der wirtschaftlichen Abhängigkeit auf die allgemeinen Haftungsvorschriften im Konzernrecht hinzuweisen. Von denen ist allein § 322 AktG geeignet, den Kündigungsschutz konzernbezogen zu erweitern[170]. Dessen Anwendungsbereich ist zu den Grundsätzen des Vertrauensschutzes speziell und verdrängt sie. Das übrige Konzernrecht begründet keinen konzernumfassenden Kündigungsschutz. Folglich kann das bloße Hinweisen auf die Haftungsregeln im gesellschaftsrechtlichen Konzernrecht nicht weiterführende Ansprüche begründen. Aufgrund sog. weicher Patronatserklärungen entsteht mithin kein für den Kündigungsschutz relevanter Vertrauenstatbestand.

b) Sog. harte Patronatserklärungen

In sog. harten Patronatserklärungen sichern Konzernmütter gegenüber den Kreditgebern der Töchter deren Liquidität- oder Kapitalausstattung zu[171]. Sie sind nach einhelliger Auffassung verbindlich. Die Arbeitnehmer der Konzerntöchter können zwar aus diesen Erklärungen unmittelbar keine Ansprüche ableiten. Sie sind nicht Vertragspartner harter Patronatserklärungen. Für das Entstehen von außervertraglichen Vertrauenstatbeständen ist dieser Einwand unerheblich, wie schon mehrmals dargestellt wurde. Entgegenstehen könnte folglich noch, daß in harten Patronaterklärungen lediglich ein mittelbarer Vermögensschutz versprochen wird. Der mittelbare Gläubigerschutz aufgrund der aktienrechtlichen Ausgleichs- und Schadensersatzansprüche ließ sich oben mit einer Erweiterung des Kündigungsschutzes nicht vereinbaren[172]. Gläubigerschutz und die Einschränkung der Kündbarkeit von Dauerschuldverhältnissen durch Konzerntöchter widersprechen einander. Hier wird indes die Entscheidungsfreiheit abhängiger Unternehmen nicht berührt. Es geht um einen Vertrauenstatbestand zu Lasten von Konzernobergesellschaften, die harte Patronatserklärungen abgeben. Auch wenn sich diese Erklärungen nicht auf Personalbedarf und Personalplanung beziehen, erwecken sie bei den Arbeitnehmern der Töchter Vertrauen auf eine Absicherung der Arbeitsverhältnisse. Widersprüchlich

169 In der Fassung des Bilanzrichtlinien-Gesetzes vom 19.12.1985 (BGBl. I S. 2355).

170 Siehe oben § 5.

171 Lwowski, S. 52; Köhler, WM 1978, 1338 (1344 ff.); S. 15 ff.

172 Siehe oben § 5 A.

wäre, wenn in durch harte Patronatserklärungen gesicherte Konzerntöchter im erheblichen Umfange Arbeitsplätze aus Rationalisierungsgründen wegfielen. In diesen Fällen sind Konzernmütter mithin zur Übernahme auf freie und geeignete Arbeitsplätze entsprechend dem Rechtsgedanken des § 1 II 2 Nr. 1b) KSchG verpflichtet.

Zusammenfassung

In einer Reihe von Einzelfällen erweitert das Vertrauensprinzip den Kündigungsschutz von Arbeitnehmern konzernierter Arbeitgeber. Es ist innerhalb und außerhalb vertraglicher Beziehungen von Bedeutung.

Abhängige und herrschende Unternehmen werden als Vertragsarbeitgeber durch ausdrückliche und konkludente Vereinbarungen zur konzernbezogenen Beschäftigung und dementsprechenden Kündigungsschutz verpflichtet. Dies gilt beispielsweise für Konzernbezüge in Versetzungsklauseln, in Marketing und Werbemaßnahmen, in besonderen Fällen für konzernweite Sozialeinrichtungen und hinsichtlich konzerndimensionaler Vertragsdurchführungen[173]. Als Rechtsfolge schulden die konzernierten Vertragsarbeitgeber im Falle des Wegfalles der Beschäftigungsmöglichkeiten bei ihnen die Weiterbeschäftigung bei den kraft Vertrauensschutzes einbezogenen Unternehmen. Sollten sie diese Verpflichtung mangels Einflusses oder vertraglicher Absicherung gegenüber dem anderen Unternehmen ihres Konzernes nicht durchsetzen können, so haften sie gemäß § 325 I BGB auf Schadensersatz wegen Nichterfüllung. Solange Weiterbeschäftigungsmöglichkeiten bestehen, sind ihre Kündigungen daher unwirksam[174].

Wenn konzernierte Arbeitgeber in diesem Sinne Vertrauen auf konzernbezogene Beschäftigungschancen erzeugen, entsteht im gleichen Umfange der Anschein, daß nicht nur sie, sondern die einbezogenen Unternehmen desselben Konzernes sich verpflichten. Sie haften daher nach den Grundsätzen der Anscheins- und Duldungsvollmacht, falls sie schuldhaft die Rechtsscheinstatbestände nicht beseitigen[175]. Im übrigen können konzernangehörige Unternehmen auch selbständig nach den Grundsätzen des Vertrauensschutzes auf Weiterbeschäftigung haften, wenn den Vertragsarbeitgebern deren Verhalten nicht zurechenbar ist[176]. Dies gilt zum Beispiel für sog. harte Patronatserklärungen von Konzernmüttern[177].

Art. 1 §§ 9 Nr. 1, 10 I 1 AÜG und § 613a BGB schließen in ihren Anwendungsbereichen die Grundsätze der Vertrauenshaftung aus[178].

---

173 Siehe oben § 9 A I und B I.
174 Siehe oben § 9 A IV und B III.
175 Siehe oben § 9 C II 2.
176 Siehe oben § 9 D.
177 Siehe oben § 9 D II 2 b).
178 Siehe oben § 9 A II und B II.

§ 10 Durchgriffshaftung

A. Problem

Der Begriff der Durchgriffshaftung ist mehrdeutig. Die Reichweite des Trennungsprinzips, hier der §§ 13 II GmbHG und § 1 I AktG ist zu bestimmen. Er erfaßt in einem weiten Sinne sämtliche Fälle, in denen entgegen dem Trennungsprinzip die Haftung nicht auf eine konkrete juristische Person zu beschränken ist. Überwiegend wird Durchgriff allerdings enger definiert. Normanwendung und Mißbrauch juristischer Personen seien voneinander zu unterscheiden. Um Probleme des Durchgriffs handelt es sich danach nur, wenn das Sonderrecht juristischer Personen betroffen ist. Solange das Trennungsprinzip aufgrund von Rechtssätzen zu mißachten sei, die sich nicht nur auf juristische Personen beziehen, gehe es nicht um Durchgriffsaspekte[1]. Diese Fragen sind bereits in den vorhergehenden Paragraphen der Arbeit dargestellt und erörtert worden. Auch dient es der Genauigkeit und der begrifflichen Klarheit, Probleme der Anwendung allgemeiner Normen nicht im Rahmen der Durchgriffshaftung zu untersuchen. Der Begriff des Durchgriffs wird daher hier im engeren Sinne verwandt. Geprüft wird also nur, ob außerhalb von Normanwendungsproblemen die allgemeinen Grundsätze der Durchgriffshaftung den Kündigungsschutz von Arbeitnehmern konzernspezifisch erweitern.

Die gesetzlichen Regeln sind weder zum Vertrags-, noch Eingliederungs- oder faktischen Konzern abschließend. Sie stehen der Anwendung der allgemeinen gesellschaftsrechtlichen Durchgriffslehren nicht im Wege[2]. Arbeitnehmer sind des weiteren Gläubiger, die in aller Regel das Insolvenzrisiko ihrer Vertragspartner kalkulatorisch nicht berücksichtigen können[3]. Grundsätzlich sind auch zugunsten von Arbeitnehmern konzernangehöriger Arbeitgeber die allgemeinen Regeln der Durchgriffshaftung anzuwenden[4]. Zu beachten ist weiterhin, daß die allgemeinen Grundsätze der Durchgriffshaftung subsidär zu den speziellen Regelungen sind[5]. Soweit also bereits aufgrund

---

[1] Rehbinder, Konzernaußenrecht, S. 107 ff.; ders., Festschrift für Robert Fischer, S. 579 (582 f.); Wiedemann, Gesellschaftsrecht, § 4 III; Kübler, § 23 I; MüKo-Reuter, Vor § 21 Rn. 21; Martens, ZGR 1984, 417 (433); ähnlich Nirk, Festschrift für Stimpel, S. 443 (449 f.); a. A. beispielsweise Stimpel, Festschrift für Goerdeler, S. 601 (609 ff.), der die Haftung analog § 302 AktG als Fallgruppe der allgemeinen Durchgriffshaftung auffaßt.

[2] Lehmann, ZGR 1986, 345 (363 f.)

[3] Roth, ZGR 1986, 371 (377).

[4] LAG Bayern v. 8.5.1970, GmbH-RSch 1972, 31 f.; Henssler, S. 42 f.

der obigen Erörterungen konzernbezogener Kündigungsschutz besteht, kann auf sie nicht mehr zurückgegriffen werden. Hierzu besteht auch keine Notwendigkeit mehr.

B. Voraussetzungen und Rechtsfolgen

Rechtsprechung und Literatur haben zur Konkretisierung Fallgruppen gebildet.

I. Wegen Unterkapitalisierung?

In Betracht kommt, daß die allgemeinen Grundsätze der Durchgriffshaftung aus Aspekten der Unterkapitalisierung kündigungsschutzrechtlich relevant sind.

Im einzelnen sind die Voraussetzungen dieser Fallgruppe umstritten[6]. Einigkeit besteht aber über die Rechtsfolge. Haftungsdurchgriff wegen Unterkapitalisierung bezweckt, die Kapitalausstattung und damit die Haftungsmasse der abhängigen Gesellschaft zu sichern[7]. Im Regelfall ist daher nur das abhängige Unternehmen anspruchsberechtigt. Hiervon sind insbesondere bei masseloser Insolvenz Ausnahmen zugunsten der Gläubiger erforderlich[8]. Die in diesen Fällen gebotene Außenhaftung wegen Unterkapitalisierung darf jedoch den Zweck nicht in sein Gegenteil verkehren. Es bleibt stets bei dem mittelbaren Gläubigerschutz. Nicht vereinbaren ließe sich damit, die Kündigungsmöglichkeiten der abhängigen Gesellschaft einzuschränken[9]. Auch eine kündigungschutzrechlich relevante Verpflichtung von Konzernobergesellschaften ist auf diesem Wege nicht begründbar. Sie schulden lediglich die erforderliche Kapitalausstattung ihrer Tochter. Der Umstand, daß in Außnahmefällen statt der Konzerntochter deren Gläubiger anspruchsberechtigt sind, ändert den Inhalt der Verpflichtung nicht. Durchgriffshaftung wegen Unterkapitalisierung ist daher für den Umfang des Kündigungsschutzes der Arbeitnehmer irrelevant.

---

[5] Lutter, ZIP 1985, 1425 (1432 f.); Roth, ZGR 1986, 370 (379); Martens, ZGR 1984, 417 (437); BAG v. 24.9.1974, AP Nr. 1 zu § 13 GmbHG (bl. 4); mit Anm. von Mertens, der klarstellt, daß die Subsidarität eine dogmatisch-systematische Notwendigkeit ist und nicht einen erfolglosen Versuch der Inanspruchnahme voraussetzt; mißverständlich Blank / Blanke / Klebe / Kümpel / Wendeling-Schröder / Wolter, S. 246 ff.; Kraft in Kölner Kommentar, § 1 Anm. 75.

[6] Vgl. Wiedemann, Gesellschaftsrecht, § 4 III 1 b); Karsten Schmidt, JZ 1985, 301 (304 f.); Scholz / Emmerich, § 13 Rn. 82 f.

[7] Karsten Schmidt, JZ 1985, 301 (307); Stimpel, Festschrift für Goerdeler, S. 601 (618).

[8] Stimpel, Festschrift für Goerdeler, S. 601 (618).

[9] Siehe bereits oben § 2 A I 2 c) zum vergleichbaren Problem beim Berechnungsdurchgriff.

II. Aufgrund Vermögensvermischung?

Durchgriff wegen Vermögensvermischung setzt nicht nur eine undurchsichtige Abgrenzung der Vermögen zweier oder mehrerer Rechtssubjekte voraus. Vielmehr muß darüber hinaus die erforderliche Zuordnung durch undurchsichtige Buchführung oder auf andere Weise derart verschleiert werden, daß insbesondere die Beachtung der Kapitalerhaltungsvorschriften unmöglich wird[10]. Wiederum ist der Zweck dieser Fallgruppe der Durchgriffshaftung zu beachten. Durchgegriffen wird, weil die Kapitalerhaltung eines abhängigen Unternehmens gefährdet ist. Auch hier verbleibt es daher im Regelfall bei der Innenhaftung zugunsten der Tochter[11]. Die Gläubiger werden lediglich mittelbar geschützt. Wird das abhängige Unternehmen insolvent, werden die Gläubiger unmittelbar anspruchsberechtigt. Am Inhalt des Anspruches ändert sich dadurch indes nichts. Kündigungsschutzrechtlich ist er mithin irrelevant.

III. Wegen Institutsmißbrauches

Wer das Trennungsprinzip absichtlich zum Nachteil von Gläubigern mißbraucht, kann im Wege des Durchgriffes in Anspruch genommen werden[12]. Dies gilt auch zugunsten von Arbeitnehmern[13]. Allein die wirtschaftliche Abhängigkeit ist jedoch kein Mißbrauch, da die Rechtsordung sie zuläßt[14]. Wegen der strengen subjektiven Voraussetzungen handelt es sich um Ausnahmefälle[15].

---

[10] BGHZ 95, 330 (333 f.); WM 1985, 54 (55).

[11] Stimpel, Festschrift für Goerdeler, S. 601 (615).

[12] BGHZ 22, 226 (230); OLG Nürnberg, WM 1955, 1566 f.; OLG Karlsruhe, DR 1943, 811; Wiedemann, Gesellschaftsrecht, § 4 III 1 d); Nirk, Festschrift für Stimpel, S. 443 (453 f.).
Dahingestellt bleiben kann, ob man mit Wiedemann (§ 4 III 1 d)) Institutsmißbrauch als selbständigen Rechtsatz einer der Fallgruppen der Durchgriffshaftung formuliert oder mit Flume (Die juristische Person, § 3 III 1; zustimmend Scholz / Emmerich, § 13 Rn. 91) auch derartige Fälle unter § 826 BGB subsumiert.

[13] Auch die sog. Einmann-GmbH kann nicht nur im Interesse ihres Alleingesellschafters betrieben werden, da Allgemeinheit, Gläubiger und insbesondere Arbeitnehmer zu schützen sind; Fleck, ZHR 149 (1985), 387 (395); Hommelhoff, Konzernleitungspflicht, S. 256.

[14] Baumbach / Lauterbach / Zöllner, GmbHG, Anh. I Rn. 26; Fleck, WM 1986, 1205 (1212); Franzmann, S. 60 f.; a. A. KR-Becker, § 1 KSchG Rn. 91 hinsichtlich 100%iger Töchter zu § 1 KSchG..

[15] Noch 1977 hatte BGH in einem Konzernsachverhalt, der der Baukranentscheidung ähnlich war, eine Haftung nach Anwendung der Durchgriffsregeln verneint (BGHZ 68, 312 ff, mit kritischer Anm. von Emmerich, NJW 1977, 2163).

Zusammenfassung

Die allgemeinen Grundsätze der Durchgriffshaftung erweitern den Kündigungsschutz von Arbeitnehmern konzernierter Kapitalgesellschaften in Ausnahmefällen. Nur die Fallgruppe des Institutsmißbrauchs kommt in Betracht. Voraussetzung ist eine absichtliche Mißachtung des Trennungsprinzips.

§ 11 Konzernbezug des § 1 I KSchG?

Nicht beantwortet ist bisher die Frage, ob und wenn ja, unter welchen Voraussetzungen aus § 1 I KSchG ein Konzernbezug abzuleiten ist.

A. Problem und Meinungsstand

Fälle der Einleitung zeigen die mögliche Bedeutung dieses Problemes für Arbeitnehmer. In Fall 3 „übernahm" die neugegründete KT aufgrund der Organisationsveränderung Designer D nebst Funktion und Arbeitsplatz von KM und kündigte ihm nach 3 Monaten. Den Designern D der Fälle 4 und 5 passiert Entsprechendes. In Fall 4 hat der Designer aber zur KT nicht aufgrund einer Organisationsveränderung gewechselt, sondern nach Ausschreibung, Bewerbung des Arbeitsplatzes durch KT und Kündigung des Arbeitsvertrages mit KM. D tauschte in Fall 5 konzernintern den Arbeitgeber im allseitigen Einverständnis. Er schloß mit KM einen Aufhebungsvertrag. Der Sekretärin S in Fall 5 wird nach 3 Monaten ebenfalls von KT gekündigt. KM hatte weiterhin ihr das Gehalt überwiesen und keinen Aufhebungsvertrag mit ihr geschlossen. Gemeinsam ist diesen Beispielsfällen, daß die Arbeitnehmer von KT noch keine sechs Monate beschäftigt wurden. Stellt man ausschließlich auf den Wortlaut von § 1 I KSchG ab, so scheidet eine Sozialwidrigkeit der Kündigungen daher aus.

Vergleichbar zu den Auffassungen, die hinsichtlich der oben erörterten Probleme vertreten werden, sind speziell zu § 1 I KSchG zwei extreme Ansichten denkbar: Einerseits könnte man im Hinblick auf die oben erfolgte, am Wortsinn orientierte Auslegung der Begriffe „Betrieb" und „Unternehmen" in § 1 II 2 Nr. 1b) KSchG[1] auch für den ersten Absatz dieser Vorschrift jede Konzerndimension ablehnen. Andererseits könnte man aber auch genau den entgegengesetzten Standpunkt einnehmen und ausschließlich auf die wirtschaftliche Verbundenheit sämtlicher einem Konzern angehörender Unternehmen abstellen. Folgerichtig müßten Beschäftigungszeiten bei einem anderen dem gleichen Konzern angehörenden Arbeitgeber berücksichtigt werden. Soweit ersichtlich vertritt niemand eine dieser beiden Hypothesen. Die Auffassungen zu § 1 I KSchG sind vielmehr daran gemessen vermittelnd.

---

[1] Siehe oben § 3 A I und II jeweils mit weiteren Nachweisen.

I. Einbeziehung nur kraft Vereinbarung

Wohl herrschend ist die Meinung von Hueck und Becker. Beide gehen zwar von der eben als extrem bezeichneten Ansicht, es sei entscheidend auf den „eindeutigen" Wortlaut abzustellen, aus und lehnen im Grundsatz einen Konzernbezug des § 1 I KSchG ab[2]. Von diesem Grundsatz machen sie jedoch in unterschiedlichen Fällen mit differierenden Begründungen Ausnahmen. Während Hueck[3] eine Vereinbarung über eine Versetzung innerhalb eines Konzerns nach Treu und Glauben mangels abweichender Erklärung dahingehend auslegt, daß die Beschäftigungszeiten beim vorherigen konzernangehörigen Arbeitgeber anzurechnen sind, geht Becker über diesen Ansatz hinaus. Auch er rechnet die Beschäftigungszeit beim vorherigen konzernangehörigen Arbeitgeber an, wenn Entsprechendes möglicherweise auch stillschweigend vereinbart wurde[4]. Bei hundertprozentigen Tochterunternehmen sei zudem auch ohne Vereinbarung die vorherige Beschäftigungszeit im Konzern anzurechnen. In diesen Fällen verlangt er wegen der Gefahr der Umgehung eine wirtschaftliche Betrachtungsweise.

II. Partielle konzernspezifische Analogie

Henssler[5] widerspricht den eben dargestellten Auffassungen. Er räumt ein, daß zwar einer konzernbezogenen Anwendung des § 1 I KSchG der Wortlaut entgegensteht. Man dürfe aber unter Berücksichtigung moderner Rechtsmethodik sich nicht auf die Auslegung des Wortsinns beschränken. Die jetzige Form der sechsmonatigen Wartezeit des § 1 I KSchG stammt im Grundsatz aus dem Jahre 1951. Damals seien Probleme des Kündigungsschutzes im Konzern weder in Rechtsprechung noch in der Literatur erörtert worden. Die Vorschrift ist daher nach Ansicht Hensslers hinsichtlich der Konzernproblematik lückenhaft[6]. Das Gesetz stelle nicht mehr auf die Beziehungen des Arbeitnehmers zu einer bestimmten Betriebsgemeinschaft oder zu einem bestimmten Arbeitsplatz ab[7]. Vielmehr zeige das Anknüpfen an die Unternehmenszugehörigkeit, daß der unpersönliche Bezug zu der dahinterstehenden wirtschaftlichen Organisationseinheit entscheidend sei. Er bejaht aus diesem Grunde bei einer vorangegangenen Tätigkeit in einer anderen Konzerngesellschaft eine Analogie in folgenden Fällen: Die beteiligten konzernierten Arbeitgeber müßten einer einheitlichen Planung unterstellt und außerdem noch äußerlich sichtbar miteinander verbunden sein[8].

---

[2] G. Hueck in Hueck, KSchG, § 1 Rn. 28; KR-Becker, KSchG, § 1 Rn. 65.
[3] G. Hueck in Hueck, KSchG, § 1 Rn. 28.
[4] KR-Becker, KSchG, § 1 Rn. 65.
[5] Henssler, S. 117 ff.
[6] Henssler, S. 117 f.
[7] Henssler, S. 119.

Äußerlich sichtbar verbunden seien Unternehmen – so erwägt Henssler nicht abschließend – in zwei Fällen: Übereinstimmungen in den Firmennamen oder die örtliche Nähe, wenn sich beispielsweise zwei Konzerngesellschaften im gleichen Gebäude befinden, ließen auf die äußerlich sichtbare Verbundenheit schließen.

B. Stellungnahme

Die aufgeworfenen Probleme stellen sich in den Fällen nicht, in denen die Berücksichtigung von Vorbeschäftigungszeiten innerhalb desselben Konzernes bereits geregelt ist.

I. Nach § 613a BGB

Werden Betriebe oder Betriebsteile rechtsgeschäftlich übertragen, so tritt gemäß § 613à BGB der neue Inhaber in die Rechte und Pflichten der bestehenden Arbeitsverhältnisse ein. Diese Vorschrift ist auch auf konzerninterne Organisationsveränderungen anzuwenden[9]. Die Beschäftigungszeiten beim bisherigen Arbeitgeber sind im Hinblick auf § 1 I KSchG anzurechnen. Da sich dies unmittelbar aus § 613a BGB ergibt, stellen sich Probleme der konzernspezifischen Anwendung von § 1 I KSchG nicht. In Beispielsfall 3 der Einleitung hatte KM auf ihre neugegründete Tochter fast sämtliche Aufgaben nebst Betriebsstätten samt Einrichtungen übertragen[10]. Die anschließend erfolgte Kündigung des Designers D ist somit gemäß § 613a I 1 BGB i. V. m. § 1 I KSchG an den Vorschriften des Kündigungsschutzgesetzes zu messen.

Für die Arbeitnehmer der Fälle 4 und 5 gilt dies nicht. Sie wechselten konzernintern den Arbeitgeber, ohne daß Betriebe oder Betriebsteile übertragen wurden. In Fall 4 wurden indes Funktionen zwischen den Konzernunternehmen verlagert. Wiederum stellt sich die Frage, ob § 613a BGB entsprechend anzuwenden ist. Sein Sinn und Zweck knüpft jedoch an die gegenständliche Identität von Arbeitsplätzen an[11]. Bloße Funktionsverlagerungen reichen weder außerhalb noch innerhalb von Konzernen[12].

---

[8] Henssler, S. 119 f.

[9] Siehe oben § 9 A II 2.

[10] Siehe oben § 1 Fall 3.

[11] BAG v. 14.10.1982, AP Nr. 1 zu § 1 KSchG 1969, Konzern; v. 22.5.1985, SAE 1986, 133 (140); mit zustimmender Anm. von Loritz.

[12] Siehe oben § 9 A II 3.

II. Einheitlicher Betrieb im Sinne des § 1 I KSchG

Gesetzlich geregelt sind auch die Fälle, in denen Unternehmen eines Konzernes einen gemeinsamen Betrieb betreiben[13]. Beschäftigungszeiten innerhalb dieses Betriebes sind nach dem Wortlaut des § 1 I KSchG stets zu berücksichtigen. Hierbei ist unerheblich, ob die Beschäftigungen zu Zeiten erfolgten, als der betreffende Arbeitnehmer arbeitsvertraglich einem anderen am Betrieb beteiligten Unternehmen verpflichtet war. Es besteht kein Grund, aus konzernspezifischen Gründen den wörtlichen Anwendungsbereich der Vorschrift einzuschränken.

III. Kraft Vereinbarung

1. Ausdrücklich

Wenn beim konzerninternen Arbeitgeberwechsel die Beteiligten ausdrücklich eine Anrechnung der Beschäftigungszeiten vereinbaren, bestehen gegen die Wirksamkeit grundsätzlich keine Bedenken. Zu beachten ist jedoch auch das in Konzernsachverhalten bestehende Verbot des Vertrages zu Lasten Dritter[14]. Soweit also nicht beteiligte Konzernunternehmen zur Anrechnung verpflichtet werden, ist wirksame Vertretungsmacht erforderlich. Die Grundsätze von Anscheins- und Duldungsvollmacht gelten hier ebenfalls[15].

2. Konkludent

Zur Anrechnung von konzerninternen Beschäftigungszeiten können Arbeitgeber sich auch konkludent verpflichten. Es gilt der Grundsatz des Vertrauensschutzes. Arbeitnehmer, die konzernintern im Einverständnis der beteiligten Unternehmen den Arbeitgeber wechseln, können im Regelfall auf eine Berücksichtigung der gesamten Beschäftigungszeiten vertrauen[16]. Gegenteiliges müßte ausdrücklich vereinbart werden.

Problematisch ist, ob Kündigungen oder Aufhebungsverträge dem Entstehen von Vertrauen auf Anrechnung widersprechen. Verwiesen sei beispielsweise darauf, was in den Einleitungsfällen 4 und 5 die Designer D erklärt oder mit den ehemaligen Konzernarbeitgebern vereinbart haben. Ausdrückliche Vereinbarungen des Inhalts, daß eine Anrechnung nicht erfolgen soll, werden in Aufhebungsverträgen selten enthalten. Man könnte daher

---

[13] Siehe oben § 3 A I 2 zu den einzelnen Voraussetzungen eines Betriebes im Sinne der KSchG.

[14] Siehe oben § 9 A II 4 b) aa) m. w. N.

[15] Siehe oben § 9 C II 2.

[16] G. Hueck in Hueck, § 1 Rn. 28.

meinen, es verbleibe bei dem Regelfall: Eine Anrechung müsse mangels ausdrücklicher gegenteiliger Vereinbarung erfolgen. Verkennen würde man damit zum einen, daß die beteiligten Unternehmen in diesen Fällen nicht den Eindruck wirtschaftlich und rechtlicher Einheit erzeugt haben. Vielmehr haben sie ihre rechtliche Selbständigkeit auch noch durch Aufhebungsvertrag oder dem Erfordernis der Kündigung des Arbeitsvertrages betont. Ein Eindruck einheitlicher konzernumfassender Personalplanung kann nicht entstanden sein. Die konzernangehörigen Unternehmen konkurrierten um ihre eigenen Arbeitnehmer. Dies kann zum anderen den betroffenen Arbeitnehmern auch nicht entgangen sein. Denn Kündigung oder Annahme eines Aufhebungsvertrages müssen sie willentlich erklären. Es entsteht mithin in diesen Fällen kein Vertrauen dahingehend, daß eine Anrechnung der gesamten Beschäftigungszeiten im Konzern erfolgen werde.

IV. Konzernbedingte Analogie?

Zu beantworten bleiben somit lediglich Fälle außerhalb vertraglicher Regelungen und der Anwendungsbereiche von § 613a BGB und § 1 I KSchG. Nur insoweit stellt sich die Frage, ob mit Henssler § 1 I KSchG teilweise analog auf Konzernsachverhalte anzuwenden ist.

1. Unkenntnis der Konzernproblematik im Gesetzgebungsverfahren 1951?

Der Gesetzgeber des Jahres 1951 hat § 1 I KSchG in den noch heute geltenden Grundzügen konzipiert. Mit Henssler sind also die damaligen Gesetzgebungsmaterialien zu analysieren. Soweit sie veröffentlicht sind[17], läßt sich ihnen nicht entnehmen, daß die am damaligen Gesetzgebungsverfahren Beteiligten die Konzernproblematik bewußt nicht geregelt haben[18]. Bedenklich ist gleichwohl die Begründung Hensslers für eine nachträglich entstandene Regelungslücke in § 1 I KSchG: Der Gesetzgeber des Jahres 1951 könne Fragen der Anrechnung von Beschäftigungszeiten in Konzernsachverhalten nicht beachtet haben, weil sie bis dahin weder in Rechtsprechung noch in Literatur erörtert worden seien[19].

---

[17] Vgl. die amtliche Begründung der Bundesregierung (RdA 1951, 58 ff.); aber auch die Hattenheimer Entschließung der Spitzenorganisationen der Arbeitnehmer und Arbeitgeber vom Januar 1950, (RdA 1950, 63 ff.) und die Stellungnahme von Alfred Hueck zum Kündigungsschutzgesetz des Wirtschaftsrates (RdA 1949, 331 ff.), das mangels Genehmigung der Militärregierung nicht in Kraft getreten ist (vgl. G. Hueck in Hueck, KSchG, Einleitung Rn. 22).

[18] Henssler, S. 117 f.

[19] Henssler, S. 118.

Zutreffend ist zwar wiederum an der Analyse Hensslers, daß konzernbezogene Veröffentlichungen sowohl zum Entwurf des späteren KSchG 1951 als auch zu dem Vorläufer, dem KSchG des Wirtschaftsrates, fehlen. Wenig überzeugend ist hingegen, den Blick auf das eben genannte Gesetz und die dazugehörenden Entwürfe sowie die Stellungnahmen dazu zu beschränken.

Detaillierte Äußerungen sind zu einem Gesetz im Entwurfsstadium von der Rechtsprechung nicht und von der rechtswissenschaftlichen Literatur nur in Ausnahmefällen zu erwarten. Das Schweigen zu bestimmten Problemen begründet dennoch nicht den Schluß, daß die Probleme nicht bekannt sind. Dies gilt für die Entstehungsgeschichte des KSchG im engeren Sinne auch, wenn man das KSchG des Wirtschaftsrates von 1949, das mangels Genehmigung der Militärregierung nicht in Kraft trat[20], sowie den Hattenheimer Entwurf der Spitzenverbände der Gewerkschaften und Arbeitgeber von 1950[21] in die Betrachtung einbezieht. Denn zwischen dem 20. Juli 1949, an dem der Wirtschaftsrat für das Vereinigte Wirtschaftsgebiet den Entwurf des KSchG beschlossen hatte, und der Veröffentlichung des KSchG im Bundesgesetzblatt am 13. August 1951 liegt ein Zeitraum von wenig mehr als 2 Jahren.

Hinzu kommt, daß in der Weimarer Republik Probleme des Kündigungsschutzes im Konzern bekannt waren. Das einschlägige Schrifttum hatte sie diskutiert, was Henssler bezogen auf § 2 AngKSchG auch erörtert[22]. Dies gilt zum einen hinsichtlich des allgemeinen Kündigungsschutzes im Konzern. Flatow und Kahn-Freund[23] hatten hierzu bereits 1931 in der 13. Auflage ihres Kommentares zum BRG im Anschluß an Kronstein[24] deutlich Stellung genommen. Ihrer Ansicht nach war im Rahmen der damals erforderlichen Prüfung der „Verhältnisse des Betriebes" einer abhängigen juristischen Person auch die wirtschaftliche Lage des gesamten Konzerns einzubeziehen. Kronstein hatte zum anderen ein spezielles konzernbezogenes Problem des Kündigungsschutzes diskutiert, das dem hier erörterten vergleichbar ist. Ähnlich wie bei § 1 I KSchG war für die Anwendung des Gesetzes zum Schutze der älteren Angestellten vom 9. Juli 1926[25] die Dauer der Beschäftigung[26] entscheidend. Kronstein forderte, Dienstzeiten bei einer anderen juristischen Person des gleichen Konzerns zugunsten der älteren Angestellten zu berücksichtigen[27].

---

[20] Vgl. G. Hueck in Hueck, KSchG, Einleitung Rn. 22.
[21] RdA 1950, 63 ff.
[22] Henssler, S. 122 f.
[23] Flatow / Kahn-Freund, BRG, 13. Auflage, 1931, § 84 Anm. V d) Ziff. 3 S. 454 f.
[24] Kronstein, Die abhängige juristische Person, S. 129 ff.
[25] RGBl. I S. 399 (412).
[26] In dem Gesetz Dienstzeit genannt.
[27] Kronstein, S. 134; zustimmend Rehbinder, Konzernaußenrecht, S. 474.

Die Behauptung Hensslers ist folglich widerlegt, 1951 sei die Problematik des Kündigungsschutzes im Konzern deswegen nicht bekannt gewesen, weil sie bis dahin weder in der Rechtsprechung noch in der Literatur erörtert worden sei. Man kann daraus allerdings auch nicht auf das Gegenteil schließen. Es bedarf eines deutlichen Hinweises in den Materialien, wenn den am Gesetzgebungsverfahren 1951 Beteiligten die Veröffentlichungen von Kronstein und Flatow / Kahn-Freund bekannt gewesen sein sollen und sie bewußt konzerbezogene Probleme des § 1 I KSchG nicht hatten regeln wollen.

Aus der Entstehungsgeschichte läßt sich demnach weder begründen noch verneinen, § 1 I KSchG sei in Hinblick auf Konzernsachverhalte lückenhaft.

2. „Betrieb" und „Unternehmen" im Sinne von § 1 Abs. 1 KSchG im Spannungsfeld zu Absatz 2

Ist mithin Hensslers Annahme, § 1 I KSchG sei im Hinblick auf Konzernsachverhalte lückenhaft, durch die indifferente Entstehungsgeschichte ledidglich zweifelhaft, so sind darüber hinaus seine Wertungen der beiden Absätze in sich nicht widerspruchsfrei.

So verneint er einerseits zutreffend[28] einen konzernspezifischen Weiterbeschäftigungsanspruch entsprechend § 1 II 2 KSchG[29]. Andererseits bejaht er eine analoge Anwendung von Absatz 1 auf Konzernsachverhalte. Beide Absätze des § 1 KSchG verwenden hingegen übereinstimmend die Begriffe „Betrieb" und „Unternehmen". Aus der unterschiedlichen Genese der beiden Absätze des § 1 KSchG zieht Henssler zwar zum einen den auf den ersten Blick gebotenen Schluß, daß für § 1 II 2 KSchG im Gegensatz zum Absatz 1 die Annahme einer Regelungslücke ausscheide. Diese fast zwangsläufige Konsequenz aus seiner Analyse der Entstehungsgeschichte hält er aber nicht konsequent durch. Seine Ergebnisse in den beiden Absätzen entsprechen nämlich im wesentlichen einander. Beide Male knüpft er an die einheitliche Leitung der Unternehmen an. Bezüglich § 1 I KSchG nennt er diese Voraussetzung „einheitliche Planung" und fordert des weiteren, daß die Verbindung der beiden konzernierten Unternehmen zudem äußerlich sichtbar ist. Hinsichtlich § 1 II 2 KSchG verlangt er, daß dem abhängigen Unternehmen die „betriebs- und personalwirtschaftliche Eigenständigkeit" fehlen müsse, womit wiederum mit anderen Worten die einheitliche Planung umschrieben ist. Die fast identischen Ergebnisse lassen sich mit dem Umstand, daß hinsichtlich Absatz 1 eine Analogie erforderlich und bezüglich Absatz 2 nicht möglich sei, methodisch nicht vereinbaren.

---

[28] Siehe oben § 3 B III m. w. N.

[29] Henssler, S. 133 ff.

Es ist zudem nicht erforderlich, die identischen Begriffe in § 1 KSchG methodisch unterschiedlich auszulegen. Zwar ist es nicht zwingend, daß gleichlautende Termini dieselbe Bedeutung haben. Unterscheidet sich die Entstehungsgeschichte, so können Differenzierungen gerechtfertigt sein. Im Regelfall jedoch sollte der Rechtsanwender dies jedenfalls dann vermeiden, wenn identische Begriffe in verschiedenen Absätzen der gleichen Vorschrift zu interpretieren sind. Dieses Ziel ließe sich hier auf zweierlei Wegen erreichen: Einerseits könnte man beide Absätze konzerndimensional anwenden, was aber, wie oben festgestellt wurde, wegen der speziellen Genese des relativ jungen § 1 II 2 Nr. 1) b) KSchG ausscheidet. So bleibt andererseits nur, einen Widerspruch zwischen beiden Absätzen dadurch zu vermeiden, daß man konsequent jede konzernbedingte Analogie ablehnt.

Hierzu besteht auch keine Notwendigkeit. Wenn Arbeitnehmer ausschließlich von einem Unternehmen eines Konzernes beschäftigt werden, können keine Probleme auftreten. Die für § 1 I KSchG zu ermittelnde Beschäftigungszeit kann sich nicht allein aufgrund der Konzernangehörigkeit des Vertragsarbeitgebers verlängern. Problematisch können somit nur Sachverhalte mit konzerninternem Arbeitgeberwechsel werden. Ein Teil von ihnen wird durch Vertrag, § 613a BGB sowie den Betriebsbegriff des § 1 I KSchG gelöst. Im übrigen knüpfen Fallgruppen der Vertrauenshaftung an die konzernweite Versetzung von Arbeitnehmern an[30]. Dabei können Arbeitnehmer im Regelfall darauf vertrauen, daß vorherige Beschäftigungszeiten bei Arbeitgebern derselben Konzerne angerechnet werden[31]. Mithin wird die rechtliche Selbständigkeit nur ausnahmsweise einer Anrechnung im Wege stehen. Damit entfällt das methodisch erforderliche dringende Bedürfnis zur Rechtsfortbildung[32]. Allein Erwägungungen der Zweckmäßigkeit rechtfertigen nicht, in Konzernsachverhalten § 1 I KSchG analog anzuwenden.

3. Umgehungsgefahr bei 100%igen Töchtern?

Fraglich bleibt, ob man mit Becker bei 100%igen Töchtern wegen der Gefahr der Umgehung § 1 I KSchG generell konzerndimensional anwenden sollte.

Bedenklich ist an diesem Ansatz erstens das Folgende: Wenn man wie hier bezogen auf § 1 I KSchG nicht auf eine konkrete Vereinbarung, sondern entscheidend auf die Grundsätze der Vertrauenshaftung abstellt, entfällt die spezifische Gefahr für die Arbeitnehmer, daß durch 100%ige Töchter ihre Rechte umgangen werden. Nur wenn ein Arbeitnehmer bei Unternehmen

---

30 Siehe oben § 5 B
31 Siehe oben § 11 B III 2.
32 Siehe oben § 3 B III 3 b).

des gleichen Konzernes zuvor beschäftigt war, können überhaupt die Voraussetzungen des § 1 I KSchG problematisch werden. Dann liegen aber auch im Regelfall die Voraussetzungen der Vertrauenshaftung vor, so daß auch bei 100%igen Töchtern nichts zu umgehen ist. Zweitens übersieht Becker, daß auch 100%ige Töchter von der Rechtsordnung anerkannt sind. Der Rückschluß vom bloßen Umfang der Beteiligung auf eine wie auch immer gestaltete Gefahr der Umgehung ist also unzulässig.

Zusammenfassung

§ 1 I KSchG ist nicht auf Konzernsachverhalte analog anzuwenden. Sie werden durch ausdrückliche und konkludente Vereinbarungen unter Beachtung des Vertrauensprinzips, von § 613a BGB sowie unmittelbar durch § 1 I KSchG geregelt.

Ergebnisse in Thesen

1. § 1 II 1 3. Alt. KSchG ist weder unternehmens- noch konzern-, sondern betriebsbezogen. Die nach dieser Vorschrift für betriebsbedingte Kündigungen notwendigen „betrieblichen Erfordernisse“ werden durch Konzernsachverhalte nicht erweitert. Entscheidend sind allein die Beschäftigungsmöglichkeiten in den Betrieben[1].

   Unerheblich ist mithin für § 1 II 1 3. Alt. KSchG, ob eine Kapitalgesellschaft als Arbeitgeberin abhängig ist oder andere Gesellschaften beherrscht.

   a) Auf die wirtschaftliche Lage anderer Unternehmen desselben Konzernes kommt es nicht an. Ein sog. „Berechnungsdurchgriff“ findet daher nicht statt[2].

   b) Auch ist irrelevant, ob Kündigungen durch Konzernmütter veranlaßt werden oder im Konzerninteresse erfolgen. Konzerneinflüsse sind nur bedeutsam, wenn sie sich auf die Beschäftigungsmöglichkeiten in den Betrieben auswirken[3].

2. Wenn Unternehmen desselben Konzernes gemeinsam aufgrund rechtlicher Vereinbarung einen einheitlichen Betrieb führen, so sind sämtliche vakante und geeignete Arbeitsplätze dieses Betriebes in die Beurteilung von Weiterbeschäftigungsmöglichkeiten gemäß § 1 II 2 Nr. 1b) 1. Alt. KSchG einzubeziehen (unmittelbare Anwendung)[4]. Im übrigen scheidet eine Analogie zum unternehmensbezogenen Weiterbeschäftigungsanspruch aus § 1 II 2 Nr. 1b) 2. Alt. KSchG auf Konzernsachverhalte aus[5].

3. Den konzernbezogenen Vorschriften im Arbeitsrecht (insbesondere den §§ 54 BetrVG, 5 MitbestG, 77a BetrVG 1952 und den Vorschriften des MitbestErgG) fehlt ein gemeinsamer Regelungszweck, der zur Verallgemeinerung und zur Übertragung im Wege einer Gesamtanalogie auf das Kündigungsschutzrecht geeignet ist[6].

---

[1] Siehe oben § 2 A I (am Ende); § 2 A II 2e), B I, B II.

[2] Siehe oben § 2 A II 2, B II.

[3] Siehe oben § 2 A I, B I.

[4] Siehe oben § 3 A I.

[5] Siehe oben § 3 B III.

[6] Siehe oben § 4 B II 2.

4. Grundsätzlich erweitern die konzernrechtlichen Vorschriften des Gläubigerschutzes die Rechte der Arbeitnehmer gegen Kündigungen nicht[7]. Hiervon abweichend besteht gemäß § 322 I AktG zugunsten der Arbeitnehmer eingegliederter Aktiengesellschaften aufgrund der gesamtschuldnerischen Haftung der Obergesellschaft ein konzerndimensionaler Kündigungsschutz[8].

5. Verfassungsrechtliche Erwägungen stehen einer konzerndimensionalen Ausweitung des Kündigungsschutzes weder entgegen[9], noch erfordert das Sozialstaatsprinzip oder seine Konkretisierungen (insbesondere das arbeitsrechtliche Fürsorgeprinzip) eine Erweiterung[10]. Das Grundgesetz ist insoweit neutral.

6. Die Beherrschung konzernierter Unternehmen ist mit der für eine Arbeitnehmereigenschaft geforderten persönlichen Abhängigkeit nicht gleichzustellen. Kapitalgesellschaften können daher nicht im Sinne des Rechtsinstituts des „mittelbaren Arbeitgebers" als Mittelsmann Arbeitnehmer sein[11].

7. Sozialpläne können zugunsten von Arbeitnehmern, deren Arbeitsplätze aufgrund von Betriebsänderungen wegfallen, Regelungen zur unternehmensexternen, aber konzerninternen Weiterbeschäftigung enthalten.
   a) Wenn Arbeitnehmer eingegliederter Unternehmen von Entlassungen bedroht sind, gehört die Einbeziehung vakanter und geeigneter Arbeitsplätze bei der Konzernmutter zum erzwingbaren Mitbestimmungsbereich[12].
   b) Ansonsten beginnt das Mitbestimmungsrecht, wenn freie Arbeitsplätze des Konzernes freiwillig zur Verfügung gestellt werden[13].

8. Das Vertrauensprinzip erweitert in Einzelfällen den Kündigungsschutz. Es ist innerhalb und außerhalb vertraglicher Beziehungen von Bedeutung.
   a) Verpflichtende Tatbestände entstehen, wenn schützenswertes Vertrauen auf konzernumfassende Beschäftigungsmöglichkeiten erweckt wurde. Geeignet sind hierzu ausdrückliche und konkludente Vereinbarungen beispielsweise in Versetzungsklauseln, Maßnahmen zur Personalwerbung und -bindung, allgemeine Werbemaßnahmen und konzerndimensionale Vertragsdurchführungen[14].

---

[7] Siehe oben § 5 A.
[8] Siehe oben § 5 C II.
[9] Siehe oben § 6 B I.
[10] Siehe oben § 6 B II.
[11] Siehe oben § 7 B IV.
[12] Siehe oben § 8 B III 2b) ff).
[13] Siehe oben § 8 B III 2b).

b) Wenn konzernierte Arbeitgeber in diesem Sinne Vertrauen auf konzernbezogene Beschäftigungschancen erzeugen, entsteht im gleichen Umfange der Anschein, daß nicht nur sie, sondern die einbezogenen Unternehmen desselben Konzernes sich verpflichten. Diese haften daher nach den Grundsätzen der Anscheins- und Duldungsvollmacht, falls ihnen die Rechtsscheintatbestände zuzurechnen sind[15]. Ohne Zurechenbarkeit sind nur die Vertragsarbeitgeber verpflichtet[16].

c) Als Rechtsfolge schulden diese im Falle des Wegfalles der Beschäftigungsmöglichkeiten bei ihnen die Weiterbeschäftigung auf freien und geeigneten Arbeitsplätzen bei den kraft Vertrauensschutzes einbezogenen Unternehmen. Sollten sie diese Verpflichtung mangels Einflusses oder vertraglicher Absicherung gegenüber den anderen Unternehmen ihres Konzernes nicht durchsetzen können, so haften sie gemäß § 325 I BGB auf Schadensersatz wegen Nichterfüllung. Solange Weiterbeschäftigungsmöglichkeiten bestehen, sind ihre Kündigungen daher unwirksam[17].

d) Art. 1 §§ 9 Nr. 1, 10 I 1 AÜG und § 613a BGB schließen in ihren Anwendungsbereichen die Grundsätze der Vertrauenshaftung aus[18].

9. Neben den benannten Vorschriften und Rechtsinstituten erweitern die allgemeinen Grundsätze der Durchgriffshaftung und insbesondere die Fallgruppe des Institutsmißbrauchs den Kündigungsschutz von Arbeitnehmern konzernierter Kapitalgesellschaften nur in Ausnahmefällen[19].

10. § 1 I KSchG ist nicht auf Konzernsachverhalte analog anzuwenden[20]. Sie werden durch ausdrückliche und konkludente Vereinbarungen[21] unter Beachtung des Vertrauensprinzips, von § 613a BGB[22] sowie unmittelbar durch § 1 I KSchG[23] geregelt.

---

14 Siehe oben § 9 A I, B I.
15 Siehe oben § 9 C II 2.
16 Siehe oben § 9 D.
17 Siehe oben § 9 A IV 1, 2, B III.
18 Siehe oben § 9 A II, B II.
19 Siehe oben § 10 B III.
20 Siehe oben § 11 B IV.
21 Siehe oben § 11 B III.
22 Siehe oben § 11 B I.
23 Siehe oben § 11 B II.

Literaturverzeichnis

Adomeit, Klaus: Der Weiterbeschäftigungsanspruch abgelehnt, NJW 1986, 900 f.

Ballerstedt, Kurt: Zur Haftung für culpa in contrahendo bei Geschäftsabschluß durch Stellvertreter, AcP 151 (1950), 501 ff.

Bar, Christian von: Vertrauenshaftung ohne Vertrauen, ZGR 1983, 476 ff.

Bauer, Jobst-Hubertus: Beendigung von Arbeitsverhältnissen beim Betriebsübergang, DB 1983, 713 ff.

Baumbach, Adolf / *Hueck*, Alfred / *Hueck*, Goetz: Aktiengesetz, 13. Auflage, München 1968

Baumbach, Adolf / *Hueck*, Alfred / *Hueck*, Goetz: GmbHG, 14. Auflage, München 1985

Becker, Friedrich: Zur Neuregelung der Arbeitnehmerüberlassung durch das Beschäftigungsförderungsgesetz, BlStSozArbR 1985, 195 ff.

Becker, Friedrich / *Wulfgramm*, Jörg: Kommentar zum Arbeitnehmerüberlassungsgesetz, 3. Auflage, Neuwied-Darmstadt 1986

Berg, Peter / *Wendeling-Schröder*, Ulrike / *Wolter*, Henner: Zur Zulässigkeit tarifvertraglicher Besetzungsregeln, RdA 1980, 299 ff.

Berkowsky, Wilfried: Aktuelle Probleme im Recht der betriebsbedingten Kündigung, NJW 1983, 1292 ff.

— Die betriebsbedingte Kündigung, 2. Auflage, München 1985

Bertram, Peter / *Ockenfels*, Thomas: Der Schadensersatzanspruch des Leiharbeitnehmers gegen den Verleiher gem. § 10 II AÜG, NZA 1985, 552 ff.

Birk, Rolf: Betriebsaufspaltung und Änderung der Konzernorganisation im Arbeitsrecht, ZGR 1984, 23 ff.

— Die arbeitsrechtliche Leitungsmacht, Köln 1973

Blank, Michael / *Blanke*, Hermann / *Klebe*, Thomas / *Kümpel*, Winfried / *Wendeling-Schröder*, Ulrike / *Wolter*, Henner: Arbeitnehmerschutz bei Betriebsaufspaltung und Unternehmensteilung, Köln 1984

Blomeyer, Wolfgang / *Otto*, Klaus: Gesetz zur Verbesserung der betrieblichen Altersversorgung, München 1984

Bordt, Karl: Die Bedeutung von Patronatserklärungen für die Rechnungslegung, Die Wirtschaftsprüfung 1975, 285 ff.

Bösche, Burckard: Die Rechte des Betriebsrates bei Kündigungen, Köln 1979

Bötticher, Eduard: Regelungsstreitigkeiten, Festschrift für Friedrich Lent, München-Berlin 1957, S. 89 ff.

Brox, Hans: Anmerkung zu BAG vom 29.11.1979 (3 AZR 404/78), AP Nr. 10 zu § 242 BGB, Ruhegehalt-VBL

— Zum Anspruch des Arbeitnehmers auf Weiterbeschäftigung während des Kündigungsschutzprozesses nach Ablauf der Kündigungsfrist, Festschrift „25 Jahre BAG", München 1979, S. 37 ff.

Brox, Hans / *Rüthers*, Bernd / *Schlüter*, Wilfried / *Jülicher*, Friedrich: Arbeitskampfrecht, 2. Auflage, Stuttgart-Berlin-Köln-Mainz 1982

Bryde, Brun-Otto: Art. 12 GG – Freiheit des Berufs und Grundrecht der Arbeit, NJW 1984, 2177 ff.

Bundesanstalt für Arbeit: Durchführungsanweisung der Bundesanstalt für Arbeit zum Arbeitnehmerüberlassungsgesetz (Teil-DA zu § 1 AÜG), NZA 1986, 778 f.

Canaris, Claus-Wilhelm: Ansprüche wegen „positiver Vertragsverletzung" und „Schutzwirkung für Dritte" bei nichtigen Verträgen, JZ 1965, 475 ff.

— Die Feststellung von Lücken im Gesetz, 2. Auflage, Berlin 1983 (zit.: Lückenfeststellung)

— Die Vertrauenshaftung im deutschen Privatrecht, München 1971 (zit.: Vertrauenshaftung)

— Schutzgesetze – Verkehrspflichten – Schutzpflichten, Festschrift für Karl Larenz zum 8O. Geburtstag, München 1983, S. 27 ff.

Coen, Martin: Der Kündigungsschutz im Konzern, RdA 1983, 348 ff.

Crezelius, Georg: Culpa in contrahendo des Vertreters ohne Vertretungsmacht, JuS 1977, 796 ff.

Däubler, Wolfgang: Arbeitsbeziehungen und Recht in der Bundesrepublik, „In Memoriam SIR Otto Kahn-Freund", München 198O, S. 49 ff.

— *Däubler*, Wolfgang: Das Arbeitsrecht 2, 4. Auflage, Hamburg 1986

Dersch, Hermann: Anmerkung zu RAG v. 4.5.1932 (RAG 594/31), ARS 16, 391

Dietz, Rolf / *Richardi*, Reinhard: Betriebsverfassungsgesetz, 6. Auflage, Band 1, München 1981, Band 2, München 1982,

Dietzen, Ulrich: Betriebliche Sozialpläne, Frankfurt a. M.-Bern-Cirencester U. K. 198O

Duden: Das große Wörterbuch der deutschen Sprache, Band 4, Mannheim-Wien-Zürich 1979

Eichler, Hermann: Die Rechtslehre vom Vertrauen, Tübingen 195O

Emmerich, Volker: Anmerkung zu BGHZ 68, 312 ff., NJW 1977, 2163

— Nachlese zum Autokran-Urteil des BGH zum GmbH-Konzernrecht, GmbHRSch 1987, 213 ff.

Emmerich, Volker / *Sonnenschein*, Jürgen: Konzernrecht, 2. Auflage, München 1977

Engisch, Karl: Einführung in das juristische Denken, 8. Auflage, Stuttgart-Berlin-Köln-Mainz 1983

Erdmann, Ernst-Gerhard / *Jürging*, Claus / *Kammann*, Karl-Udo: Betriebsverfassungsgesetz, Neuwied-Berlin 1972

Esser, Josef: Schuldrecht, Allgemeiner Teil, 4. Auflage, Karlsruhe 197O

Fabricius, Fritz: Gesellschaftsrechtliche Unternehmensverbindungen und Arbeitgeberbegriff in der betrieblichen Krankenversicherung, Neuwied-Berlin 1971 (zit. Unternehmensverbindungen)

— Rechtsprobleme gespaltener Arbeitsverhältnisse im Konzern, Darmstadt-Neuwied 1982 (zit. Arbeitsverhältnisse im Konzern)

Fechner, Erich: Sozialer Rechtsstaat und Arbeitsrecht, RdA 1955, 161 ff.

Fikentscher, Wolfgang: Scheinvollmacht und Vertreterbegriff, AcP 154 (1955), 1 ff.

Fischer, Robert / *Lutter*, Marcus: GmbH-Gesetz, 11. Auflage, Köln 1986

Fitting, Karl / *Auffahrt*, Fritz / *Kaiser*, Heinrich / *Heither*, Friedrich: Betriebsverfassungsgesetz, 15. Auflage, München 1987

Flatow, Georg / *Kahn-Freund*, Otto: Betriebsrätegesetz, 13. Auflage, Berlin 1931

Fleck, Hans-Joachim: Die Drittanstellung des GmbH-Geschäftsführers, ZHR 149 (1985), 387 ff.

— Die Rechtsprechung des Bundesgerichtshofes zum Recht der verbundenen Unternehmen, WM 1986, 12O6 ff.

Floretta, Hans: Die Konstruktion des allgemeinen Kündigungsschutzes im österreichischen Arbeitsrecht und Grundgedanken in diesem Rechtsinstitut, In memoriam SIR Otto Kahn-Freund, München 198O

Flume, Werner: Allgemeiner Teil des Bürgerlichen Rechts, 1. Band, 2. Teil, Die juristische Person, Berlin-Heidelberg-New York-Tokyo 1983 und 2. Band, Das Rechtsgeschäft, 3. Auflage, Berlin u.s.w. 1979

— Das Rechtsgeschäft und das rechtlich relevante Verhalten, AcP 1961 (1962), 52 ff.

Forsbach, Walter: Anpassungsprüfung im Konzern, Betriebliche Altersversorgung im Umbruch, Berlin 198O, S. 188 ff.

Franzmann, Knut H.: Die sogenannten Durchgriffstatbestände im Privatrecht als Problem einer interessengerechten Risikoverteilung, Frankfurt a.M.-Bern-New York-Nancy 1984

Fuchs, Rainer: Der Konzernbetriebsrat – Funktion und Kompetenz –, Bern-Frankfurt a.M. 1974

Galperin, Hans / *Löwisch*, Manfred: Betriebsverfassungsgesetz, 6. Auflage, Heidelberg 1982

Gamillscheg, Franz: „Betrieb“ und „Bargaining unit“ – Versuch des Vergleichs zweier Grundbegriffe, ZfA 1975, 357 ff.

Gemeinschaftskommentar zum Betriebsverfassungsgesetz von Fabricius, Fritz / Kraft, Alfons, Thiele, Wolfgang, Kreutz, Peter, Band I, 4. Auflage, Neuwied-Darmstadt 1987; Band II, 3. Auflage, Neuwied-Darmstadt bis 1985, (zit. GK-Bearbeiter)

Gemeinschaftskommentar zum Kündigungsschutzgesetz und sonstigen kündigungsschutzrechtlichen Vorschriften von Friedrich Becker, Gerhard Etzel, Hans-Wolf Friedrich, Karl Gröninger, Wilfried Hillebrecht, Friedhelm Rost, Horst Weigand, Manfred Wolf und Ingeborg Wolff, 2. Auflage, Neuwied-Darmstadt 1984 (zitiert KR-Bearbeiter)

Geßler, Ernst / *Hefermehl*, Wolfgang / *Eckardt*, Ulrich / *Kropff*, Bruno: Aktiengesetz, 6. Lieferung, §§ 291-318, München 1976

Gick, Dietmar: Gewerbsmäßige Arbeitnehmerüberlassung zwischen Verbot und Neugestaltung, Berlin 1985

Gitter, Wolfgang: Anmerkung zu BAG vom 19.5.1981 (3 AZR 3O8/8O), SAE 1982, 182 f.

Gnade, Albert / *Kehrmann,* Karl / *Schneider,* Wolfgang / *Blanke,* Hermann: Betriebsverfassungsgesetz, 2. Auflage, Köln 1983

Godin, Freiherr von / *Wilhelmi,* Hans / *Wilhelmi,* Sylvester: Aktiengesetz, Band II, 4. Auflage, Berlin-New York 1971

Grimm, Jacob / *Grimm,* Wilhlem: Deutsches Wörterbuch, 11. Band, 3. Abteilung, Leipzig 1936

Großkommentar zum Aktiengesetz: 4. Band, 3. Auflage, Berlin-New York 1975

Grunsky, Wolfgang: Arbeitsgerichtsgesetz, 5. Auflage, München 1987

Hanau, Peter: Fragen der Mitbestimmung und Betriebsverfassung im Konzern, ZGR 1984, 468 ff.

— Möglichkeiten der Sanierung von Unternehmen und Maßnahmen im Unternehmens-. Arbeits-. Sozial- und Insolvenzrecht, Gutachten E, 54. Deutscher Juristentag, München 1982

— Objektive Elemente im Tatbestand der Willenserklärungen, AcP 165 (1965), 22O ff.

— Probleme der Mitbestimmung des Betriebsrats über den Sozialplan, ZfA 1974, 89 ff.

Hanau, Peter / *Ulmer,* Peter: Mitbestimmungsgesetz, München 1981

Hattenheimer Entschließung zum Kündigungsschutzgesetz: RdA 195O, 63 ff.

Heckelmann, Dieter: Anmerkung zu BAG vom 24.8.1972, AP Nr. 2 zu § 611 BGB, Gemischter Vertrag

Heinze, Meinhard: Personalplanung, Einstellung und Kündigung, Stuttgart 1982

Henn, Günter: Handbuch des Aktienrechts, 3. Auflage, Heidelberg 1986

Henssler, Martin: Der Arbeitsvertrag im Konzern, Berlin 1983

Herrmann, Harald: Die neuere Rechtsprechung zur Haftung Anscheinsbevollmächtigter, NJW 1984, 471 f.

Herschel, Wilhelm: Anmerkung zu BAG vom 14.1O.1982 (2 AZR 568/8O), AR-Blattei Kündigungsschutzgesetz Entscheidung Nr. 233

— Anmerkung zu BAG vom 7.3.198O (7 AZR 1O93/8O), EzA § 1 KSchG Betriebsbedingte Kündigung Nr. 14

— Betriebsbezogenheit des arbeitsrechtlichen Kündigungsschutzes und ganzheitliche Abwägung, Festschrift für Schnorr von Carolsfeld, Köln-Berlin-Bonn-München 1973

— Kündigungsschutz und Wettbewerb, RdA 1975, 28 ff.

Herschel, Wilhelm / *Löwisch,* Manfred: Kündigungsschutzgesetz, 6. Auflage, Heidelberg 1984

Hess, Harald / *Schlochauer,* Ursula / *Glaubitz,* Werner: BetrVG, Neuwied-Darmstadt 1986

Hesse, Konrad: Grundzüge des Verfassungsrechts der Bundesrepublik Deutschland, 15. Auflage, Heidelberg 1985

Hoffmann, Dirk: Die harte Patronatserklärung im deutschen und österreichischem Recht, Frankfurt a.M.-Bern-New York-Paris 1988

Hofrichter, Paul: Das mittelbare Arbeitsverhälnis, Diss. Kiel 1939

Hohloch, Gerhard: „Vertrauenshaftung" – Beginn einer Konkretisierung?, NJW 1979, 2369 ff.

Hommelhoff, Peter: Die Konzernleitungspflicht, Köln-Berlin-Bonn-München 1982

Hönn, Günther: Anmerkung zu BAG vom 23.3.1984 (7 AZR 515/82), SAE 1985, 130 ff.

Hopt, Klaus: Handelsgesellschaften ohne Gewerbe und Gewinnerzielungsabsicht?, ZGR 1987, 145 ff.

— Nichtvertragliche Haftung außerhalb von Schadens- und Bereicherungsausgleich, AcP 183 (1983), 608 ff.

Hoyningen-Huene, Gerrick von: Die wirtschaftliche Vertretbarkeit von Sozialplänen, RdA 1986, 102 ff.

— Subunternehmervertrag oder illegale Arbeitnehmerüberlassung?, BB 1985, 1669 ff.

Hoyningen-Huene, Gerrick von / *Windbichler*, Christine: Der Übergang von Betriebsteilen nach § 613a BGB, RdA 1977, 329 ff.

Hübner, Heinz: Allgemeiner Teil des Bürgerlichen Gesetzbuches, Berlin-New York 1985

Hueck, Alfred: Anmerkung zu BAG v. 9.4.1957 (3 AZR 435/54), AP Nr. 2 zu § 611 BGB Mittelbares Arbeitsverhältnis

— Anmerkung zu RAG v. 17.6.1931 (RAG 683/30), ARS 12, 372f.

— Das neue Kündigungsschutzgesetz des Wirtschaftsrates, RdA 1949, 331 ff.

Hueck, Alfred: Kündigungsschutzgesetz, fortgeführt von Götz Hueck unter Mitarbeit von von Hoyningen-Huene, 10. Auflage, München 1980

Hueck, Alfred / *Nipperdey*, Hans Carl: Lehrbuch des Arbeitsrechts, 1. Band, 7. Auflage, Berlin-Frankfurt a. M. 1963; 1. Band, 3.-5. Auflage, Mannheim-Berlin-Leipzig 1931; 2. Band, 3.-4. Auflage, Mannheim-Berlin-Leipzig 1932

Hueck, Götz: Betriebsübung, unter Mitarbeit von Lorenz Fastrich, AR-Blattei (D) Betriebsübung I, Stand 1982

Jacobi, Erwin: Betrieb und Unternehmen als Rechtsbegriffe, Festschrift für Victor Ehrenberg, Leipzig 1927, S. 1 ff.

Kammann, Karl-Udo / *Hess*, Harald / *Schlochauer*, Ursula: BetrVG, Neuwied-Darmstadt 1979

Karamarias, Stylianos D.: Bundesdeutsches Individualarbeisrecht im Konzern, RdA 1983, 353 ff.

Kaskel, Walter / Dersch, Hermann: Arbeitsrecht, 4. Auflage, Berlin 1932

Kauffmann, H.: Zum Begriff des mittelbaren Arbeitsverhältnisses, seine Voraussetzungen und Wirkungen, RdA 1951, 176 ff.

Kirchner, Christian: Besprechung von Ebenroth, Die verdeckten Vermögenszuwendungen im transnationalen Unternehmen, ZHR 147 (1983), 118 ff.

Klein, Franz: Die wirtschaftlichen und sozialen Grundlagen des Rechtes der Erwerbsgesellschaften, Berlin 1914

Köhler, Helmut: Patronatserklärungen als Kreditsicherheit: tatsächliche Verbreitung – wirtschaftliche Gründe – rechtliche Bedeutung, WM 1978, 1338 ff.

Koller, Ingo: Anmerkung zu BAG vom 20.7.1982 (3 AZR 446/80), AP Nr. 5 zu § 611 BGB Mittelbares Arbeitsverhältnis

Kölner Kommentar zum Aktiengesetz, Köln-Berlin-Bonn-München 1. Auflage 1970 ff., 2. Auflage 1987ff.

Köndgen, Johannes: Selbstbindung ohne Vertrag, Tübingen 1981

Konzen, Horst: Arbeitnehmerschutz im Konzern, RdA 1984, 65 ff.

— Arbeitsrechtliche Drittbeziehungen – Gedanken über die Grundlagen und Wirkungen der gespaltenen Arbeitgeberstellung –, ZfA 1982, 259ff.

— Arbeitsverhältnisse im Konzern, ZHR 1987, 566 ff.

— Unternehmensaufspaltung und Betriebseinheit, AuR 1985, 341 ff.

— Unternehmensaufspaltungen und Organisationsveränderungen im Betriebsverfassungsrecht, Heidelberg 1986 (zit.: Unternehmensaufspaltungen)

Körnig, Jürgen: Anmerkung zu BAG vom 25.11.1980 (6 ABR 108/78), SAE 1982, 284 ff.

Kraft, Alfons: Anmerkung zu BAG v. 23.2.1978 (3 AZR 376/76), AP Nr. 2 zu § 13 GmbHG

Kriele, Martin: Diskussionsbeitrag zum Thema „Unternehmen in der verfassungsrechtlichen Ordnung, VVDStRL Heft 35 (1977), 117 ff.

Kronstein, Heinrich: Die abhängige juristische Person, München-Berlin-Leipzig 1931

Kübler, Friedrich: Gesellschaftsrecht, 2. Auflage, Heidelberg 1985

Larenz, Karl: Allgemeiner Teil des deutschen Bürgerlichen Rechts, 6. Auflage, München 1983

— Methodenlehre der Rechtswissenschaft, 5. Auflage, Berlin-Heidelberg-New York-Tokyo 1983

Lehmann, Michael: Das Privileg der beschränkten Haftung und der Durchgriff im Gesellschafts- und Konzernrecht, ZGR 1986, 345 ff.

Lepke, Achim: Zum Inhalt der sog. Weiterbeschäftigungspflicht nach § 102 V 1 BetrVG 1972, DB 1975, 498 ff.

Loritz, Karl-Georg: Gemeinsame Anmerkung zu BAG v. 22.5.1985 (5 AZR 30/84) und 25.6.1985 (3 AZR 254/83), SAE 1986, 138 ff.

Löwisch, Manfred: Anmerkung zu BAG v. 30.4.1981 (6 ABR 59/78), AP Nr. 12 zu § 99 BetrVG 1972

— Einheitlicher Betrieb und Mehrheit von Unternehmen, RdA 1976, 35 ff.

Löwisch, Manfred / *Mikosch,* Ernst: Anmerkung zu BAG v. 6.4.1976 (1 ABR 27/74), AP Nr. 2 zu § 50 BetrVG 1972

Lutter, Marcus: Die Haftung des herrschenden Unternehmens im GmbH-Konzern, Überlegungen zur „Baukran"-Entscheidung des BGH vom 16.9.1985, ZIP 1985, 1425 ff.

— Die zivilrechtliche Haftung der Unternehmensgruppe, ZGR 1982, 244 ff.

Lutter, Marcus / *Timm,* Wolfram: Betriebsrentenkürzung im Konzern, ZGR 1983, 269 ff.

Lwowski, Hans-Jürgen: Kreditsicherheiten, 5. Auflage, Berlin 1982

Marschall, Dieter: Zur Abgrenzung zwischen Werkvertrag und Arbeitnehmerüberlassung, NZA 1984, 150 ff.

Martens, Klaus-Peter: Das Arbeitsverhältnis im Konzern, Festschrift „25. Jahre Bundesarbeitsgericht", München 1979, S. 367 ff.

— Der Konzernbetriebsrat – Zuständigkeit und Funktionsweise –, ZfA 1973, 297 ff.

— Die Arbeitnehmerüberlassung im Konzern, DB 1985, 2144 ff.

— Grundlagen des Konzernarbeitsrechts, ZGR 1984, 417 ff.

Maunz, Theodor / *Dürig,* Günter / *Herzog,* Roman / *Scholz,* Rupert: Grundgesetz, Stand 1985

Maydell, Bernd v. / *Borchert,* Ernst-Jürgen: Anmerkung zu BAG vom 24.10.1979 (2 AZR 940/77), SAE 1981, 217 ff.

Mayer-Maly, Theo: Anmerkung zur SFB-Tanzorchester Entscheidung, SAE 1976, 256 f.

Medicus, Dieter: Bürgerliches Recht, 13. Auflage, Köln-Berlin-Bonn-München 1986

Meisel, Peter G.: Anmerkung zu BAG vom 22.11.1973 (2 AZR 543/72), AP Nr. 22 zu § 1 KSchG Betriebsbedingte Kündigung

— Die Anhörung des Betriebsrates vor einer ordentlichen Kündigung nach dem neuen Betriebsverfassungsgesetz (2. Teil), DB 1972, 1075 ff.

Mertens, Hans-Joachim: Anmerkung zu BAG 24.9.1974 (7 AZR 589/73), AP Nr. 1 zu § 13 GmbHG

Mertz, Ulrich: Anmerkung zu BAG vom 4.7.1957 (2 AZR 86/55), SAE 1957, 219 f.

Mestmäcker, Ernst-Joachim: Verwaltung, Konzerngewalt und Rechte der Aktionäre, Karlsruhe 1958

Monopolkommission: Hauptgutachten 1978/79, Baden-Baden 1980

Müller, Gerhard: Der Gedanke des sozialen Staates in der bisherigen Rechtsprechung des Bundesarbeitsgerichts, DB 1956, 524 ff., 549 ff.

Müllner, Wolfgang: Aufgespaltene Arbeitgeberstellung und Betriebsverfassung, Berlin 1978

Münch, Ingo von (Hrsg.): Grundgesetz, Band 1, 3. Auflage, München 1985

Münchener Kommentar zum Bürgerlichen Gesetzbuch, herausgegeben von Rebmann, Kurt und Säcker, Franz-Jürgen, Band 1, 2. Auflage, München 1984; Band 2, 2. Auflage, München 1985; Band 3, 1. Halbband, München 1980 (zit.: MüKo-Bearbeiter)

Niebler, Engelbert: Aus der Rechtsprechung des Bundesverfassungsgerichts zum Arbeitsrecht, ZfA 1985, 381 ff.

Nikisch, Arthur: Arbeitsrecht, I. Band, 3. Auflage, Tübingen 1961

Nirk, Rudolf: Zur Rechtsfolgenseite der Durchgriffshaftung, Festschrift für Stimpel, Berlin-New York 1985 S. 443 ff.

Nörr, Wolfgang: Zur Entwicklung des Aktien- und Konzernrechts während der Weimarer Republik, ZHR 150 (1986), 155 ff.

Ohl, Heinrich: Der Sozialplan, Karlsruhe 1977

Palandt, Otto: BGB, 47. Auflage, München 1988

Papier, Hans-Jürgen: Art. 12 GG – Freiheit des Berufs und Grundrecht der Arbeit, DVBl 1984, 801 ff.

— Grundgesetz und Wirtschaftsordnung, in Handbuch des Verfassungsrechts der Bundesrepublik Deutschland, herausgegeben von Benda, Ernst, Maihofer, Werner und Vogel, Hans-Jochen, Berlin-New York 1983, S. 6O9 ff.

Peters, Frank: Zur Geltungsgrundlage der Anscheinsvollmacht, AcP 179 (1979), 241 ff.

Raiser, Thomas: Richterrecht heute, ZRP 1985, 111 ff.

Ramm, Thilo: Die Aufspaltung der Arbeitgeberfunktionen (Leiharbeitsverhältnis, mittelbares Arbeitsverhältnis, Arbeitnehmerüberlassung und Gesamtarbeitsverhältnis), ZfA 1973, 263 ff.

Rancke, Friedbert: Anmerkung zu BAG vom 7.12.1978 (2 AZR 155/77), EzA § 1 KSchG Betriebsbedingte Kündigung Nr. 1O

— Betriebsverfassung und Unternehmenswirklichkeit, Opladen 1982

Rehbinder, Eckard: Ausgründung und Erwerb von Tochtergesellschaften und Rechte der Aktionäre, Festschrift für Coing, München 1982, S.423ff.

— Konzernaußenrecht und allgemeines Privatrecht, eine rechtsvergleichende Untersuchung nach deutschem und amerikanischem Recht, Bad Homburg-Berlin 1969 (zit.: Konzernaußenrecht)

— Zehn Jahre Rechtsprechung zum Durchgriff im Gesellschaftsrecht, Festschrift für Robert Fischer, Berlin-New York 1979, S. 579 ff.

Reuter, Dieter: Anmerkung zu BAG vom 7.12.1978 (2 AZR 155/77), AP Nr. 6 zu § 1 KSchG Betriebsbedingte Kündigung

— Besprechung von BAG v. 22.5.1986, JuS 1987, 328

— Das Recht auf Arbeit – ein Prinzip des Arbeitsrechts?, RdA 1978, 344 ff.

— Die freie Wahl des Arbeitsplatzes – ein nicht realisierbares Grundrecht?, RdA 1973, 345 ff.

— Die Mitarbeiterbeteiligung – Ein Modell für die zukünftige Verfassung der deutschen Unternehmen, ZRP 1986, 8 ff.

— Die Rolle des Arbeitsrecht im marktwirtschaftlichen System – Eine Skizze, Ordo, Band 36 (1985), 51 ff.

— Grundlagen des Kündigungsschutzes – Bestandsaufnahme und Kritik, Festschrift „25 Jahre Bundesarbeitsgericht“, München 1979

— Reichweite und Grenzen der Legitimität des Bestandsschutzes von Arbeitsverhältnissen, Ordo, Band 33 (1982), 165 ff.

Richter, Bernd: Konzernführung und Mitbestimmung, DB 1983, 2O72 ff.

Roth, Günther H.: Zur „ecenomic analysis“ der beschränkten Haftung, ZGR 1986, 371 ff.

Rowedder, Heinz: GmbHG, München 1985

Rupp-v.Brünneck, Wiltraut: Zur Grundrechtsfähigkeit juristischer Personen, Festschrift für Adolf Arndt, Frankfurt a.M. 1969, S. 349 ff.

Säcker, Franz-Jürgen: Die Wahlordnungen zum Mitbestimmungsgesetz, München 1978

— Gruppenautonomie und Übermachtkontrolle im Arbeitsrecht, Berlin 1972

Sandmann, Georg / *Marschall*, Dieter: Arbeitnehmerüberlassungsgesetz, Frankfurt a. M. Stand 1986

Schäfer, Gerd: Das Arbeitsverhältnis im Konzern, NZA 1988 (Beilage Nr.1), S. 31 ff.

Schaub, Günther: Aktuelle Fragen zum Kündigungsschutzrecht unter besonderer Berücksichtigung der Die betriebsbedingte Kündigung in der Rechtsprechung des Bundesarbeitsgerichts, NZA 1987, 217 ff.

— Arbeitsrechtshandbuch, 6. Auflage, München 1987

— Die Abgrenzung der gewerbsmäßigen Arbeitnehmerüberlassung von Dienst- und Werkverträgen sowie sonstigen Vertragen der Arbeitsleistung an Dritte, NZA 1985 (Beilage Nr. 3), S. 1 ff.

Schmidt, Gustav: Nachprüfung betrieblicher Maßnahmen im Kündigungsschutzverfahren, AR-Battei (D) Kündigungsschutz IV, Stand 1982

Schmidt, Karsten: Die konzernrechtliche Verlustübernahmepflicht als gesetzliches Dauerschuldverhältnis, ZGR 1983, 511 ff.

— Gesellschaftsrecht, Köln-Berlin-Bonn-München 1986

— Handelsrecht, 2. Auflage, Köln-Berlin-Bonn-München 1984

— Insolvenzrisiko und gesellschaftrechtliche Haftung, JZ 1985, 3O1 ff.

— Konzernrecht, Minderheitenschutz und GmbH-Innenrecht, GmbHRSch 1979, 121 ff.

— Zum Haftungsdurchgriff wegen Sphärenvermischung und zur Haftungsverfassung im GmbH-Konzern, BB 1985, 2O74 ff.

Schneider, Hans-Peter: Bericht zum Beratungsgegenstand „Artikel 12 GG – Freiheit des Berufs und Grundrecht der Arbeit", VVDStRL Heft 43 (1985), 7 ff.

Scholz, Franz / *Emmerich*, Volker: GmbH-Gesetz, 7. Auflage, Köln 1986

Scholz, Rupert: Bundesarbeitsgericht und Arbeitsverfassung, Festschrift „25 Jahre BAG", München 1979, S. 511 ff.

— Die Berufsfreiheit als Grundlage und Grenze arbeitsrechtlicher Regelungssysteme, ZfA 1981, 265 ff.

Schubel, Hans-Dietrich: Beschäftigungförderungsgesetz und Arbeitnehmerüberlassung, BB 1985, 16O6 ff.

Schubert, Werner / *Küting*, Karlheinz: Unternehmungszusammenschlüsse, München 1981

Schulin, Bertram: Anmerkung zu BAG vom 17.5.1984 (2 AZR 976/82), SAE 1986, 279 f.

— Anmerkung zu BAG vom 19.5.1981 (3 AZR 3O8/8O), EzA Nr. 11 zu § 16 BetrVG

Schulze-Osterloh, Joachim: Gläubiger- und Minderheitenschutz bei der steuerlichen Betriebsaufspaltung, ZGR 1983, 123 ff.

Schwerdtner, Peter: Das „einheitliche Arbeitsverhältnis" – Anmerkung zu BAG vom 27.3.1981 (7 AZR 523/78) –, ZIP 1982, 9OO ff.

— Die Garantie des Rechts auf Arbeit – Ein Weg zur Knechtschaft? –, ZfA 1977, 47 ff.

Seiter, Hugo: Betriebsinhaberwechsel, Stuttgart-Wiesbaden 198O

— Die Betriebsübung, Düsseldorf 1967

— Sozialversicherungsrechtliches Beschäftigungsverhältnis und Arbeitsverhältnis, VSSR IV 1976, 179 ff.

Selb, Walter: Mehrheiten von Gläubigern und Schuldnern, Tübingen 1984

Siemens AG: Geschäftsbericht 1986, München 1987

Söllner, Alfred: Grundriß des Arbeitsrechts, 8. Auflage, München 1984

— Zur Verfassungs- und Gesetzestreue im Arbeitsrecht, RdA 1985, 328 ff.

Stahlhacke, Eugen: Kündigung und Kündigungsschutz im Arbeitsverhältnis, 4. Auflage, München 1982

Staudinger, J. von: BGB, II. Band, Recht der Schuldverhältnisse, 3. Teil, 11. Auflage, Berlin 1958; Erstes Buch, Allgemeiner Teil §§ 90-240, 12. Auflage, Berlin 1980; Zweites Buch, Recht der Schuldverhältnisse §§ 255-327, Berlin 1979; Zweites Buch, Recht der Schuldverhältnisse §§ 328-335, Berlin 1983 (zit. Staudinger-Bearbeiter)

Stege, Dieter / *Weinspach,* Friedrich Karl: Betriebsverfassungsgesetz, 5. Auflage, Köln 1984

Steininger, Uwe H.: Anmerkung zu BGH v. 23.10.1985 (VIII ZR 210/84), BB 1986, 1045 ff.

Stern, Klaus: Das Staatsrecht der Bundesrepublik Deutschland, Band I, 2. Auflage, München 1984

Stimpel, Walter: „Durchgriffshaftung" bei der GmbH: Tatbestände, Verlustausgleich, Ausfallhaftung, Festschrift für Reinhard Goerdeler, Düsseldorf 1987, S. 601 ff.

Stoll, Hans: Vertrauensschutz bei einseitigen Leistungsversprechen, Festschrift für Werner Flume, Band 1, Berlin-New York 1978, S. 741 ff.

Timm, Wolfram: Anmerkung zu BAG vom 19.5.1981, (3 AZR 308/80), AR-Blattei (D) Betriebliche Altersversorgung, Entscheidung Nr. 86

— Geklärte und offene Fragen im Vertragskonzernrecht der GmbH, GmbHRSch 1987, 8 ff.

— Grundfragen des „qualifizierten" faktischen Konzerns im Aktienrecht, NJW 1987, 977 ff.

Tomicic, Stefan: Interessenausgleich und Sozialplan im Konzern, München 1981

Ulmer, Peter: Der Gläubigerschutz im faktischen GmbH-Konzern beim fehlen von Minderheitsgesellschaftern, ZHR 148 (1985), 391 ff.

— Gläubigerschutz im „qualifizierten" faktischen GmbH-Konzern, Bemerkungen zum „Autokran"-Urteil des BGH vom 16.9.1985, NJW 1986, 1579 ff.

Veit, Klaus-Ruediger: Unternehmensverträge und Eingliederung als aktienrechtliches Instrument der Unternehmensverbindung, Düsseldorf 1974

Vogt, Aloys: Sozialpläne in der betrieblichen Praxis, 2. Auflage, Köln 1981

Wahrig, Gerhard / *Krämer,* Hildegard / *Zimmermann,* Harald: Brockhaus-Deutsches Wörterbuch, 6. Band, Wiesbaden-Stuttgart 1984

Wannagat, Georg: Lehrbuch des Sozialversicherungsrechts, I. Band, Tübingen 1965

Weimann, Heinz: Der Konzern im Arbeitsrecht aus der Sicht der Praxis, ZGR 1984, 460 ff.

Wendeling-Schröder, Ulrike: Mehrere Unternehmen – ein Betrieb, NZA 1984, 247 ff.

Werner, Winfried: Probleme der Anwendung des § 303 AktG im qualifizierten faktischen GmbH-Konzern, Festschrift für Reinhard Goerdeler, Düsseldorf 1987, S. 677 ff.

Westermann, Harm Peter: Grundfragen der Rechtsfortbildung im Aktienkonzernrecht, Festschrift für Klemens Pleyer zum 65. Geburtstag, Köln-Berlin-Bonn-München 1986, S. 421 ff.

— Grundsatzfragen des GmbH-Konzernrechts, Der GmbH-Konzern, Köln 1976, S. 25 ff.

Wetzling, Frank: Der Konzernbetriebsrat, Köln 1978

Wiedemann, Herbert: Anmerkung zu BAG vom 14.10.1982 (2 AZR 568/80), AP Nr. 1 zu § 1 KSchG 1969 Konzern

— Beschränkte und unbeschränkte Kommanditistenhaftung, Festschrift für Bärmann, München 1975, S. 1037 ff.

— Gesellschaftsrecht, Band 1, München 1980

— Gesellschaftsrechtliche Probleme der Betriebsaufspaltung, ZIP 1986, 1293 ff.

— Leistungsprinzip und Tarifvertragsrecht, Festschrift „25. Jahre Bundesarbeitsgericht", München 1979, S. 635 ff.

— Die Unternehmensgruppe im Privatrecht, Tübingen 1988 (zit. Unternehmensgruppe)

Wiedemann, Herbert: *Strohn,* L.: Anmerkung zu BAG vom 18.10.1976, AP Nr. 3 zu § 1 KSchG 1969 Betriebsbedingte Kündigung

Wiedemann, Herbert / *Willemsen,* Heinz-Josef: Anmerkung zu BAG v. 8.12.1976 (5 AZR 613/75), AP Nr. 3 zu § 112 BetrVG 1972

Wilhelm, Jan: Rechtsform und Haftung bei der juristischen Person, Köln-Bonn-Berlin-München 1981

Willemsen, Heinz Josef: Zulässigkeit und Grenzen der Pauschalierung von Sozialplanabfindungen, ZIP 1981, 1058 ff.

Windbichler, Christine: Anmerkung zu BAG vom 14.10.1982 (2 AZR 568/80), SAE 1984, 145 ff.

— Anmerkung zu BAG vom 22.5.1986 (2 AZR 612/85), SAE 1987, 133 f.

Wöhe, Günter: Einführung in die Allgemeine Betriebswirtschaftslehre, 14. Auflage, München 1976

Würdinger, Hans: Aktienrecht und das Recht der verbundenen Unternehmen, 4. Auflage, Karlsruhe 1981

Zeiss, Walter: Anmerkung zu BAG vom 20.7.1982 (3 AZR 446/80), SAE 1983, 49

Zöllner, Wolfgang: Sind im Interesse einer gerechten Verteilung der Arbeitsplätze Begründung und Beendigung der Arbeitsverhältnisse neu zu regeln? Gutachten D für den 52. Deutschen Juristentages, München 1978

FSC
www.fsc.org
MIX
Papier | Fördert gute Waldnutzung
FSC® C083411

Kolibri 360 GmbH
Ferdinand-Jühlke-Straße 7
99095 Erfurt, Deutschland
produktsicherheit@kolibri360.de

Druck:
CPI Druckdienstleistungen GmbH
im Auftrag der
Kolibri 360 GmbH
Ferdinand-Jühlke-Str. 7
99095 Erfurt